英語の辞書史と語彙史

方法論的考察

ENGLISH LEXICOGRAPHY
AND VOCABULARY:
A HISTORICAL STUDY

三輪伸春

松柏社

序　言

　本書は英語という言語の歴史的特徴を辞書と語彙という視点から考察する。
　第1部では、世界に数ある言語の中でも辞書の量と質と種類において群を抜いて優れている英語の辞書がどのような経緯を経て成立したのかを古期英語の辞書、15–16世紀の外国語辞書、語学学習書のグロッサリー、17世紀の最初の英語辞書の誕生 (1604) からジョンソンの辞書 (1755) を経て *OED* が出版されるまでを考えてみた。
　従来、英米でも日本でも英語の辞書史研究はかなりの蓄積がある。日本に限ってみても、林哲郎『英語辞書発達史』(1968, 1985²)、永嶋大典『英語の辞書—歴史と現状』(1974)、小島義郎『英語辞書の変遷—英・米・日本を併せ見て』(1999) がある。しかし、実は、英米を含めても、英語の辞書に関する学術的研究は歴史が浅い。最初の英語辞書を作製したのはだれなのかさえ長い間定かではなかった。林哲郎 (p. 147) によればホイトリ (Wheatley, 1865) はブロカー (*An English Expositor*, 1616) を最初の英語辞書とし、*OED* の初代編者であるマレー (J. A. H. Murray) は名著 *The Evolution of English Lexicography* (1900) で、コードリとブロカーに言及はしているが綴り字教本と外来語に意味を付した教科書の類いであって辞書とはみなしていない。書名に初めて Dictionarie という文字を冠したコケラム (*The English Dictionarie*, 1623) を最初の英語辞書としている。ちなみに、マレーはコードリ第3版の出版年を1613年ではなく1612年と間違えている (Murray, 1900, p. 27)。このことはマレーが *OED* を編纂する際にコードリを重視していなかったのではないかという本書第7章の主張の傍証になる。
　1930年に至っても最初の英語辞書は確定されていなかった。[1] 手元の文献では、1933年にマシューズ (M. M. Mathews, *A Survey of English Dictionary*) が初めてコードリを最初の英語辞書としている。マシューズはコードリを「英語によく用いられるようになっていた難解語の辞書 (an English dictionary dealing with the hard words that had become common in the language)」とみなした (Mathews,

p. 18)。しかし、「(the hard words) that had become common in the language 英語によく用いられるようになっていた（難解語）」というマシューズの見解は無視されてきた。1955年のハルバート（J. R. Hulbert, *Dictionaries British and American*）はコードリに言及しているが、最初の英語辞書という記述は見られない。本格的研究は20世紀も半ばの1946年のスターンズ＆ノイズ（De W. T. Starnes and G. E. Noyes, *The English Dictionary from Cawdrey to Johnson 1604–1755*, 1946, 1991[2]）に始まったといっていいだろう。

日本では、1941年に須貝清一がコードリを初めての英語辞書と記している（『英語辞書研究』p. 1, 研究社）が1940年初版の市河三喜編『英語学辞典』は最古の英語辞書は、352ページではコードリ（1604）とし、302ページではコケラム（1623）としており一貫していない（1982年版の『新英語学辞典』には"Dictionary"という項目そのものがない）。

研究の歴史が浅いせいか、辞書史研究に方法論が確立していないように思われる。先行研究はいずれも、最初の英語辞書とされるコードリからジョンソンを経て *OED* に至るまでの辞書を列挙してそれぞれの辞書の特徴を記述することに終始しているようであり、辞書編纂の方法論に関する記述は明確ではない。

辞書の発達史も歴史であるから当然歴史研究の方法論に従って考察すべきである。本書では、まず、ひとつひとつの辞書の特徴を分析するとともに、英語辞書の誕生以前の語学学習書に付けられていたグロッサリーとコードリ以降の辞書との影響関係、すでに先行して発展していた古期英語期以来の外国語辞書と英語辞書との間に見られる影響関係を考えた。次いで、英語を英語で説明する (monolingual) 辞書の時代に入ってからはそれぞれの辞書の編者が先行する辞書との関係でどのようなことを考えて辞書を編集したのかという編纂方法の変遷という視点から考察した。分野が何であれ、歴史は常に過去になされてきた仕事の遺産の上に積み重ねられるものであるから常に前の時代から受けた影響とあとの時代に与えた影響を考慮に入れるべきである、と考えたからである。

このような視点からすると、コードリは、語学学習書から初めて独立した外形を持った書物だが実質的には先行する語学学習書に付されていたグロッサリーと同じ内容である。しかし、当時は辞書といえば外国語辞書であり、英語を英語で説明した書物が辞書であるという認識そのものが存在しなかったのでコードリも自分の編纂したものが辞書であるとは認識していなかった。そのことはコードリ

の書名が *Table Alphabeticall*（『アルファベット順の単語一覧表』）となっていることからもわかる。

　次に登場するブロカー (1616) はコードリの *Table* を手にして、英語を英語で説明した書物も外国語辞書と同等の存在理由をもつ「辞書」であるという認識を持って編纂した。従って、内容もいわゆる辞書である。しかし、*Dictionarie* というキーワードを初めて書名につけたのはコケラム (1623) である。マレーがコケラムを最初の辞書としているのはこのためである。

　初期の英語辞書に関する以上の経緯を辞書としての初歩的な条件を備えているかどうかによって関連する書物を分類すると以下の表のようになる。語学学習書のクート (Edmund Coote, *The English School-maister*, 1596) を比較のために含めた。

	独立した外形	英語辞書としての認識の有無	辞書としての内容	Dictionary という書名
Coote(1596)	×	×	×	×
Cawdrey(1604)	○	×	×	×
Bullokar(1616)	○	○	○	×
Cockerum(1623)	○	○	○	○

　クートは初心者用の語学学習書であり、巻末によく使われる外来語のグロッサリーがその一部として付けられている。

　コードリの内容は初心者用の語学学習書のグロッサリーの内容と同じであるがグロッサリーの部分を学習書の本体から切り離し独立した書物として出版した。ゼロは何をかけてもゼロだが、ともかくもゼロが 1 になった。結果として「無」を「有」にしたコードリの功績は大きい。

　ブロカーは独立した書物形態としての外来語のグロッサリーも外国語辞書と同じように「辞書」でありうることを認識してグロッサリーの次元を超えたいわゆる辞書を編纂した。

　コケラムは実質的にはブロカーと同じ内容と編纂方針といえるが dictionarie というキーワードを書名に加えているので、「英語の単一言語 (monolingual) 辞書」が外国語辞書とは別のカテゴリーとして存在理由を有することをはっきりと認識していたことがわかる。

先行研究は、上記の要素のうちのいずれかを判断基準としてどの辞書が最初の辞書であるかを判断してきた。純粋な語学学習書であるクートは別として、判断基準をどの要素に置くかによって最初の英語辞書はこれら3種類の書物のいずれでもありうる。

　従来の研究が個々の辞書の横糸的研究とすれば、本書はそこに縦糸を通したといえるだろう。縦糸の第一は、それぞれの編纂者の辞書作成に対処する際の考え方と具体的な編纂方法の推移をたどること、第二は、どの辞書についても先行する辞書と後続する辞書との関係を常に考慮に入れるという筆者のふたつの視点を明確にするために「方法論的考察」という副題を付した。[2]

　これらふたつの視点で考察すると、外国語辞書、語学学習書、英語辞書がそれぞれ別個の歴史現象ではなく、たがいに緊密に影響しあい、補完しあって発展してきたことがわかる。従来の研究が対象とする個々の要素、テーマを歴史の流れに従って点あるいは線として2次元的に変化の過程をたどるのに対し、本書で筆者が求めたのは対象とする辞書の性格をまず明らかにし、次に各時代の辞書に共通する特質は何か、共通しない特質は何かを比較検討する、という方法である（拙著『シェイクスピアの文法と語彙』、p. 9 ff.）。このような視点に立つと、従来の研究には見られないいろいろな問題点が明らかになる。例えば、コードリの辞書が収録しているのは外来語ではあるが十分に英語に組み入れられていた日常基本語彙であり従来言われているような難解語ではないこと、最初の英語の辞書が確定されたのは20世紀も半ばであること、OEDは編纂開始当初それほど厳密な計画で編纂されたのではないのでOEDに記されているコードリの出版年には混乱があること、近代において名前の残っている英語の辞書はコードリ以降かならず先行する辞書の借用・剽窃(plagiarism)に基づいた上で、それぞれのオリジナリティを加味することで発展してきたことなどである。また、コードリの辞書に掲載されている語彙と、同時代に活躍したシェイクスピアが用いた語彙の比較からコードリの辞書が難解語辞書ではないことが証明されると同時にシェイクスピアの用いた語彙も一般民衆になじみのある語彙であることをコードリから証明できたと思う。

　なお、章分けとその見出しは辞書史のおおよその傾向を示しているにすぎない。

　第2部における語彙史・意味変化の研究も広い視野を考慮に入れるという方法に注意してみた。意味変化に関する研究の古典的名著とされているステルン (G.

Stern) は、主体的に意味変化研究の方法論を構築しようとする積極的な姿勢で研究に取り組んだのではなく、当時「音韻法則に例外なし」といわれたほどに音韻法則という厳密な方法論に基づきめざましい成果をあげていた音韻論を強く意識して、古期英語から中期英語にかけて、「速く」を意味する swiftly, quickly, speedily, rapidly など一連の副詞の意味変化研究の結果、意味変化にも音韻変化に劣らぬ規則的な法則性があると主張した (G. Stern, *Meaning and Change of Meaning*, 1931, rpt. 1975, pp. 185 ff.)。しかし、ステルンの提示した7つの意味変化の型は区別があいまいであり、意味変化に確たる法則性を見出すにはさらなる時間を要する。

筆者の語彙史・意味変化研究は、取り上げたテーマ、単語は個別のようにみえるが、英語史全体を視野に入れて方法論を意識して考察するように努力した。ただし、意味が変化したかどうかについては信頼できる辞書と研究文献の記述に基づいており筆者自身の判断はしていない。

第 10 章「シェイクスピアにみる外来語定着の一類型」では、シェイクスピアには abhominable が全部で 18 回現れ、First Folio 版ではすべて abhominable という語形であるのに反し、Quarto 版では 1 回だけ abominable という形で現れる (*Love's Labor's Lost* V. i. 16–25) のはなぜかという問題を考察した。この章は abhominable から abominable への形態変化から英語史における外来語借用の原理の一端を明らかにすると同時に、シェイクスピアが英語の語彙史・意味変化に果たした役割の大きさを証明したもうひとつの例になるだろう。本論の完成後、問題となっている *Love's Labor's Lost* のこの場面のホロファニーズの台詞が複数の研究者によって取り上げられていることを知ったがいずれもつづり字発音の問題としているだけである (N. F. Blake, *A History of the English Language*, 1996, p. 191; D. Crystal, '*Think on my Words*', 2008, pp. 58–9)。シェイクスピアの用いた単語の問題点に一定の答えを提示した例は過去にもある (拙著『英語の語彙史』第 4 章から第 9 章、『シェイクスピアの文法と語彙』第 9 章から第 14 章)。

第 11 章は英語史における形容詞の文法化という現象を明らかにしようとして始めたわけではない。もともと nice, fine といった外来語にも、sad, silly, fair といった本来語にもはなはだしく意味変化した語があり、nice, silly のようにもとの意味とは反対の意味にまで変化した語があるのはなぜか、という問題を考えていた。メナーが英語史における形容詞の多義性を論じた上で、stout, strong など

の形容詞が北アメリカのニューイングランドにおいて、同じ地域・同じ時期に、相反する意味、かけ離れた意味で用いられているのにもかかわらず混乱なく用いられていることを言語地理学の方法により解明し報告している (R. J. Menner, "Multiple Meaning and Change of Meaning in English", 1945, *Language*, XXI, pp. 59–76)。メナーの方法を参考にして、英語史上、多義となり、相反する意味変化まで生じている形容詞の意味変化を、フランス語からの借用語の場合は当該形容詞のフランス語における意味変化を調べ、本来語の場合は英語と歴史的に同じ起源のドイツ語における意味変化を調べた。その結果、外国語との接触に影響されるといわれている英語の文法上の分析化傾向と同じように単語の意味変化にも多義化、分析化がフランス語からの借用語に見られ、その影響で英語本来の形容詞にも多義化、分析化傾向が見られることが明らかになった。ヨーロッパの諸言語の中でも分析化が顕著に進んでいるフランス語の影響は英語の意味変化にも深く大きな影響を与えていることがわかる。[3] 英語ほどにはフランス語の影響を受けていないドイツ語には見られない現象である。結果として、このことが英語の形容詞の分析化・文法化を生み出したといえるのではないかと考えるに至った。文法化は、動詞、名詞を始め前置詞、接続詞にも認められるという報告があるので形容詞にも文法化がありうることは当然予測されることである。本章は英語の形容詞の文法化がもしあるとすれば、その発生のひとつのヒントを示しているのではないか。ただし、文法化を勉強しようとして得られた結論ではないので誤解があるかもしれない。

　本書は、英語史のフィロロジカルな研究であるが、始めにある程度の方法論・視点を設定し、できるだけ変化の原因を求めるという筆者の姿勢は『英語史への試み』(1987、こびあん書房)、『英語の語彙史』(1995、南雲堂)、『シェイクスピアの文法と語彙』(2002、松柏社) を通じて一貫している。フィロロジカルな作業も始めに何らかの視点がなければ膨大な原典史料の泥沼におちいってしまうおそれがあるからである。[補注] 副題を「方法論的考察」としたのはそういう意味でもある。もちろん、作業を続けていく過程で新たな発見があればあらかじめ設定した枠組みは柔軟に修正した。本書も旧著の研究方法を継続した成果である。できるだけ注意したが間違いや誤解があるかもしれない。ご教示をいただきたい。

　最後に、『英語年鑑 2010』(pp. 9–10) で拙著『英語史への試み』(1987) を取り上げて過分に評価してくださった恩師荒木一雄先生にはあらためて感謝します。辞

書の研究をすすめてくださった故林哲郎先生、永嶋大典先生、それに『新英和大辞典（第6版）』（研究社、2002）の仕事以来親しくご教示くださった故小島義郎先生に感謝します。本書の論考はこの三人の先生が英語辞書発達史に関してなしとげられた成果に基づいている。また、『新英和大辞典（第6版）』（研究社）の語源欄と「英語学文献解題」（研究社、2008）の第8巻『辞書・世界英語・方言』で「近代における英語辞書（18世紀まで）」に執筆の機会を与えてくださった寺澤芳雄先生に感謝します。このふたつの仕事が本書誕生のきっかけとなり同時に中核部分をなしている。もちろん、思わぬ誤解や間違いがあるとすればすべて著者の責任であることはいうまでもない。[4]

なお、転載を許可してくださった研究社の『英語青年』編集部と辞書編集部、および英潮社フェニックス編集部には感謝します。

注

(1) *Exactly which volume in the long history of English scholarship is to be called the first English Dictionary nobody can assert with any degree of confidence. Is it John Bullokar's* English Expositour (1616) *or Minsheu's* Ductor in Linguas *or* Guide into Tongues (1617), *or Henry Cockerum's* English Dictionarie? (Cockeram, H. (1623, rpt. 1930), *The English Dictionarie (Part 1)*, "Preparatory Note" by C. B. Tinker, p. vii, Huntington).

　　ここにはコードリ (Cawdrey, *A Table Alphabeticall*, 1604) は言及されていないうえに、ブロカー、コケラム、ミンシュウのいずれが最初の英語辞書とするのかについて疑問が提示されている。

(2) 『英語の語彙史』(1995、南雲堂) p. 201 の注4。本書では詳しく述べていないが、著者の一貫した英語史観は『英語史への試み』(1987、こびあん書房) 第一部の「1. 英語史研究への二つの視点」、「2. E. サピアの言語論について」、「3. E. サピアの言語観の成立」、それに「サピアの言語観の意味するもの」(『パラダイム論の諸相』、pp. 115–132)、『シェイクスピアの文法と語彙』(2002、松柏社) の「序論」(pp. 1–21) にみられる。一言でいえば、共時的視点と通時的視点を均等に考慮するという、いわば超時的な (metachronic) 視点である。p. vi 参照。

(3) モセ (Mossé, F.), *Equisse d'une histoire de la langue anglaise*, 1947, I.A.C., pp. xiii–xiv (郡司利男・岡田尚訳『英語史概説』、1965、開文社、p. vii。但し、訳文中の「記述した」は「強調した」である)。

(4) And if ther be any thyng that displese hem, I preye hem also that they arrette it to the defaute of myn unkonnynge and nat to my wyl, ...（そして、もしお気に召さないものがありますれば、私の無学のためであって、私の意図ではないとお考え下さるようにお願いします。）Chaucer, G. *The Canterbury Tales*, X(I) 1082.

　なお、索引を作成したが、本書の場合、内容上第1部、第2部、それに各章が独立していて相互参照の必要がほとんどないので省略した。例えば、「ジョンソン（の辞書）」は第5章に集中して現れ、「コードリ（の辞書）」は第2章の6と第7章に集中的に現れそれ以外の個所には現れないので比較的詳細にした目次を参照すれば索引を参照する必要はないと判断したからである。

(補注)　従来、英語史の言語内的研究といえば、音声・音韻と文法（語形とシンタックス）が研究の主流であったように思われる。意味変化と語彙史（と辞書史）は確たる原理原則あるいは方法論が不足しているせいか純粋な言語内的研究は少ないようである。旧著と本書が英語の意味変化、語彙史、辞書史の言語内的研究にいささかでも寄与するところがあれば幸いである。

目　次

序　言 .... *i*

第 1 部　近代英語辞書の発達

第 1 章　英語辞書の誕生まで
0. はじめに *3*
1. 外国語と辞書 *5*
2. OE 期のラテン語辞書 *9*
3. 外国語辞書 *13*
4. ルネッサンスと英語辞書 *21*
【附】シェイクスピアにおける外国語：マラプロピズム *25*

第 2 章　語学学習書のグロッサリーから辞書へ
5. パルズグレイブ（John Palsgrave）、
   Lesclarcissement de la langue françoyse (1530) *31*
6. コードリ（Robert Cawdrey）、
   A Tabe Alphabeticall (1604) *34*

第 3 章　難解語辞書の発達
7. ブロカー（John Bullokar）、
   An English Expositor (1616) *38*
8. コケラム（Henry Cockeram）、
   The English Dictionarie (1623) *40*
9. ブラント（Thomas Blount）、
   Glossographia (1656) *43*
10. フィリップス（Edward Phillips）、
    The New World of English Words (1658) *47*

第 4 章　語源中心辞書の発達
11. スキナー（Stephen Skinner）、
    Etymologicon Linguae Anglicanae (1671) *49*

12. コールズ (Elisha Coles)、
   An English Dictionary (1676) *51*
13. カージー (John Kersey)、
   A New English Dictionary (1702) *55*
14., 15. ベイリー (Nathan Bailey)、
   An Universal Etymological English Dictionary (1721)
   Dictionarium Britannicum (1730) *59*
16. ダイチ＝パードン (T. Dyche & W. Pardon)、
   A New General English Dictionary (1735) *64*

第5章　ジョンソン　近代英語辞書の頂点

17. ジョンソン (Samuel Johnson)、
   A Dictionary of the English Language (1755) *70*

第6章　発音中心の辞典

18. リチャードソン (Charles Richardson)、
   A New English Dictionary of the English Language (1836–7) *82*
19. シェリダン (Thomas Sheridan)、
   A General Dictionary of the English Language (1780) *84*
20. ウォーカー (John Walker)、
   A Critical Pronouncing Dictionary (1791) *87*

第7章　コードリ（R. Cawdrey, *A Table Alphabeticall*, 1604）再考

0. はじめに *89*
1. コードリと先行する語学学習書のグロッサリーとの比較 *89*
2. コードリの辞書に収録されたギリシア語の意味 *93*
3. コードリと *OALD* 掲載の語彙の比較 *97*
4. 結論 *111*
5. コードリの語彙の特色 *115*
   §1 *Table* に収録されている単語 *115*
   §2 廃語になった語彙 *123*
   §3 廃用になった語義 *127*
   §4 フランス語からの借用語 *128*

6. *OED²* にみられる *Table* 発行年の矛盾 *132*
     §1 *Table* 発行年の矛盾 *132*
     §2 *Table* 発行年の2種類の異なった表記 *136*
     §3 発行年の間違い *141*
     §4 出版年表記の間違い *144*
  7. *Table* とシェイクスピアの語彙との比較 *145*
  8. *Table* とコケラム (H. Cockerum, *The English Dictionarie*, 1623) との
     収録語彙の比較（試論）... *151*
  9. 結論 *153*
     【附】復権『薩摩辞書』 *157*

第8章　近代英語辞書におけるギリシア借用語

  1. 序 *161*
  2. コードリの辞書に掲載されたギリシア語 *161*
  3. 近代英語辞書に掲載されたギリシア語の一覧表 *167*

第2部　英語の語彙史　シェイクスピアを中心に

第9章　シェイクスピアの hendiadys（「二詞一意」）

  1. *Hamlet* における **hendiadys** *175*
     0. はじめに *175*
     §1 hendiadys とは *177*
     §2 シェイクスピアの hendiadys の先行研究 *178*
     §3 シェイクスピアの hendiadys の特徴 *180*
     §4 ライトによるシェイクスピアの hendiadys 研究 *182*
     §5 *Hamlet* の66例の検証 *183*
     §6 hendiadys 以外の and を使用した修辞法 *190*
     §7 補説：hendiadys の日常語化 *193*
     結論 *195*

2. *Othello* における **hendiadys** *199*
   0. はじめに *199*
   §1 *Othello* における hendiadys *199*
   結論 *209*

第 10 章　シェイクスピアにみる外来語定着の 1 類型
　　　　　abhominable から abominable へ

   0. はじめに *212*
   1. シェイクスピアにおける abhominable と abominable (abbominable) *213*
   2. 英語史における abhominable と abominable *214*
   3. 注釈にみる abhominable と abominable *216*
   4. 古辞書にみる abhominable と abominable *219*
   5. 結び *219*

第 11 章　形容詞の多義性と文法化

   1. 著しく意味変化して多義になった形容詞 *223*
      1. 英語本来語 (sad, silly) *223*
      2. 外来語 (nice, fine) *226*
   2. 多義語の共時的実態：stout, clever *228*
   3. 意味の多義化から文法化へ：fair *230*
   4. 文法化の歴史的原因：
      英語、フランス語、ドイツ語の比較言語史的考察 *231*
   5. 結論 *234*

   あとがき *239*
   参考文献 *243*
   初出一覧 *249*

第 1 部

近代英語辞書の発達

第1章
英語辞書の誕生まで

0. はじめに

　世界中のどの国よりも、イギリス、アメリカには優れた辞書が数多く出版されてきた。日本における英語関係の辞書が、フランス語、ドイツ語、イタリア語を始め、他のどの外国語の辞書に比べても、質の面、量の面、あるいは種類の多さという点でも、格段に優れた辞書が出版されているのは、他の言語に比べて英語の学習者人口が多く需要が多いということもあろうが、本場のイギリス、アメリカで優れた辞書が多数出版されているということが大いに関係している。イギリスのオックスフォード系の辞書、アメリカのウエブスター系の辞書を始めとして英語圏で出版されている質量ともに優れた辞書を参考にできるので、日本における英語の辞書出版は他の外国語辞書に比べて盛んであるといえる。

　では、どうして英語圏に辞書出版が盛んであろうか。それは英語という言語が辿ってきた歴史と深く関連する。すなわち、英語はその歴史の最初期から現代英語に至るまでその時期その時期ごとに絶えず辞書を必要とする事情があった。その歴史上、絶え間なく辞書を必要とする風土が、数多くの辞書を生みだし、結果として、イギリス、アメリカを辞書先進国にした。

　イギリス、アメリカの辞書編纂の技術は優れている。歴史的に見て、特にイギリスの辞書が優れた歴史を持っているが、歴史的な事件の多くがそうであるように、イギリスの辞書編纂の技術は一朝一夕にして完成されたのではない。英語はまさにその歴史の始まりと共に、辞書を持ち、以来今日に至るまで営々と辞書の編纂・出版に努力を惜しまなかった。その結果、多くの優れた英語辞書が産み出されてきた。

　OED (*The Oxford English Dictionary*) の最初の編集者であるマレー (J. A. H.

Murray) は、イギリスにおける辞書（編纂史）研究の先駆的研究である、*The Evolution of English Lexicography* (1900) で次のようにいう。

> For, the English Dictionary, like the English Constitution, is the creation of no one man, and of no one age; it is a growth that has slowly developed itself adown the ages. Its beginnings lie far back in times almost prehistoric. (...) As to their langage, they were in the first place and princilpally Latin: (...)
> (J. A. H. Murray, *The Evolution of English Lexicography*, 1900, pp. 6–7)

（というのは、英語の辞書は、イギリスの憲法と同じように、一人の人が創りあげたのでもなければ、ひとつの時代に創りあげられたのでもない。時代を経るにしたがって自ずから、ゆっくりと成長してきたのである。その起源は遥か英語史以前に遡る。対象となった言語は、最初に、そして、主にラテン語であった。）

OE 期に始まり ME 期にかけて、ラテン語辞書を初めとしてフランス語辞書も多数出版され、それ以後、外国語＝英語辞書は発展の一途を辿る。そして、ついに 1604 年に辞書史上画期的な事件である、英語を英語で説明した、すなわち、英語の国語辞書が初めて出版されるが、この辞書は全く突然に、自然発生的に生み出されたのではなく、多くの歴史的事件がそうであるように、先行する時代の流れの中で、外国語辞書が次々と編纂出版され続けてゆくうちに、徐々に意識と経験が培われ、積み重ねられ、十分に基盤整理がなされた上で、英語史上初めての英語辞書が編纂出版された、という視点から、英語辞書の発生と発展を跡付ける。

古期英語以来やむことなく出版され続け、徐々に編纂技術を高めてきた外国語辞書編纂の経験が不可欠であったこと、古期英語以来流入し続ける外国語を習得しなければならないという英語独特のやむにやまれない事情、流入し続ける外国語への深い関心、逆に、流入し続ける外国語への反発から生まれた国語愛護の意識、ルネッサンスによって生じた古典語であるギリシア語、ラテン語、あるいはフランス語との比較から認識された英語の向上化運動、といった要因が背景にあって始めて英語の辞書の発生と発展があり得たと考えなければならない。本章では、英語辞書の発生と発展の背景となった色々な要因を考えてみる。

1. 外国語と辞書

　英語という言語は、その最初期から外国語との接触が絶えることがなかった。英語とそれを担うアングロ・サクソン民族の歴史は、一言で言えば、征服と被征服の歴史であった。アングロ・サクソン民族はその歴史を通じて征服と被征服を繰り返してきた。征服したり、征服を受けたりしている間に、非常に多くの外来語を受容してきた。英語が他の言語と違って異常に外来語が多いこと、しかも、同じゲルマン民族でありながら、アングロ・サクソン民族の英語には外来語が多く、ドイツ語には外来語が少ないのには事情がある。すなわち、アングロ・サクソン民族の外国との接触の仕方には、他の民族の場合と著しく違った特徴がある。それは、アングロ・サクソン民族の場合、自分達と近しい民族から徐々に縁遠い民族へと一歩一歩階段を上るがごとく、慣らされていったのである。アングロ・サクソン民族、あるいは英語がどのような過程を経て外国語に慣らされ、外国語への違和感をなくし、ひいては、自国語による新語形成能力を消失していった事情を考えてみる。

　記録の残されていない先史時代は別にして、ブリテン島の先住民はケルト民族であり、そのケルト民族をローマ軍が支配した。その後、ブリテン島に移住したアングル族、ジュート族、サクソン族は、支配したケルト民族からケルト民族に借用されていたラテン語を再借用した。ブリテン島に移住する以前、未だ大陸に住んでいたゲルマン民族の一部であったアングル族、ジュート族、サクソン族は大陸でローマ軍の支配下にあって、ローマ軍から日常生活の向上に直接に、具体的に役立つ食物、生活必需品の生産方法、科学技術を習得した。アングロ・サクソン民族が大陸時代にどのようなことをローマ軍から学んだかについては、その時期にラテン語から英語に借用されたラテン語から推定することができる。例えば、pound, street, camp, cheap, mint, belt, socks, butter, etc. これらの単語はいずれも今日のイギリスの日常生活を支える基本単語であり、それだけにこの時期にローマ軍からアングロ・サクソン民族が学んだのは、洗練された古典文学、哲学ではなく、まず日常の生活程度の向上に貢献する事物であったことがわかる。

　ブリテン島に移住した後は、ケルト語と接触するが、アングロ・サクソン民族がケルト人から学んだことは余り多くなく、少数の語を除くと、ケルト語は河川名 (Thames, Trent, Avon, Ouse, Wye)、山岳名 (Barr, Torre)、人名 (Allan, Joyce,

Samson, Brian, Conan) に残っているに過ぎない。

　ブリテン島に移住後、『アングロ・サクソン年代記 (*The Anglo-Saxon Chronicle*)』によると、西暦 787 年に初めてイギリスに襲来したヴァイキングは (⁊ on his dagum comon ærest・iii・scipu Norðmanna of Hereða Iande. "And in his days came first three ships of Norwegians from Hörthaland")、徐々に襲来の勢いを強め、851 年にイギリスで初めて冬を越す (⁊ hæðene men on Tenet ofer winter ge sæton "And the heathern stayed in Thanet over the winter")。更に、イングランド北部から南部へと植民地化を進めた。ヴァイキングの王グズルム (Guthrum) は、878 年にはアルフレッド大王と和解を結び、ロンドンからチェスターをワトリング街道で結ぶ線の北東側を領土とした。これがデーンロー（Danelaw = デーン人の法に従う地域）である。

　一時、互いに戦い合い、国境まで設定したのであるが、デーン人は、もとはといえば、同じゲルマン人であり、アングロ・サクソン民族の大陸時代には、現在のデンマーク辺りでとなり同志で暮らしていた民族なのである。従って、クヌート王 (Cnut, Canute) のイングランド支配の頃から両民族は次第に融和し始めていた。920 年以降にはイングランド人によるデーンロー奪還もあったが、他の地域における民族間の対立の場合とは違って、ヴァイキングとして海を渡ってきたデーン人は、もともとアングロ・サクソン民族と、言語・風習・習慣・社会・文化・宗教が同じであったので融和してしまった。ブリテン島においてアングロ・サクソン民族が初めて出会った異民族が、もともと同じ民族であったデーン人であったことは、その後のアングロ・サクソン民族とその言語である英語のその後の行く末に大きな影響を及ぼすことになる。

　歴史上、デーン人の後にブリテン島に侵攻してきたのは、ノルマン人である。ノルマン (Norman < "North man") 人というのは、896 年にブリテン島で、アルフレッド王に撃退されて、現在のフランスのセーヌ川に入ったヴァイキングの大軍に端を発するのでやはり北欧ゲルマンのヴァイキングであり、デーン人がブリテン島を襲撃したのと同様に、フランス本土を、ロワール川、セーヌ川、メイン川等を逆のぼり、パリ、ルーアン、バーユー、セントロー等を襲った一派である。この一派は、たびたびパリを襲撃したので、西フランク王シャルル（「愚直王」）はロロ (Rollo) を頭領とする一派に、セーヌ川下流の肥沃で果実栽培に適した土地を領地として与えた。これがノルマンディー（"ノルマン人の土地"）であ

る。即ち、ロロ大公とノルマンディ公国の誕生である。

　ノルマンディにしばらく定住していたが、イングランドのエドワード告白王 (Edward the Confessor) と親交があり、イングランドの宮殿に多数取り入れられていたノルマン人は、1066年にエドワード王が没すると、イングランドは自分達の先祖であるクヌートが支配していた土地であると主張して、イングランドの王位継承権を主張し、ノルマンディ公ウィリアム (Duke William of Normandy) の指揮のもとにイングランドに攻め入り、1066年にイングランド南部のケント州ヘイスティングス (Hastings) の戦いでイギリス軍に勝って、以後2世紀にわたってイギリスを支配した。もともとは、北欧のデンマーク、ノルウェイから来たヴァイキングであるが、ノルマンディに定住した彼らは、すぐにフランス語を話すようになっていた。キリスト教文化、美術の熱心な信奉者となり、フランス中でももっとも美しい教会建築を建てた。ウエストミンスター寺院もアングロ・サクソン風建築ではなく、ノルマン人と親交のあったエドワードの好みでノルマン風建築である。1020年には十字軍にも参加するまでになった。従って、ノルマン人は北方のゲルマン人としてではなく、フランス人としてイギリスにわたってきた。もともとは北方のゲルマン人でありながら、フランスの言語、文化、宗教（キリスト教）を身につけたノルマン人が、生粋のゲルマン人であるデーン人の次にやってきたことは、英語の歴史に非常に大きな意味をもつ。というのは、ひとつには、まず最初にやってきた"異民族"が生粋のゲルマン人、即ちアングロ・サクソン民族と全く同じ民族であるデーン人であり、次にやってきたのがもともとゲルマン民族でありながら、文化、宗教（キリスト教）、言語をフランス化したノルマン人がやってきた。イギリス人にしてみれば、いきなり、まったく未知の異民族がやってきた場合に比べれば、デーン人、次いで、ノルマン人という順序は、異民族に徐々に慣らされてゆくという結果になり、後世、イギリス人が世界中の色々な異民族と違和感なく接するようになる素地を作った。

　特にアングロ・サクソン民族にとって重要なことは、もともとゲルマン人であったノルマン人がフランス語（正確には、フランス語のノルマンディ方言）を話していたということである。というのは、言語にとって外面史である政治、社会、経済における征服と被征服の歴史は、ローマ軍、ケルト人、デーン人、ノルマン人との接触までであるが、15世紀に始まるルネッサンスになると、文芸復興運動により、社会、政治といった外面史ではなく、言語の内面史に深く関係す

る、ギリシア、ローマ特に古典ローマの文化・文学・哲学が再評価され、ローマ、ギリシアの文学・思想がフランス語訳を経由してイギリスにもたらされたとき、すでにノルマンフレンチによってフランス語に慣らされていたアングロ・サクソン民族にはパリのフランス語 (Central French) に抵抗なく接触することができた。

　フランス語を通じて必然的にラテン語がイギリスに多量にもたらされた。ラテン語によるローマの古典がイギリスにもたらされた時、英語にとってラテン語はまるで未知の言語ではなかった。というのは、周知の通り、フランス語はラテン語の直接の末えいであり、ノルマンフレンチ、次いで中央フランス語にすでに十分なじんでいたアングロ・サクソン民族にとってラテン語は全く未知の言語というわけではなかった。従って、ローマ古典がイギリスにもたらされると、ラテン語はそれ程抵抗なく英語に取り入れられてしまった。

　次に接触したギリシア語はラテン語とは、文化面、特に哲学、文学に関する影響が大きく、先にラテン語に接していたイギリス人にとってギリシア語はもはやまったく未知の言語ではなかった。従って、ヨーロッパの中でイギリスからもっとも遠隔の地にあったギリシア語も比較的容易に英語に吸収された。

　アングロ・サクソン民族とその言語である英語にとって、その最初期からの外国語との接触の仕方は、英語の外国語に対する接し方に決定的な影響を与えた。即ち、もともと同じ北ゲルマンの土地に住んでいたデーン人に最初接して、次に、もともとはアングロ・サクソン民族と同じく、北ゲルマンの地に住んでいて、基本的にはゲルマン民族でありながら、言語をフランス語に換えたノルマン人と接した。そして、ノルマン人を通じてフランス語に慣らされたアングロ・サクソン民族は次にフランス語の祖語であるラテン語に出会った。このように、同じ言語、同じ民族であったデーン人から、もとはといえば同じ民族であり、同じゲルマン語をもっていたが、フランス語を使うようになったノルマン人と接することにより、まずノルマンフレンチ語に慣らされ、次いで中央フランス語に慣らされたアングロ・サクソン民族は、徐々に、しかし確実にラテン語受け入れへの素地を形成していった。従って、ルネッサンス期には、本来ならばかなり異質の言語であるラテン語を受け入れる用意がすっかり整っていたことになる。ノルマン・コンクェストにより、フランス語がイギリスにもたらされたことは歴史上の偶然であったが、結果として、その後にもたらされたフランス語、ラテン語受容

への素地となったことは、偶然とはいえ、英語の外来語への違和感、抵抗感を取り除くことになった。フランス語からラテン語に慣らされていた英語にとって、ラテン語と密接な関係にあり、ラテン語に深く、広い影響を与えたギリシア語はもはや全く異質の言語ではない。こうして、英語はおよそ外国語というものへの違和感を消失してゆくにつれて、逆に、古英語の時代には旺盛であった英語本来語による新語形成能力、派生語形成能力を徐々に失っていった。古期英語の時代には外来語からさえも自由に派生語を形成していた。例えば、ラテン語の dīrigō "to lead", directus (p.p.) から OE dihtan "to direct", diht "order", dihtend "director", dihtere "expositor", dihtnere "steward", dihtnian "to dispose", dihtung "disposition" などが派生した。しかし、外国語に徐々に慣らされた結果、英語はその本来の造語、派生語形成の力を失い、新しい事物・概念を表現するのに外来語をそのまま借用して英語の語彙に受け入れるようになった。従って、エリザベス朝以降イギリスが海外に雄飛して、ヨーロッパ世界とはまるで異なる、アメリカ新世界、アフリカ、アジア、オセアニアから旧世界にはなかった事物・概念とそれを表す外国語がもたらされてもそれ程抵抗なく、ことごとく受け入れるようになってしまった。このことが、同じゲルマン語でありながらドイツ語には外来語が少なく、英語には甚だしく外来語が多い原因である。外国語を多数受け入れたがために、幾種類もの外国語辞書が必要とされ、『外国語＝英語辞書』が次々と編纂され、出版され続けてゆくうちに、辞書編纂術は発展し、質量ともに優れた辞書が出版されるようになった。そして、蓄積された外国語辞書編纂技術は国語辞書としての英語辞書の発達に深く大きい影響を与えた。

2. OE期のラテン語辞書

　古期英語期にすでに、ラテン語の写本の難解な部分に、易しいラテン語もしくは、古英語で施されたグロス (gloss) と言われる「行間の注解 (interlinear glosses)」、そしてテクストのあちらこちらに加えられた註解を集めた「註解集 (glossary)」と称される、辞書の原点を思わせるものがある。例えば、スキートの *Oldest English Text* (EETS, OS.83, 1885) には *Epinal, Erfurt, Corpus, Leiden, Lorica-Glosses, Beda's Glosses, Vespasian Psalter* といった最初期の註解集が収録さ

れている。以下の例は、子供達にラテン語を教えるために作成された 11 世紀前半の *Æfric's Colloquy* (West-Saxon) に見られる、OE =ラテン語の対訳である（【　】は筆者加筆、以下同じ）。

Hæfst þu hafoc ?
Habes accipitrem ?
【Do you have a hawk ?】

Ic hæbbe.
Habeo.
【I have】

Canst þu temian hiʒ ?
Scis domitare eos ?
【Can you tame it ?】

ʒea ic cann. H þ æt sceoldon hiʒ me buton ic cuþe
Etiam, scio. Quid deberent mihi nisi scirem
【Yes, I can. What should they give me unless I could

temian hiʒ ?
domitare eos ?
【Tame them ?】

(*Æfric's Colloquy,* ll. 127–130, Methuen's Old English Lib. ed. by G. N. Garmonsway, 1975)

ひとつの写本にでてくるこのような行間注釈を集めれば、ラテン語の単語を暗記するのに便利であり、単語の意味を調べるのに個々の写本に立ち戻らなくても済む、また生徒がラテン語の単語を覚えるのに手助けとなる。これが「語彙集（グロッサリー）」の第 1 段階であり、*Leiden Glossary* がこの例である。

　　Item de ecclesiastica storia.

Colomellas	: lomum.
carbunculi	: poaas.
labrum, ambonem	: heat.
pruriginem	: bleci.
publite (poplite)	: hamme.
editiones	: thestisuir
fibrarum	: darmana.
sescuplum	: dridehalpf.

(*Leiden Glossary*, Skeat, *Oldest English Text*, p. 111)

　個々の写本の語彙を集めたものから、一歩を進めたのが、各単語の語頭のアルファベットによりまとめた語彙集であり、*Epinal-Erfurt Corpus* にその例を見ることができる。これが第 2 段階。

【ラテン語】	:【英語】
clibosum(*v*)	: clibecti.
clustella	: clustorloc.
cladica	: wefl *vel* owef.
clinici	: faertyhted.
clavus caligaris(-*ius*)	: scohnegl
clas(*s*) *is*	: flota.
clatrum (*clathri*)	: pearuc
clabatum(*v*)	: gebyrded.

(*Corpus Glossary*, Skeat, *Oldest English Text*, p. 51)

　第 3 段階は、各単語の 2 番目の文字までのアルファベット順配列、そして第 3 番目までと続く。その例は、8 世紀初頭の *Corpus Glossary* である。このような過程を経てできあがったアルファベット順グロッサリーが 17 世紀初頭の英語辞典、即ち、難解語辞書の原型である。
　ラテン語は口伝えに教えられていたので、これらのグロッサリーは、最初、

ラテン語の単語を暗記し易いように、主題別にまとめられていた。この種の語彙集が、グロッサリーと別の系統をなす。例えば、身体部位、家畜、野生動物、魚類、木や植物、等々、この段階は、言わば OE 語彙集の第 1 歩で、*Leiden-Glossary* にこの例を見ることができる。

  verba de multis.
  Fors   : uryd.
  glis   : egle.
  damma (dama) : elha.
  alea   : tebl.

        (*Leiden-Glossary*, Skeat, *Oldest English Text*, p. 115)

1553 語を収める植物の語彙集の例。

  1. Abstinthium. i. weremod
  2. Absenti. i. Aloxemis
  3. Abditus. i. azon. *uel* iouis barba.
  4. Ablata. i. purgatoriam simulat.

      (*The Laud Herbal Glossary*, ed. by J. R. Stracke, 1974, p. 19)

見出し語を主題別にまとめて配列することは、51 頁で述べる 17 世紀のコールズの英語辞書 (1676) の原型である。OE 期から ME 期にかけての行間註解やラテン語＝英語語彙集の伝統は 16 世紀前半まで続く。

 辞書の形態を持ったもっとも初期のラテン語＝英語辞書として知られているのは、*Medulla Grammacie* (*Gammatices*, c.1460) である。この辞書には多数の写本があるが印刷されたことはなかったらしい。1500 年には、キャクストンの 1 番弟子であるウインキン・ド・ウォルド (Wynkyn de Worde) が [*H*]*ortus Vocabulorum* というラテン語辞書を印刷出版した。この辞書は 16 世紀初めに広く用いられた。

 OE 期のラテン語＝英語辞書にすでに初期近代英語期の英語辞書の雛形が完成されていたといえよう。

3. 外国語辞書

　16世紀に入ると、増え続けるラテン語、フランス語からの借用語に対応するために、ラテン語＝英語辞書、フランス語＝英語辞書は発展の一途を辿り、ついには外形、収録語彙数に関するかぎり、現在の中型から大型辞書に見劣りのしない辞書が何種類も編纂出版された。例えば、英語史上初めて辞書の表題の中に、dictionary の文字を用いた、トーマス・エリオット卿 (Sir Thomas Elyot) の、*The Dictionary of syr Thomas Eliot Knyght* (1538) である。この辞書はすぐれた辞書でありラテン語＝英語辞書にかぎらず、後世の辞書に大きな影響を与えた。この辞書の第1の特徴は古典ラテン語を対象としたことである。エリオット以前にもラテン語の辞書はあったが、それらはみな中世ラテン語を扱っていた（例えば、*Catholicon Anglicanum, Medulla Grammacie,* [*H*]*ortus Vocabulorum*）。ギリシア、ラテンの古典文芸再評価を目指すルネッサンス運動の影響のもとに初めて古典ラテン語を扱った辞書を編纂したエリオットは、1502年に出版されたカレパイン (Ambrosius Calepinus) の *Dictionarire des langues latine, italienne, etc.* を手本として、古典ラテン語の諸作品から自らの読書に基づき、権威ある作家の語彙、語句を多数収録した。最初の4頁（1頁2段組み）の平均収録語数は70語であるから、辞書全体の総語数は約 24,150 語ということになる。個々の作品の註解集、語彙集ではなく、古典ラテン語の語彙を網羅的に収録した編纂方針はその後のラテン語辞書編纂の方針となった。

　エリオットは最初の原稿を印刷所に手渡した後も完成した原稿を不満としていた。エリオットの不満を耳にしたヘンリー8世は、エリオットを励まし、王室図書館の利用をすすめた。そこでエリオットは、直ちに、印刷を止めさせるとともに、M の項以降を全面的に書き直した。印刷の済んでいた M より前の部分は、巻末に、"The Addicion of syr Thomas Eliot Knight vnto his Dictionarye" として付加された。

付加された Addicion の冒頭部分。

　　ABAGIO, gere, to fetch a compasse in speaking 【to speak in a roundabout manner—*OED*, Compass】, and not to consist or abide in one oration or sentence.

Abalienatio, alienation.

Abalienator, he that doth aliene or putte awaye a thinge, or altereth the possession thereof, an alienour.

(*The Dictionary of syr Thomas Eliot Knyght*, 1538)

ローマ数字による頁付け (No.) は途中 36 頁 (No. i 〜 No. XXXVI) までと、飛んで 39 頁と 40 頁のみ (No. XXXIX, No. XL) であるが、辞書本体 272 頁と Addicion 74 頁を加えて全部で約 345 頁。

エリオットの辞書は、1542 年、1545 年、1559 年にクーパー (Reverend Thomas Cooper) による改訂版を出している。そのクーパーは、エリオットの辞書を吸収して更に大部な辞書を出版した。それが、

T. Cooper, *Thesaurus Linguae Romanae et Britannicae* (1565)

である。クーパーの辞書の 1578 年版はフォリオ版 1,300 頁余りもある大部なものである。頁数で言えば、*OED* 第 2 版（平均 1,000 頁）1 冊分以上あることになる。古典ラテン語のキケロ、ヴァージル、テレンス、タキトゥス、ホラチウス、プリニウスといった著名作家から、単語、成句を多く収録し、それにいちいち英語訳を付けていった。アルファベット順の配列であるが、大きい見出し語をたてて、その単語を含む熟語、成句は、その単語の下に頭を下げて配列するという工夫も見られる。例えば、Mare "海" の項は、

Mare, maris, n. g.	**The sea**
Accessus maris.	**The flowing of the sea.** Vide ACCEDO.
Acquor maris. Virg.	**The playne broadeness of the sea.**
(...)	
Aspera maris. Tacit.	**Troublous places of the sea.**
Rabies maris. Virg.	**The raging tempest of the sea.**
Via tuta maris. Ouid.	**The safe passage of the sea.**
(...)	

Importuosum mare.Tacit.	**A sea that hath no conuenient havens.**
Iratum. Horat.	**The sea tempestuous and troublous.**
(...)	
collucer mare a sole. Cicero.	**The sea glistereth with sunne beame.**

（T. Cooper, *Thesaurus Linguae Romanae et Britannicae*, 1578年版, Mare）

という具合に始まり、mareだけで約80項目を収め、そのほとんどに英語訳を付けていて、英語の表現辞典としても十分に有用である。現に、シェイクスピア、マーロー、スペンサー、ベン・ジョンソン等はこの辞書に大きな恩恵を受けたとされている。主見出し語の下に成句を追込みで載せることは後のコールズ（1676）の原型となっている。巻末には150頁にわたる付録があり、国名、人名、河川名、都市名、民族名をかなり網羅的に収録し、説明を加えている。その例。

Aborigines, or Aborigenes, People which first helde the countrie about Rome, and lyued abroade, hauing no house. They may also be taken for any other people, whose beginning is not knowne.

（Cooper, *Thesaurus Linguae Romanae et Britannicae*, 1578年版, 付録1頁目）

このように国名、人名だけを独立して扱うのも後の英語辞書コールズ（1676）（51頁参照）の原型となっている。

　エリオットとクーパーの辞書が英語辞書発達史に与えた影響は、ラテン語の単語、特にラテン語の色々な成句や文を英語に翻訳し、定義する際に英語のイディオムを用いた点である。ラテン語辞書に新しい創意工夫をもたらしたが、これだけ大部な辞書にラテン語に相当する英語の熟語を捜して記述してゆくことは大変であっただろうが、この苦労は17世紀のイギリス辞書編纂家たちが、英語に借用されたラテン語起源の難解語を定義する時にエリオットとクーパーの辞書を大いに活用しているという意味で報われることになる。更には、現在のラテン語辞書の中にもクーパーの辞書の影響を見出すことができる。

　ラテン語に次いで必要とされた外国語はフランス語であり、フランス語の文法書、辞書も時代の要請するところとなった。その要請に応えたのが、ヘンリー8

世のフランス語の先生であったパルズグレイブ (John Palsgrave) の著した、有名な *Lesclarcissement de la langue françoyse* (1530) である。フランス語文法の本としては最初の本は、バークレイ (Alexander Barclay, *The Introductory to wryte and to pronounce Frenche*, 1521) であるが、もっとも網羅的で、重宝がられ、16 世紀中を通してフランス語学習に大きな影響力を持ったのはパルズグレイブのこの本であった。その後も、フランス語学習書の種本となったこの本は、フランス語学習を組織的にするために単なる辞書だけでなく、「フランス語文法」、「フランス語学習指導要領」、「英語＝フランス語語彙集」を併せ備えていた。そして、語学学習書として優れた内容を持った本書は近代期まで大いに活用された。「献辞 (The Authours Epistell to the kynges grace)」(1 p.)、全体の概要を述べた「序章 (The Introduction)」(24 pp.) に続いて、第 1 巻 (p. 1–p. 28。頁付けは見開き 2 頁の右上だけなので実質頁数は 2 倍になる。以下同じ) では発音 (The fyrste boke wherin the true soundyinge of the frenche tonge resteth)、第 2 巻 (p. 29–p. 60) では文法（品詞論）、第 3 巻、性、数、そしてその後に、英語＝フランス語の辞書（品詞別語彙集）が名詞編、形容詞編、代名詞編（文法の説明付き）、数詞編、動詞編（文法の説明付き）、副詞編と続き、辞書の部分だけでも実質 900 頁になる。この語彙集の特色は、英語の見出し語に、必要な場合には他の英語の類義、同義の語を付けていること、それに単語ばかりではなく、熟語の形で掲載していること、特に、動詞の場合には文章で例を示していることである。現代の辞書が備えるべき基本的要件をある程度備えているという意味でも辞書編纂法の発展に大いに貢献している。語彙集のうちから、名詞、形容詞、代名詞、動詞から記述例を示す。名詞編より。

B　before　O	
Bobet on the heed	covp de poing s. ma.　　（この項 *OED* にあり）
Bobbyn for a sylke woman	bobbin s. fe.
Bocher that kylleh flesshe	bovchier s. ma.
Bochery	bovcherie s. fe.
Body	corp s. ma.
Body of a churche	nef de lafglise s. ma.
	(p. xxi: 頁付けは 2 頁見開きの右上にのみある)

なお、パルズグレイブは、pacquet をフランス語として掲載しているが、実は、pacquet は英語からフランス語に借用された語である。

Pacquet of letters　　　　　　pacquet de letters, &c.

(p. lii)

フランス語 pacque から派生した指小辞であれば pa(c)quette となるはずだからである。

形容詞編

Wayght/heauy　　　　　　ma.masif (...)
　　fe.massifue s. ma.pesant s.fe.pesāte s.
Wanne of coloure　　　　　　ma.et fe.
　　palle s.ma.yndeux. fe.yndeuse s.ma.
　　et fe.blesme s.
Wanton of condycions　　　　ma.et fe.
　　saffre s. ma.mignot (...) fe mígnotte s.
　　ma.friant s.fe.frande s.
Warfull　　　　　　ma.bataílleux fe.batílleuse s.
Werysshe as meate is that is nat well
　　tastye　　　　　　ma.et fe. mal. fauoré s.

(p. xcix)

ここで、wayght/heauy ma.masif fe.massifue とあるのは、wayghty は heauy と同義語であることを示し、フランス語の対応語は masif（男性形）、massifue（女性形）であることを示す。その次の2つの見出し (wanne of coloure, wanton of condycions) は成句で示されている。最後の例 (werysshe as meate ...) は諺として扱われている（なお、この例は *OED* wearish の項に引用がある）。

動詞編より（単語のアルファベット構成順）

A　before　T

I attayne or gette or come by a thynge / I attayings, nous attayngons, vous attayngneʒ, ilʒ attayngnét (...)

(p. clv)

A before M

I am to blame and am in the faute that a thyng is a mysse / I ay tort, i ay eu tort, **By our Lady I am sore to blame** : Par nostre dame i ay grāt tort. **Am I to blame if I repente me**, Ay ae tort si ie me repens.

(p. cxlviii)

（以上、J. Palsgrave, *Lesclarcissement de la langue françoyse*, 1530）

　更には、パルズグレイブと同じく、ヘンリー 8 世の家庭教師であったウエス (Giles du Wes) の *Introductrie for to lerne to rede to pronounce and to speke frenche trewly compylyd for the right high excellent and most vertuous lady the lady Mary of Englande doughter to our most gracious souerayn lorde kyng Henry the eight* (1532?) といった外国語教師向けの参考書が出版された。この本はフランス語と英語の語彙集と行間対訳を中心とする手頃なフランス語＝英語の学習書。これらの外国語学習書は、発音、文法、対訳、行間訳、語彙等の部分を併せ持っていた。イギリス人がフランス語を学ぶのは、貴族、上流階級、知識階級の公用語であるフランス語を習得するためである。逆に、イギリス人にフランス語を教育することを職業とするフランス人や、イギリス人相手に商売することを希望するフランス人も多く、そのためにフランス人に英語を教える目的を持った本も現れた。その意味で有名なのが、例えば、ベロット (J. Bellot), *Familiar Dialogves, for the Instruction of thé, that be desirous to learne to speake English, and perfectlye to pronounce the same : Set forth by Iames Bellot Gentleman of Caen* (1586)、コウルズ (E. Coles) *The Compleat English Schoolmaster, or the Most Natural and easi Method of Spelling English ...* (1674) は、フランス人用の英語学習書である。Bellot の本は 1 頁 3 段組で、1 段目には英語、2 段目にはフランス語訳、3 段目にはフランス語のスペリングで英語の読み方を示している。例えば、

【英語】	【フランス語】	【発音を示す】
Ayles.	*Alix*	êl.
Yes truely, Goe	*Ouy vray emès,*	Ys trùlé, Go

quickly.	*Allez tost,*	kouiklé
Ralf,	*Raphael.*	Ralf.
Good morrow	*Bon jour cou-*	Goud maro co-
cosen Androw.	*sin André.*	sin Andro.

（Bellot, *Familiar Dialogves* ... , 1586, 本文 16 頁）

　16 世紀後半になるとホリバンド (C. Hollyband) のフランス語＝英語辞書、*A Dictionarie French and English* (1593)、フロリオ (J. Florio) のイタリア語＝英語語彙集、*Firste Fruites* (1578) が出版された。フロリオの語彙集は 20 年後、有名なイタリア語＝英語辞書、*A Worlde of Wordes* (1598) へと発展する。

　主見出し語のアルファベット順にフランス語の単語と熟語を取り混ぜて並べるという編纂方法を考えだした C. Hollyband, *A Dictionarie French and English* (1593) の mont の項。

　　Vn mont ou montaigne, *a hill or mountaine: m.*
　　Passer les monts, *to go ouer those mountaines called Alpes betweene Fraunce and Italy: m.*
　　Qui demeure dela les monts, *which dwelleth on the other side of the Alpes.*
　　Deça les monts, *on this side of the Alps.*
　　Promettre monts & vaulx, *to promise mountaines of gold.*
　　Du mont à val, *that is*, du hault en bas, *from the top to the ground.*

（Hollyband, *A Dictionarie French and English*, 1593, Mont の項）

　また、語学学習を目的とする辞書、文法書のほかに難解なフランス語の専門用語を解説した辞書も出版された。例えば、フランス語やラテン語の用語を多く用いる法律関係の人々からの要請に応えたのが、コウエル (J. Cowell), *The Interpreter:* (...) *Wherein is set foorth the true meaning of all, or the most part of such Words and Termes, as are mentioned in Lawe VVriters, or Statutes of this victorious and renowned Kingdome, ...* (1607) である。コウエルはエリザベス朝にあって有名な法律学者であり死去する前年の 1610 年までケンブリッジ大学の教授であった。

この種の辞書としてはもっとも権威があり、度々改定されて、1729 年に、G. ジェイコブズ (Giles Jacobs) の *New Law Dictionary* が出版されるまで広く用いられた。いずれの項目も説明が長い。以下は特に短い例。

> *Admittendo in socium*, is a writ for the association of certaine persons to Iustices of affices formerly appointed, *Register. orig. fol.* 206. *a*.
> （J. Cowell, *The Interpreter*, 1607, *Admittendo in socium* の項）

その他、Thomas Thomas, *Dictonarium Linguae Latinae et Anglicanae* (1587) など大部な辞書が出版されているが、フランス辞書のコトグレイブ (R. Cotgrave) *A Dictionarie of the French and English Tongves* (1611) はこの時期の外来語辞書の中でも、画期的な辞書であり、質量共に優れていた。その例を示す。

> Montaigne: f. *A mountaine, a great hill.*
> Montaigne de Mars. *The fleshie part of the hand between the thumbe, and middle finger; or the muscles whereof it is made*; (*a tearme of Anatomie.*)
> Les hommes se rencontrent, & non pas les montaignes : Prov. *Men meet often, mountaines never.*
> （R. Cotgrave, *A Dictionarie of the French and English Tongves*, 1611, Montaigne の項）

辞書本体は約 1,200 頁からなり、巻末にフランス語文法の簡単な解説がある。上の引用に見られるように、今まで言及したどの辞書よりも説明が詳細である。フランス語やフランス語の見出し語に対応する英語の単語を羅列するというのではなく、見出し語を含む熟語、成句は勿論、見出し語を含む法律用語の解説や世界の地名の説明など、後に述べるコケラム (1623)、フィリップス (1658) の原型である。また、現在のアメリカの中型辞典によく似た編纂法である。

　英語にはごく初期の頃から外国語が多数取り入れられた。外国語が多数取り入れられたがために、英語は外国語辞書を必要とし、外国語辞書を次々と編纂してゆくうちに、辞書編纂技術が向上し、優れた辞書が輩出するようになった。外国語が異常に多数取り入れられたこと、語彙が増加したことから語彙というものへ

の関心が高まったこと、外来語が異常に増加したことから、逆に自国語である英語への意識が高まったこと、更には、ルネッサンスにより古典語であるギリシア語、ラテン語、あるいはフランス語が英語と比較され、洗練されてなくて、語彙の貧弱な英語を向上させるために、外国語辞書という手段を用いて、積極的に外来語が取り入れられた。このような複数の要因が重なりあうことにより、英語の辞書は発達していった。即ち、辞書の発展は外国語の多数輸入と深く関連するので、次に、英語と外来語との関係を簡単に述べる。

4. ルネッサンスと英語辞書

　英語が徐々に、外来語に慣らされ、外来語をどんどん取り入れる一方、本来の造語能力を失ってゆく傾向を一層推進する事件が起こった。15世紀に始まるルネッサンスである。1453年に、オスマントルコが東ローマ帝国を滅ぼした時に、首都コンスタンチノープルで長きにわたってギリシア・ラテンの古典文化・文学・思想の伝統を守り続けてきた学者達がヨーロッパ諸国に亡命し、ヨーロッパ各地に古典ギリシア・ローマの文化を伝え、ヨーロッパ全土にルネッサンスの花が開いた。その上、イギリスでは、キャクストンが印刷術をもたらし、ウェストミンスター寺院で印刷を開始した。ルネッサンスによりイギリスでも古典文学普及は時代の要請するところとなった。教育の普及、読書人口の増加、それに比例して古典を読みたいという要望が一般読書人の間に広がっていった。キャクストンが始めた活版印刷は、このような時代の要請に応えるところとなり古典を英語に翻訳して印刷出版する作業が盛んにおこなわれた。その結果、1500年から1640年の間に印刷出版された本の種類は2万種に及んだ（モセ、118頁）

　しかし、キャクストン自ら、そしてその後の多く学者達が古典を英語に翻訳しようと試みた時に、彼らが共通して切実に感じたことは、古典文学を引き移すには英語の語彙が甚だしく貧弱であるということであった。そのことは、キャクストンが翻訳出版した本にあるキャクストンの序文にある通りである。例えば、キャクストンは、「粗野で不完全な英語 (the rude and unparfyghyt Englyssh, *Book of Good Manners*, Prologue, 1487 印刷、(N. F. Blake, p. 25))」、「英語はとても粗野で野卑だから私にはとても理解できない（and certaynly the Englysshe was so rude and brood that I coude not wele vnderstande it. *Eneydos*, prologue, p. 2, 1490 年翻訳)」と不満を述べる一方、フランス語については、「フランス語の優雅で上品な用語と単語 (the fayr and honest termes and wordes in Frenshe)」と評価している (*Eneydos*, c.1490, prologue, p. 1)。

　キャクストンを始め、当時の翻訳家達は異口同音に、古典語であるギリシア語、ラテン語は勿論のこと、英訳する際に直接の原典としたフランス語と比べても自分達の言語である英語が洗練されていないこと、具体的には英語の語彙が不足していることを嘆いている。

　そこで、学識経験者達は、英語を洗練された言語にするために、具体的には、英語の語彙を豊富にするために懸命の努力を続けることになる。

　初期の、『ラテン語＝英語辞書』、『フランス語＝英語辞書』、『イタリア語＝英語辞書』は、外国の難しい単語を英語で説明するという目的のほかに、外国語の豊富な語彙、表現法を英語に移そうという明確な意図があった。従って、例えば、コトグレイヴの『フランス語＝英語辞書』には、

> Commemorable:com.*Commemorable, memorable, worthie to be mencioned, fit to be remembred.*
>
> 　　　　　　(Cotgrave, *A Dictionary of the French and English Tongves*, 1611)

とあり、あたかもフランス語の commemorable に対応して英語に commemorable という単語があるかのような記述があるが、*OED* に見るかぎり commemorable という単語が英語史上、いかなる作家によっても使われた例はない。また、ブラントの辞書には、

> Liquescency, the same.【直前の Liquefaction (...) a melting, or making soft, or liquid, a dissolving と同義の意】
>
> 　　　　　　　　　　　　　　　　　(Blount, *Glossographia*, 1656)

とあり、liquescency はその後、フィリップス (Phillips, *The New World of Words*, rev. by J. Kersey, *OED* による 1706 年版：初版にはない) にも収録されたが、ジョンソンの辞書 (1755) に収録されたことにより、生き永らえて、現代英語の辞書

にも収録されている（例、*Chamber's Twentieth Century Dictionary*, 1975）が、この単語も一般の英語の単語として用いられたことは全くない。これらの単語は当時の辞書の編纂者が英語に普及させようとして意図的に造語して辞書に載せたものである。更に、コケラム (1623) には、ebriolate "to make drunk", dedoceat "to instruct", edormiate "to sleep out one's fill", edurate "to harden", exarcanate "to wash off gravel", mansitate "to eat often", missiculate "to send often", oculate "to put out one's eye" 等が見出し語としてあるが、英語史上、コケラム以外には誰一人としてこれらの単語を用いていない。従って、*OED* にも収録されていない。

古期英語期から中期英語期にかけては、アングロ・サクソン民族が辿った歴史的な事情から必然的に外国語が夥しく流入し、中期英語期から近代英語期に入ってからは、劣等言語である英語をなんとか古典語やフランス語に近づけようとする努力が続けられた結果、英語に非常に多くの外国語が借用された。キャクストン始め、ルネッサンス期の翻訳家達が英語にもたらした多数の外国語は必然的に辞書への要請となった。

また、英語の語彙に外国語が非常に多くなり、15-17 世紀の頃には余りに外国語が多くて、制度上、公共機関での教育が受けられなかった女性や、外国との交易をする商人達は、難しい外国語に不自由をかこった。更には、日常生活に不便や混乱をもたらすほどであった。

日常生活に不便をもたらす難解な外国語は、当時すでに「インク壷言葉 "inkhorn terms"」として非難され、悪評高かったことは、有名なパトナム (George Puttenham) の *The Arte of English Poesie* (1589) をみればわかる。

> I must recant and confesse that our Normane English which hath growen since *William* the Conquerour doth admit any of the auncient feete, by reason of the many *polysillables* euen to sixe and seauen in one word, ... : and which corruption hath bene occasioned chiefly by the peeuish affectation (...) of clerks and scholers or secretaries long since, who not content with the vsual Normane or Saxon word, would conuert the very Latine and Greeke word into vulgar French, as to say innumerable for innombrable, reuocable, irreuocable, irradiation depopulation and such like, which are not naturall Normans nor yet French, but altered Latines, and without any imitation at all: which therefore

were long time despised for inkehorne termes, and now be reputed the best and most delicat of any other.

(Puttenham, *The Arte of English Poesie*, 1589, facsimile rpt. Kent State Univ., p. 130)

　英語本来語やノルマン・コンクェスト以来の一般民衆になじんだ単語に満足しなかった僧侶、学者、写字生達がギリシア語、ラテン語から勝手に造語して標準フランス語らしく見せかけて英語に持ち込んだが後のだれも真似しなかった。そこでそういう類いの単語を「インク壷言葉 "inkhorn term"」と称して評判が悪かったが、現在では非常に優れた語として評価されている、というパトナムの評言にも見て取れる。

　この「インク壷言葉 "inkhorn term"」という表現は、後に述べるコードリを始め難解語辞書の序言にもたびたび使われていることから、流行語のように人々の間に用いられ、ひいては「インク壷言葉 "inkhorn term"」のレッテルを貼られた難解な外来語がいかに巷に氾濫していたかがわかる。コードリの序文から。

To the Reader.

　Svch as by their place and calling, (but especially Preachers) as haue occasion to speak publiquely before the ignorant people, are to bee admonished, that they neuer affect any strange ynckhorne termes, but labour to speake so as is commonly receiued, and so as the most ignorant may well vnderstand them: (...)

(R. Cawdrey, *A Table Alphabetaicall*, 1604, 表紙から 5 頁目)

このように難解な外国語が蔓延して日常生活に不便と混乱をもたらしたことが辞書隆盛のひとつの要因である。

【附】シェクスピアにおける外国語：マラプロピズム

（三輪、『英語の語彙史』第11章参照）

　教育制度が十分でなかった当時にあって、一般大衆が、難解な外来語のためにどれほど困った状態にあったかを象徴する現象がマラプロピズム (malapropism) である。マラプロピズムというのは、難解な外来語を間違って使って周囲の笑いを誘ったり、コミュニケーションに不都合をもたらす現象である。難解で多音節のフランス語、ラテン語を用いるだけでも厄介なことなのに、その難しい単語を間違えて発音するのであるから、学校教育の決して十分ではなかった当時の観衆にとって、シェイクスピア、ヘイウッド、ミドルトン、ジョンソン等の劇作家のなかで盛んに用いられたマラプロピズムを理解し笑うということは決してやさしいことではないように思われる。しかし、マラプロピズムが間違いなく劇的効果を産んで、観客の笑いを誘っていたのはなぜかという視点からシェイクスピアのマラプロピズムの実例を検討してみると、マラプロピズムが劇的効果を産みだした背景には、作家と観客の間に共通の認識事項があったようである。まず第1に、マラプロピズムに用いられた多音節語は、1500年以前に借用された語であって、借用されてからかなりの時を経ており、シェイクスピア劇の観客は、伝統的にマラプロピズムとして用いられることが習慣化していた単語を熟知していたようである。第2に、マラプロピズムを犯す登場人物も名前からして明らかに下層階級で教養のない人物でありマラプロピズムを犯すことが予測できるようになっている。例えば、『ウィンザーの陽気な女房達』、『ヘンリー4世第2部』、『ヘンリー5世』のクィックリー夫人 (Mrs. Quickly)、『空騒ぎ』のドグベリ (Dogberry)、『恋の骨折り損』のダル (Dull)、『尺には尺を』のエルボウ (Elbow)、『ウィンザーの陽気な女房達』のスレンダー (Slender)『真夏の夜の夢』のボトム (Bottom)。これらの人々の名前は、フランス語風の貴族の名前ではなく、明らかに下層階級のアングロ・サクソン民族である。従って、よく知りもしないラテン語、フランス語を無理に使って間違えることを予測できる人物である。更に、第3には、マラプロピズムの実例を分類してみると、単語の構造を分析した上での明確な「間違え方の型」があった。即ち、単語の語根を間違える、接頭辞を間違える、接尾辞を間違える、の3つの型があった。例えば、『ウィンザーの陽気な女房達』でクィックリー夫人が、

Mrs. Quickly: I warrant you, in silke and golde, and in such alligant termes.

(*MWW*, II. ii. 62)

クイックリ夫人「いっときますけどね、うっかりするほどの絹や金のお召し物で」

と言った時、elegant を alligant と間違えている。この場合の間違え方は、語根を間違えたのである。『コリオレーナス』の召し使いが、

Servant: whilest he's in Directitude

(*Cor.*, IV. v. 208)

召し使い「あの男が不幸をこかっているかぎり」

と言った時にも、directitude は aptitude のつもりであるから語根の間違いである。『ヴェニスの商人』でランスロット・ゴッボ (Launcelot Gobbo) が、

Laun. (...) I was always plain with you, and so now I speak my agitation of the matter.

(*MV*, III. v. 4)

ランスロット「私はあんたにいつも本当のことを言ってきたし、今度もことのヒン相を話しますよ」

と言った時は、cogitation というべきところを agitation といっているので、接頭辞の間違いである。同じく、『恋の骨折り損』でダル (Dull) とホロファニーズ (Holofernes) とのやりとり。

Hol.: (...) The allusion holds in the exchange.
Dull: 'Tis true indeed: the collusion holds in the exchange.
Hol.: God comfort thy capacity! I say, the allusions holds in the exchange.
Dull: And I say polusion holds in the exchange, (...)

(*LLL*, IV. ii. 42–46)

ホロファニーズ「この諷喩 (allusion) はアダムをケインと交換しても (in the

exchange) 通用する」

ダル「なるほど、交換所では (in the exchange)、あやしげなこと (collusion) が通用しますからね」

ホロファニーズ「ああ、この男の頭ときたら！わしはなこの諷喩は交換しても通用すると言っておるのだ」

ダル「それで、手前は、交換所では、かがらわしいことが (pollution) が通用するともうしておりますがね」

ここでは、allusion, collusion, polution がそれぞれ接頭辞の間違いである。次の例は、接尾辞の間違い。

『ヴェニスの商人』でのランスロット・ゴッボの台詞。

Laun.: (...) Certainly, the Jew is the very devil incarnal; (...)

(*MV*, II. ii. 28)

ランスロット・ゴッボ「たしかにあのユダヤ人は悪魔が人間に化けたんだ」

この場合の incarnal は incarnate であるから語尾の間違い。

Bard.: Out, alas, sir! cozenage, mere cozenage!
Host.: Where be my horses? speak well of them, varletto.

(*MWW*, IV. v. 66)

バードルフ「てーへんだ、旦那！　やられた、とんでもねえかたりだ」
主人「馬あどうした？　具合の悪いことは言わんといてくれよ、大将」

イタリア語風の varletto は正しくは varlet で語尾の間違い。ただし、わざと間違えて、下層階級者バードルフの人物描写の効果を狙った。

このように難しいラテン語、フランス語をひっきりなしに間違えて使うというマラプロピズムがそれなりに劇的効果を期待できたということは、当時の観客、あるいは一般庶民は蔓延する外国語になれっこになっていた、換言すれば、当時の人々の外国語に関する知識は相当あったと思われる。

シェイクスピア、ミドルトン、ジョンソン等がしきりにマラプロピズムを劇中

で用いたということは、当時の庶民の間でマラプロピズムに類する、外国語が原因で引き起こされるコミュニケーション上の混乱が日常茶飯事のごとく起こっていたということである。人々の日常生活でマラプロピズムに類する事件が頻発していなければマラプロピズムが劇中で用いられても効果を期待できないからである。

　マラプロピズムが劇の中で、観衆の注意を引き付けたり、座興として笑いを誘う手段として用いられているだけならばなんの問題もないのであるが、難解な外国語を、日常生活にやたら使ってしかも、頻繁に間違えては失笑をかい、誤解を生じるようでは当然のことながら不都合である。従って、例えば、役人はフランス語、ラテン語で書かれた法律文書を読むために、貴族は政治の場で、あるいは社交の場で当然使われたフランス語を習得するために外国語を習得する必要があった。あるいはまた、当時は、貴族といえども制度として教育を受けられなかった婦女子、そして、フランス人と取り引きをする商人も難解な外国語をわかり易く説明した辞書、文法書出版への要望を強く持っていたに違いない。こういった事情が辞書を生み出す要因となった。【附：終り】

　そのような要請に応えて、まずラテン語＝英語辞書、フランス語＝英語辞書、イタリア語＝英語辞書等の外国語辞書が出版された。この時、注意すべき点は、当時は、辞書というのは外国語＝英語辞書であって、それ以外ではなかったということである。即ち、英語を英語で説明する辞書即ち、国語辞書というのは彼らの念頭にはまったくなかったのである。最初は、外国語の文法解説、正しい綴りの一覧、語彙集が一緒になった語学学習書が出版された。そして、それが徐々に大部になってきて、文法解説は文法書として独立し、綴り字一覧、語彙集は外国語辞書として独立し、外国語＝英語辞書は質量ともにかなり高度な水準で編纂出版された。外国語辞書が、辞書として十分完成の域に達した時、外国語辞書編纂の経験に基づいて英語を英語で説明した辞書、即ち、外国語＝英語辞書ではなく、国語辞書としての英語辞典が出版される環境が整ったといえよう。

　英語辞典の出現を促す環境が整ったことを証明する意見をマルカスターに見ることができる。

　マルカスターは、*The First Part of the Elementarie vvhich entreateth cheflie of the right writing of our English tung, set furth by Richard Mvlcaster* (1582) の第24章 (The vse of the generall table.) で次のように書いている。

It were a thing verie praiseworthie in my opinion, and no lesse profitable then praise worthie, if som one well learned and as laborious a man, wold gather all the words which we vse in our Enlgsih tung, whether naturall or incorporate, out of all Professions, as well learned as not, into one dictionarie, (...)

(R. Mulcaster, *The First Part of the Elementarie* (...), 1582, p. 166)

そして、その一節の欄外には、

A perfit English dictioanrie wished for.

と書き込みがある。この一節は、それまでに数多くの外国語辞書が出版されてきたが「そろそろ英語本来語の単語と外来語の両方を集成した辞書があってもいい頃ではないか」という、この時代の一般大衆の願望を反映した発言である。マルカスターは、この章で上述のような主張をした後、第25章では実際に、日常生活に使われる単語の語彙表を作成している。その中には、難解な外来語ばかりでなく、英語本来の基本単語も収録されている。例えば、第1頁目には、abandon, abbreviate, abbridgement, abolish, acceptance, accusation など、全部で136語あるうちに about, above, ache が含まれている。第2頁には afraid, after, again, against, ago, Ah, air aker, ale, alas 等が含まれている。この語彙表は1頁4段組156語が56頁あるから約8,800語を収録していることになる。

マルカスター以前の、外国語の見出し語を英語で説明した辞書に加えて、マルカスターの難解語と日常英語の語彙集まで進んでくれば、英語を英語で説明する辞書、すなわち、英語にとっての"国語辞書"まではあと一歩である。その一歩を更に縮めたのが、クート (E. Coote), *The English Schoole Maister* (1596) である。クートの本は、ホリバンド (Hollyband, 1573)、ベロット (Bellot, 1580) などと同じく語学学習書であるが、英語辞書発達史の上から非常に重要な位置を占めることは、巻末の英語語彙集を見れば明らかである。即ち、クートは、グラマー・スクールの初歩の課程を自習する目的で編集された1〜3部の後に、約1,500の難解な外来語の英語による説明を試みている（「英語の未習熟者への説明 (Directions for the vnskilfull)」）。ローマン体の見出し語はラテン語からの借用語、イタリック体の見出し語はフランス語からの借用語等、この語彙集で用いられた

字体、記号などの説明の後、語彙集は次のように始まる。

Abandon	cast away.
abba	father.
abesse abbatesse,	mistresse of a Nunnerie.
abbreuiat	shorten.
abbridge	see abbreuiat.
abbut.	to lie vnto.
abecedarie	the order of the letters, or he that vseth them.
abet.	to mainteine.

（E. Coote, *The English Schoole Maister*, 1596, pp. 307–8, 句読点の不統一は原文通り）

　クートの語彙集は、独立した辞書ではなく英語学習書の一部であり、語数も少なかったために、英語史上初の英語辞書の栄誉を担うことができなかったが、実質的には、英語史上初の英語辞書と称されるコードリの辞書に決して劣るものではない。

　多くの外来語辞書編纂の経験と語学学習書を通じて生じた英語辞書誕生への環境は完全に整った。マルカスターの英語辞書への希望、その希望を半ば果たしたクートの英語語彙集により条件は完全に満たされ、初めての英語辞書がまもなく誕生する。

第2章
語学学習書のグロッサリーから辞書へ

5. パルズグレイブ (John Palsgrave)、
   Lesclarcissement de la langue françoyse (1530)

　16世紀に入ると、ラテン語・フランス語＝英語辞書は発展の一途を辿り、ついには外形、収録語彙数に関するかぎり、現在の中型から大型辞書に見劣りのしない辞書が何種類も編纂出版された。例えば、英語史上初めて辞書の表題の中に dictionary の文字を用いた、エリオット卿 (Sir Thomas Elyot) のラテン語＝英語辞書、*The Dictionary of syr Thomas Eliot knyght* (1538)、エリオットの辞書を吸収して更に大部な辞書を出版したクーパー (T. Cooper) *Thesaurus Linguae Romanae et Britannicae* (1565) である。クーパーの辞書の1578年版はフォリオ版1,300頁余りもある大部なものである。エリオットとクーパーは、ラテン語の単語、色々な成句や文に英語訳を与え、定義する際に英語のイディオムを用いるという創意工夫をした。17世紀のイギリスの辞書編纂家たちは、英語に借用されたラテン語起源の難解語を定義する時にエリオットとクーパーの辞書をおおいに活用した。ラテン語に次いで必要とされた外国語はフランス語である。最初のフランス語＝英語の辞書を、動植物、食物などの語彙を掲載しているキャクストン (W. Caxton, *Dialogues in French and English*, c.1480) とするか、最初のフランス語文法の本で、明確に辞書の性格を持った語彙集を添付しているバークレイ (Alexander Barclay, *The Introductory to wryte and to pronounce Frenche*, 1521) とするか、文法書としても語彙集としても最も網羅的で重宝がられ、16世紀中を通してフランス語学習に大きな影響力を持ったパルズグレイブ John Palsgrave (*Lesclarcissement de la langue françoyse*, 1530) とするかは議論の分かれるところである。パルズグレイブの本は、もともとルイ12世に嫁すことになったヘンリ8世の妹メアリのフランス語学習のためにバークレイの影響の下に書かれた本である。

「献辞 (The Authours Epistell to the Kynges grace)」(1 p.)、全体の概要を述べた「序章 (The Introduction)」(24 pp.) に続いて、フランス語学習を組織的にするために第 1 部（p. 1–p. 28。頁付けは見開き 2 頁の右上だけなので実質頁数は 2 倍になる。以下同じ）では発音 (The fyrste boke wherin the true soundyinge of the frenche tonge resteth)、第 2 部 (p. 29–p. 60) は文法（品詞論）、第 3 部、文法（性、数）、そしてその後に、英語＝フランス語の辞書（品詞別語彙集）が名詞編、形容詞編、代名詞編（文法の説明付き）、数詞編、動詞編（文法の説明付き）、副詞編と続き、辞書の部分だけでも実質 900 頁になる。この語彙集の特色は、アルファベット順の英語の見出し語にフランス語の意味と用法を与え、必要な場合には他の英語の類義・同義の語を付けていること、それに単語ばかりではなく、熟語の形で掲載していること、特に、動詞の場合には文章で例を示していることである。現代の辞書が備えるべき基本的要件をある程度備えているという意味でも辞書編纂法の発展に大いに貢献している。語彙集のうちから、名詞、形容詞、代名詞、動詞から記述例を示す。名詞編より。

B before O		
Bobet on the heed	covp de poings (...) ma.	
	【この項 *OED* にあり】	
Bobbyn for a sylke woman	bobbin s. fe.	
Bocher that kylleh flesshe	bovchier s. ma.	
Bochery	bovcberie s. fe.	
Body	corps ma.	
Body of a churche	nef de lafglise (...) ma.	
	(p. xxi：頁付けは 2 頁見開きの右上にのみある)	

なお、パルズグレイブは、pacquet をフランス語として掲載しているが実は、pacquet は英語からフランス語に借用された語である。

Pacquet of letters	pacquet de lettres, &c.	(p. lii)

フランス語 pacque から派生した指小辞であれば pa(c)quette となるはずからで

ある。

形容詞編。

Wayghty/heauy	ma. masif (...) fe. massifue s. ma. pesant s. fe. pesante s.
Wanne of coloure	ma. et fe. palle s. ma. yndeux. fe. yndeuse s. ma. et fe. blesme s.

<p. xcix>

ここで、**Wayghty/heauy** ma. masif fe. massifue とあるのは、Wayghty は heauy と同義語であることを示し、フランス語の対応語は masif (男性形)、massifue (女性形) であることを示す。その次の見出し (wanne of coloure) は成句で示されている。

動詞編（単語のアルファベット順）。

A　before　T

I attayne or gette or come by a thynge/Iattayings【sic】, nous attayngons, vous attayngeʒ, ilʒ attaygnet (...)　　　　　　　　　　　　　　　　(p. clv)

第3部の語彙集の序文でパルズグレイブは1530年当時の「すべての英語の語彙を収録する (contayning all the wordes in our tong/after the order of a/b/c with the frenche wordes ioyned vnto them/...)」と述べているから、パルズグレイブは、英語辞書として初めて日常語を掲載したことで有名なカージー (1702)、ジョンソン (1755) の170年前に英語の日常語も収録する辞書を意図していたのである。また、第3部の、名詞編、動詞編等の表題 "the table of substantyues," "... the table of verbes" は、最初の国語辞書（英語＝英語辞書）であるコードリ (1604) への影響を認めることができる。

　パルズグレイブの特色は以下の3点にまとめることができる。第1に、パルズグレイブ以前のラテン語辞書は、イギリス人が用いるのにもかかわらず、説明に用いられた言語はラテン語であったのに対し、パルズグレイブは英語を用いた。第2に、ラテン語辞書と違って、例文を古典作家からの文語からではなく、英語

の日常会話文にした。第3に、語学学習者にわかりやすいように、文法、語彙を品詞別に説明したこと、である。

　イギリス人相手に商売することを希望するフランス人も多く、そのためにフランス人に英語を教える目的を持った本も現れた。例えば、ベロット (J. Bellot, *Familliar Dialogves*, (...) (1586)、コールズ (E. Coles) *The Compleat English Schoolmaster*, (...) (1674) は、フランス人用の英語学習書である。16世紀後半になると見出しとして単語と熟語を混ぜて並べるという編纂方法を考えだしたホリバンド (C. Hollyband) のフランス語＝英語辞書、*A Dictioanarie French and English* (1593)、フロリオ (J. Florio) のイタリア語＝英語語彙集、*Firste Fruites* (1578) が出版され、20年後、有名なイタリア語＝英語辞書、*A Worlde of Wordes* (1598) へと発展する。フランス語の専門用語を解説した辞書も出版された。例えば、コウエル (J. Cowell), *The Interpreter: (...) Words and Termes, as are mentioned in Lawe VVriters (...)* (1607) である。トーマス・トーマス (T. Thomas) の *Dictionarium Linguae Latinae et Anglicanae* (1587) 等、大部な辞書が出版された中でも、フランス語辞書のコトグレイブ (R. Cotgrave) の *A Dictionarie of the French and English Tongves* (1611) は、質量共に優れた画期的な辞書でありのちの英語辞書に与えた影響が大きい。辞書本体は約1,200頁からなり、巻末にフランス語文法の簡単な解説がある。ラテン語やフランス語の見出し語に対応する英語の単語を羅列するというのではなく、熟語、成句は勿論、法律用語の解説や世界の地名など、後のコケラム (1623)、フィリップス (1658) の原型である。パルズグレイブを始めとして、フランス語＝英語の辞書、文法書が多数編纂出版され、初期の英語辞書の発生と発展に大きな影響を与えた。

6. コードリ (Robert Cawdrey)、 *A Table Alphabeticall* (1604)

　マルカスターの要請に応えて、最初の独立した英語辞書を編纂出版したのは、ロバート・コードリ (Robert Cawdrey) であった。1604年のことである。16世紀末までにラテン語辞書、フランス語辞書が大いに発展したのは、イギリスに大陸から異民族が絶え間なくやってきたというブリテン島の歴史、更にはルネッサン

スの影響でラテン語、フランス語が OE 期以来絶え間なく流入し続けたためである。特に、フランス語辞書が発展したのはノルマン・コンクエストの大きな影響のためである。外国語辞書が顕著に発展し続けるうちに英語辞書編纂への機運が高まってきていたことはすでに述べた通りである。外国語＝英語辞書から英語を英語で説明した辞書へと発展することは英語辞書誕生へのひとつの大きな契機であるが、さらに、英語そのものへの意識の高まりも見逃すことができない。英語辞書編纂へ導いた、自国語としての英語への意識の高まりの要因は次のようなことが考えられる。まず、外国語と比べた場合の、著しく不規則な英語の綴り字をなんとかしなくてはいけないという気運。第2には、ラテン語、フランス語の言語としての優越性を熟知している学者達が抱いていた、はたして英語という言語が書き言葉として成立しうるのかという懸念に由来する英語への関心。第3には、伝統的に教科の位置を保ってきたラテン語が実用的ではないということから、小学校、ついでグラマースクールに英語が教科として取り入れられたために、教科としての、正確な英語を学習する必要が生じたこと。第4に、商業取り引きの必要から、スペイン語、イタリア語、フランス語と英語の辞書が出版されたことから生じた自国語への関心。そして、第5に、英語本来語ではなく、ヨーロッパ大陸の諸言語からの無数の、難しい借用語の流入。このような気運のもと、マルカスター、クートにより英語辞書編纂への素地が準備され、ともかくも、初めて英語を英語で説明した辞書が出版された。それがコードリ (Robert Cawdrey) の *A Table Alphabeticall* である。

　ラテン語辞書、フランス語辞書が相当に大部になっていたので、八つ折り版 (8vo) で、130 頁、総語彙数 2,498 のコードリの辞書は随分と小さく感じられる。ラテン語辞書が、OE 期の行間注釈、語彙集に始まって以来、長い年月をかけ、伝統を積み重ね、編纂技術も発展し、徐々に語彙数を増してきた末にやっとトーマス・トーマス (1587)、クーパー (1565) の辞書に至ったのと同じ経過を英語辞書が辿ったと考えれば、一番最初の英語辞書であるコードリの辞書が、OE 期のラテン語語彙集と同じ程度であるとしても無理のないことである。以後、英語辞書はラテン語辞書編纂の技術を受け継いで発展してゆく。

　コードリの辞書のタイトルページは以下のようになっている。

A Table Alphabeticall, conteyning and teaching the true vvriting, and vnderstanding of hard vsuall English wordes, borrowed from the Hebrew, Greeke, Latine, or French. &c. With the interpretation thereof by plaine English words, gathered for the benefit & helpe of Ladies, Gentlewomen, or any other vnskilfull persons. Whereby they may the more easilie and better vnderstand may hard English wordes, vvhich they shall heare or read in Scriptures, Sermons or elswhere, and also be made able to vse the same aptly themselues. (...) AT LONDON, (...) 1604.

このタイトル頁に見られる、「ヘブライ語、ギリシア語、ラテン語、フランス語から借用された外来語で、日常使用される難解語 (hard vsuall English wordes)」を「易しい英語で (by plaine English words) 解釈する」という方針はコードリ以降の難解語辞書の伝統となり、この種の辞書を「難解語辞書」と呼ぶ。「貴婦人 (Ladies, Gentlewomen)」のためというのは、当時の教育制度では教育を受けられなかった婦女子のためということであり、この宣伝文句も難解語辞書のうたい文句となった。しかし、このタイトルページにも先行する語学学習書の影響が色濃く見出される。例えば、クートのフランス語学習書のタイトルページを比べてみれば、クートがコードリに与えた影響の大きさは明らかである。

THE ENGLISH SCHOOLE MAISTER, (...) and further also teacheth a direct course, how any vnskilfull person may easily both vnderstand any hard english words, which they shall in the Scriptures, Sermons, or elsewhere heare or reade: (...)

(Coote, *The English Schoole Maister*, 1596)

Starnes & Noyes (1946, 1991^2, p. 15。以下 S-N) によれば、コードリの語彙数約 2,500 のうち 50％はクートの語彙集からそのまま借用し、40％はトーマスのラテン語辞書から借用し, これを融合・拡大させて編纂したという。試みに、クートの語彙集と、コードリの辞書のAの項目の中でギリシア語を語源とする単語とを比べて、両者の語義記述の様子を見てみる。

Coote	Cawdrey
agonie　g. heauie passion.	agonie, (gr) heauie passion, anguish, griefe
allegorie　g. similitude.	allegorie, (gr) similitude, a misticall speech, more then the bare letter
alpha　g. the first Gréeke letter	alpha, (gr) the first Greeke letter
alphabet　g. order of letters	alphabet, (g) order of letters in the crossrow.
	analogie, (gr) convenience, proportion.
	analisis, (gr) resolution, deviding into parts.
	anarchie, (gr) when the land is without a prince, or a gouernour.
ano[sic]tomie　g. cutting vp.	anatomie, (g) cutting vp of the body.
anathema　g. accursed.	anathema, (g) accursed or giuen ouer to the deuill.
antichrist　against Christ.	antichrist, (g) against, or contrarie to Christ.
aphorisme　generalle rule.	aphorisme, (g) generall rule in phisick.
apocalype　reuelation	apocalipse, (g) revelation.
apostate　g. a backeslider	apostotate, (g) a backslider.

　コードリはクートの定義をそのまま借用して済ましている場合もある（例、alpha）が、多くは類義語を追加している（例、allegorie）。また、クートの語彙集は、教義問答、祈祷書、文法の用語が中心であり、いささかかたよっていたので、その点はコードリが補充している（例、analisis, analogie）。単純に表現すれば、コードリは、クートから50％を借用し、トーマスから40％を借用して、融合・拡大させて自分の辞書を編纂したといえよう。コードリの辞書は4版を重ね、少しずつ加筆されて、第3版ではタイトルに"much inlarged"の文字が加えられ、最後の第4版 (1617) はその前年に出版されたブロカー (John Bullokar) の *An English Expositor* の書名を真似て *A Table Alphabeticall, or the English Expositor* となった。

第3章

難解語辞書の発達

7. ブロカー (John Bullokar)、
   An English Expositor (1616)

　1616年にはブロカーの *An English Expositor* が出版された。総語彙数は、コードリの倍の約6,000語で、広く諸学問分野から専門用語を集め、その見出し語がどの学問分野に属するかを示す、あるいは、当時すでに古語となっていた語にはその旨を＊印で示す、というブロカーの編集意図、工夫は序文に見ることができる。

　　(...) and diuers termes of art, proper to the learned in Logicke, Philosophy, Law, Physicke, Astoronomie, &c.
　　　　　(Bullokar, *An English Expositor*, 1616, "To the Courteous Reader")

専門用語の例を示す。

> **Arismetike**. The art of numbring: It is written that *Abraham* first taught this art to the Egyptians, and that afterward *Pythagoras* did much increase it.
> **Astronomie**. An art that teacheth the knowledge of the course of the planets and Stars. This art seemeth to be very auncient,（以下省略）
> **Cosmographie**. An art touching the description of the whole world. This art by the distance of the circles in heauen, diuideth the earth vnder them into her Zones and climats, and by the eleuation of the Pole, considereth the length of the day and night, with the perfect demonstration of the Sunnes rising and going downe.
> **Hononymie**. A terme in Logicke, when one word signifieth diuers things: as Hart: signifying a beast, and a principall member of the body.

Philosophie. The study of wisedome: a deepe knowledge in the nature of things. （以下省略）

諸学問分野の説明がトーマスの『ラテン語＝英語辞書』に負うところが大きい。その例として、ブロカーの上の見出し語のうち、*Astronomie* とその関連語である *Astrolabe* をトーマスと比べてみる。

Thomas (1587)
Astrolabium,
An instrument whereby the motion of the starres is gathered.
Astronomus,
Which hath skill and knowledge of the starres.

Bullokar (1616)
Astrolabe.
An instrument of Astoronomie to gather the motion of the Starres by.
Astronomie.
An art that teacheth the knowledge of the course of the planets and Stars. （以下省略）

ブロカーの辞書で初めて見られるもうひとつの特徴は、古語に＊印を付けて明示したことである。

Remember also that euery word marked with this marke＊ is an olde word, onely vsed of some ancient writers, and now growne out of vse.
（巻頭、An Instruction to the Reader）

古語の指示が続くのは g の項である。

＊Gippon. A doublet; a light cote.
＊Gipsere. A bagge or pouch.
＊Gisarme. A certaine weapon.
＊Gite. A gowne.
（GL の頁。この頁は総計 23 語のうち、12 語が古語。頁付けがなく、語頭のアルファベットにより掲載箇所を検索する）

ブロカーがコードリの辞書に負うところが多大であることは以下の各見出し語に与えられた説明から明らかである。

Cawdrey (1604)	Bullokar (1616)
anarchie,	*Anarchie.*
(gr) when the land is without a prince, or gouernour.	Lacke of gouernment: all the time when the people is without a Prince or Gouernour.
antipathie,	*Antipathie.*
(g) contrarietie of qualities.	A contrariety or great disagreement of qualities.
brachygraphie,	*Brachygraphie.*
(g) short writing.	A short kinde of writing, as a letter for a word.
demonaicke,	*Demoniacke.*
(g) possessed with a deuill.	Possessed with a diuell.
diapason,	*Diapason.*
(g) a concorde in musick of all parts	A concord in musicke of all.
elench,	*Elench.*
(g) a subtill argument	A subtill augment.
ermite,	*Eremite.* See *Hermite.*
(g) one dwelling in the wildernes.	*Hermite.*
	One dwelling solitarie in wildernesse attending onely to deuotion.

（ブロカーには語源の表示はない）

　特に、コードリの demonaicke は掲載された位置が正しいアルファベット順ではなく、deacon と deambulation との間にあって、正しい位置より 2 頁程前にあったのに定義はブロカーと全く同じである。ブロカーの辞書の総語彙数はコードリの倍以上であるが、コードリに掲載されて、ブロカーでは削除された語ももちろんある。例えば、agglutinate, antecessor, artifice, perfricate 等。

　ブロカーの辞書は、ブロカーの死んだ 1642 年に第 3 版を出版し、その後も何度か改訂を加え、1707 年に最後の改訂版を出版し 1731 年まで印刷出版された。

8. コケラム (Henry Cockeram)、
The English Dictionarie, or An Interpretor of Hard English Words (1623)

　コケラムの辞書は表題にある通り「（外来の）難解語辞書」である。全体は 3 部

からなり、第1部はいわゆる「難解語」辞書であり、第2部は、THE SECOND PART OF THE ENGLISH TRANSLATOR と題して、日常基本語の英語 (vulgar words) をもっと洗練された上品な英語 (more refined and elegant speech) ににパラフレイズしている。第3部は、THE THIRD PART, TREATING OF GODS AND GODdesses, Men and Women, Boyes adn Maids, Giants and Diuels, Birds and Beasts, Monsters and Serpants, Wells and Riuers, Herbes, Stones, Trees, Dogges, Fishes, and the like. と題して、いわば小百科事典の趣をなしている。第3部は、OE 期の主題別外国語辞書を思い起こさせる。

コケラムの辞書の特徴は、第1に、書名に dictionarie という単語を初めて用いたこと。第2に、英語辞書としては初めて、百科事典の項目を設けたこと。辞書に百科事典の性格を持たせることは、その後の英語辞書編纂のひとつの流れとなり、特にアメリカ産の辞典に受け継がれている伝統である。

コケラムは、「英語辞書の編纂は自分よりも先行するものがあるが、自分は、辞書に最後の仕上げをしたばかりでなく、完璧になものにした (what any before me in this kinde haue begun, I haue not onely fully finished, but throughly perfected (A Premonition from the Author to the Reader)」と自信のほどを示している。

コケラムもコードリに負うところが大きい。コードリとコケラムで同じ見出し語を比べて見る。

Cawdrey (1604)

anarchie,
(gr) when the land is without a prince, or gouernour.

antipathie,
(g) contrarietie of qualities.

brachygraphie,
(g) short writing.

demonaicke,
(g) possessed with a deuill.

diapason,
(g) a concorde in musick of all parts.

elench,

Cockeram (1623)

anarchy,
When the kingdome is without a King.

antipathy,
A disagreement of qualities.

brachigraphy,
A short kind of writing,as a letter for a word.

Demoniacke.
One possest with a deuill.

Diapason.
A concord in musicke of all.

Elench.

(g) a subtill argument	A subtle argument.
ermite,	***Hermite,***
(g)one dwelling in the wildernes	A solitary dwelling in the wildernesse, attending onely to deuotion.

コケラムの説明は、コードリ、ブロカーに比べて簡潔であるが、中には長いものもある。例えば、feofment (*OED*², feoffment), predicament, tribune, zone 等。

　コケラムはコードリを多く借用しているが、ブロカーから借用した単語、意義説明も多い。ブロカーの辞書のPの項目中のギリシア借用語総計29語のうち、以下の27語を借用している。

Palinodia, Parable, Paradice, Paradox, Parallels, Parasite, Parenthesis, Patheticall, Patriarch, Pentecost, Period, Phantasme, Phylacterie Phylosophie, Phlebotomie, Phrase, Physiognomie, Planet, Poem, Poet, Pole Poligamie, Practicall, Probleme, Prognosticate, Prophetical, Proselyte

以上のギリシア借用語のうち、Paradice, Phantasme, Phrase, Poet, Practicall, Probleme, Prophetical, Proselyte の8語は全く同じ定義であり、Paradox, Parenthesis, Patheticall, Patriarch, Prognosticate, Palinodia, Parable, Parallels, Parasite, Pentecost, Period, Phylacterie, Phylosophie, Phlebotomie, Physiognomie, Planet, Poem, Pole, Poligamie の19語はほとんど同じ定義である。

次にブロカーとコケラムとを同じ単語で比べてみる。

Bullokar (1616)	**Cockeram (1623)**
Agony.	***Agony,***
A torment of body and mind: great feare and trembling.	Torment of body and minde, great feare and trembling.
Analogie.	***Analogie,***
Proportion, agreement, or likenesse of one thing to another.	Proportion, likenesse of one thing to another.
Analysis.	***Analysis,***
A resolution or explicating of an intricate matter.	A resolution in doubtfull matters.

Antipathie.
A contrariety or great disagreement of qualities.
Apocrypha.
That which is hidden and not knowne. Doubtfull.
Apostasie.
A reuolting or falling away from true religion.
Brachygraphie.
A short kinde of writing, as a letter for a word.
Caligraphie.
Faire writing.
Symbole.
A short gathering of principal points together.
Tetrarch.
A Prince that ruleth the fourth part of a Kingdome.

Antipathy,
A disagreement of qualities.
Apocrypha,
Hidden, doubtfull, not knowne.
Apostasie,
A reuolting or falling from true religion.
Brachygraphy,
A short kinde of writing,as a letter for a word.
Caligraphy,
Faire writing.
Symbole,
A short gathering of principall points together.
Tetrarch,
A Prince ruling the fourth part of a kingdome.

9. ブラント (Thomas Blount)、*Glossographia* (1656)

　ブラントの辞書のタイトルは、*Glossographia*: OR A DICTIONARY, Interpreting all such Hard Words, Whether Hebrew, Greek, Latin, ... , French, ... as are now used in our refined English Tongue. Also the Terms of Divinity, Law, Physick ... With Etymologies, Definitions, and Historical Observations on the same. とあるとおり、やはり外来語を説明した難解語辞書である。ブラントの辞書の特徴は、従来の辞書に比べて比較的長い「序文 (TO THE READER)」にブラント自身が書き記している。

　まず第 1 に、学術用語の説明が詳しくなっているのはブラントが弁護士であ

り、また、ラステルの『法律用語集』(J. Rastell, *Terms of the Law*, 1667) を編集したという経歴による。現に、ブラントはラステルの辞書の説明を借用している単語がある (Baston, Borrow, English 等) (S-N, p. 40)。

第2に、コードリ、ブロカーと同じく、トーマスの『ラテン語＝英語辞書』とホリオークの『語源辞典』(F. Holyoke, *Dictionarium Etymologicum*, 1639) を大いに借用し、活用している。(S-N, p. 42)

Blount (1656)	Holyoke (1639)	Thomas (1632)
Adequate (adaequo)	**Adaequo** (...)	**Adaequo** (...)
to make even, plain or level; to advance himself, that he may be even with or like to another.	To make even, equall, or plaine, to make like, or alike: to match, to attaine.	To make euen, plaine, to aduance himselfe, that he may be like or equall vnto to another.

スターンズ＆ノイズによればブラントの語彙の58％はトーマスとホリオークからの借用である。第3に、辞書に掲載した単語がブラント自身が造語したのではない証拠として、ベーコン、ブラウン、ディグビイ (Lord Bacon, Dr. Browne, Sir K. Digby) 等、その単語を用いた作家の名前の記載している (TO THE READER)。辞書に、原典の作家名を記載したのはブラントが初めてである。

Emaciate (...)
　　to make lean, or pull down, in flesh. Br.【= Browne】
Efflorescence (...)
　　the outward face, or superficies, the upmost rind or skin of any thing, also a deflouring. Bac.【= Bacon】

第4に、英語の辞書で、語源となる単語を記載したのはブラントが最初である。その例。

Licitation (*licitatio*) a setting out to sale; a prizing or cheapening.
Licite (*licitus*) lawful, granted.
Ligneous, Lignean (*ligneus*) of wood or timber, wooden, or full of wood.

ブラントは、単語の語源を興味深く書いているのも特徴のひとつ。

> **Banditi** (Ital.) Out-laws, Rebels, Fugitives, condemned by Proclamation; *Bando* in Ital. signifying a Proclamation. These in the Low-Countries are called *Freebooters*; in Germany, *Nightingales*; in the north of England, *Moss-Troopers*; in Ireland *Tories*.
>
> **July** (*Julius*) this moneth was called July in honor of *Julius Cæsar*, the Dictator, being before called *Quintlis* or the fifth month from *March*; which according to *Romulus*, was the beginning of the yeer. It was so called, either because *Julius Cæsar* was born in that month or because he triumphed in that month, after his Naval victory over *Cleopatra* Queen of *Ægypt*, and her husband *Antony*.

他に、Hony-moon, Tomboy が有名。ブラントによる故事来歴の説明は興味深いが、現代の我々にとっては余り信頼できないものもある。

ブラントは、項目によってはかなり長い説明を与えている。例えば、Artery, Assize, Augury, Babel, Divination。

ブラントは、自ら「序文 (TO THE READER)」で述べているようにミンシュウ (Minsheu) やトーマスの『ラテン語＝英語辞書』、更には、コトグレイブ (Cotgrave) の『フランス語＝英語辞書』に大きく依存しながら多くの難解語を収録した。一方、コードリやブロカーから借用した語が多いのも事実である。ブラントとブロカーを比較してみる。

Blount (1656)	Bullokar (1616)
Allegory (*allegoria*)	*Allegorie.*
a dark speech or Sentence, which must be understood other wise then the literal interpretation shews. As when St. I. Baptist, speaking of our Saviour, Matt. 3. said,（以下省略）	A sentence consisting of diuers tropes which must be vnderstood otherwise then the litterall interpretation sheweth; as when saint *Iohn Baptist* speaking of our Sauiour, Matth. 3. said,（以下省略）
Antichrist (*antichristus*)	*Antichrist.*

An enemy or adversary to Christ. It is compounded of the Greek proposition【sic】 *Anti* and *Christus*, which signifies contrary or against Christ.	An aduersary to Christ: It is compounded of the Greeke preposition *Anti*, and *Christus*, which signifieth contrary or against Christ.
Astronomy (*astronomia*) a Science that teacheth the knowledge of the course of the Planets, Stars and other celestial motions. This art seems to be very ancient, for *Josephus lib. 1. Antiq.* writes that the Sons of *Seth*, Grand-children to *Adam*, first found it out;（以下省略）	**Astronomie.** An art that teacheth the knowledge of the course of the Planets & Stars. This art seemeth to be very aunciant, for *Iosephus: lib. prim. Antiq.* writeth that the Sons of *Seth*, Nephewes to *Adam*, (for *Seth* was *Adams* sonne) did first find it out;（以下省略）
Axiome (*axioma*) A maxim or general ground in any Art: a Proposition or short Sentence generally allowed to be true, as in saying *The whole is greater then its part*.	**Axiome.** A proposition or short Sentence generally allowed to be true, as in saying the *whole is greater than a part*.

　トーマスやミンシュウの『ラテン語＝英語辞書』やコードリやブロカーの『難解語辞書』を最大限に活用しながら編纂されたブラントの辞書に収録されたラテン語は、難解語ではあったが、結果として英語の語彙に吸収され、根付いていった語が多い。

　「読者へ」と題する序文に見るかぎり、ブラントはかなりの自身を持っていたように見受けられる。従来の難解語辞書の対象が、「教育を受けられない婦女子や、教養のない人々」であったのに対し、ブラントは、更には「もっとも優れた学者にも有用である」と宣言しているからである。

> I think I may modestly say, the best of Schollers may in some part or other be obliged by it.
>
> 　　　　　　　　　　　　　　　　　　　　　　　　　　(TO THE READER)

10. フィリップス (Edward Phillips)、
The New World of English Words (1658)

　1658年に、それまでの英語辞書発達の経緯から当然予測された事件が起こった。エドワード・フィリップスの出版した辞書が、先に出版されたブラントから剽窃の非難を浴びたのである。フィリップスは、ブロカーやコケラムからも、そっくりそのまま剽窃しているが、特にブラントからの剽窃は度を越している。これまでコードリからブラントまで例としてあげてきた単語を、ブラントとフィリップスから取り上げて同じ方法で比べてみるとほとんど同じである。

Blount (1656)
Analysis (Lat.)
a resolution or unfolding of an intricate matter:or a resolving or distribution of the whole into parts.
Demoniach (*demoniacus*)
possessed with a devil,divellish, furious.
Elench (*elenchus*)
an argument subtilly reproving.
Geomantie (*geomantia*)
divination by points and Circles made on the earth, or by opening of the earth.
Palinode (*palinodia*)
a recantation,a contrary song, an unsaying that one hath spoken or written;the sound of the retrait.
Parallels (Gr. ... , i. *equaliter distans*) lines running of an equal distance from each other, which can never meet, though they be drawn infinitely in length thus (...)
　In Astronomy there are five such imaginary lines,
　（以下省略）

Phillips (1658)
Analysis, (Greek)
a resolution of doubtful matters, also a distribution of the whole into parts.
Dæmoniack, (Greek)
possesed with a Devil, or evil spirit.
Elench, (Greek)
a subtile, or argumentary reproof.
Geomanty, (Greek)
a kinde of divination, by certain Circles made on the earth.
Palinode, or ***Palinody***, (Greek)
a recantation or unsaying what one had spoken or written before.

Parallels, (Greek)
a Term in Geometry, lines running at an equal distance one from the other and never meeting, in Astronomy they are certain imaginary Circles in the Globe, for the better Calculation of the degrees of Northern, or Southern Latitude.

Pathetical (*patheticus*)
passionate, perswasive, that moveth affection.

Pentecost (Gr. *Pentecoste*.
i.the fiftieth) The Feast of *Pentecost* or Whitsontide, so called because it is the fiftieth day from the Resurrection of Jesus Christ.

Polygamie (*polygamia*)
the having of many wives, or of more then one.

Pathetical, (Greek)
apt to perswade or move the affections.

Pentecost, (Greek)
the feast of Whitsuntide, so called, because it is the 50th day from Christs resurrection.

Polygamy, (Greek)
the having more wives than one.

そこでブラントは 1673 年に、"A World of Errors discovered in the New World of Words, or General English Dictionary, and in Nomothetes, or the Interpreter of Law-Words and Terms" という非難の論文を発表した。それによると剽窃らしきことは辞書の内容だけでなく、序文にも見られる。というのは、フィリップスはその序文で、多くの専門学者の協力を得たとしているが、その内の主だった学者達が、自分達はフィリップスとはまったく関係がないといっているという。

要するに、フィリップスは、従来通り『ラテン語＝英語辞書』やコードリ、コケラムも参照したが、ほとんどをブラントの辞書から借用した。その序文までもブラントからかなりの部分を借用している。

フィリップスの辞書は、初版の語彙数が約 11,000 語、1696 年の第 5 版では 17,000 語、ジョン・カージーによる最終第 7 版では 38,000 語におよぶ。

フィリップスの辞書の長所と言えば、序文に英語史に関する記述を初めて書き加えたこと、また、コケラムがすでに実践していたが不十分であった人名、地名に関する情報を、専門家の協力のもとに充実させたことである。人名、地名についてはカージーがさらに充実した編纂をすることになる。

第4章
語源中心の辞書

11. スキナー (Stephen Skinner)、
Etymologicon Linguae Anglicanae (1671)

　スキナーの英語本来語をも含めた語源辞書出版の背景として、第1に、語源に言及した各種辞書の影響がある。例えば、ライダー (J. Rider, *Bibliotheca scholastica*, 1589) のホリオークによる改訂版 (1633, *Dictionarium Etymologicum Latinum*) のスキナーへの影響はタイトルからもうかがえる。1617年のミンシューの辞書 (Minsheu, *Ductor in linguas, ... The Guide into the Tongues*, 1617) は、英語を始め、11か国語を記した多言語辞書であるが、英語の語源が重視されている。英語辞書では、借用元の言語名を記したコードリ (1604)、フィリップス (1658)、借用元の言語名とその語形を記したブラント (1656) 等が出版され語源への意識が徐々に強められたことがスキナーの語源辞書、さらに編者不明の語源辞書 (*Gazophylacium Anglicanum*, 1689。2年後に、*A New English Dictionary, ... ,* 1691とタイトルを英語に改めて出版) へと発展してゆく。第2に、英語本来語にも語源を記したのは、多量に流入する外国語に対する反省から、17世紀に盛んになった英語本来語を見なおす風潮の影響が考えられる。

　スキナーの辞書は、イギリス最初の語源辞典であるが、ラテン語＝英語辞書や、17世紀にみられる英語本来語研究の成果、それに先行する英語辞書のそれぞれを踏襲し、まとめたものであって特に英語辞書発達史への貢献といえるものはない。先行辞書のなかでも、フィリップス (E. Phillips, *The New World of English Words*, 1658) から借用した部分が多い。にもかかわらず、スキナーはフィリップスを散々に批判している。しかし、そのフィリップスの辞書自体が、先に出版されたブラントから剽窃の非難を浴びている。フィリップスは、従来の慣例にしたがって、クーパー (1565)、トーマスのラテン語＝英語辞書 (1587) を参照

し、コードリ (1604)、プロカー (1616)、コケラム (1623) からもそっくりそのまま剽窃しているが、特にブラントからの剽窃は度を越していた。序文までもブラントからかなりの部分を借用している。そこでブラントは 1673 年に、"A World of Errors discovered in the New World of Words" という非難の論文を発表し、フィリップを非難した。

スキナーの辞書はラテン語で書かれているので気付きにくいが、実は、ブラントを剽窃したフィリップスをさらに剽窃している。

しかし、スキナーの関心は語源にあるのであって、語義の部分には細心の注意を払わなかった。言い換えれば、語源の面で独自性を発揮しているので語義の面で剽窃をしても後ろめたい意識はとくになかったと解釈できる。その点、語義はジョンソン (1755) をそっくりそのまま借用して発音には徹底して詳細な説明を施した、ジョンソン以後のシェリダン (1780)、ウォーカー (1791) の例に酷似している。ただし、一般的な英語の語彙の語源を記述した前半につづいて、植物学の用語の語源 (Etymogicon Botanicum)、法律の語彙の語源 (Etymologica Expositio Vocum Forensium)、英語本来語の語源 (Etymologicon Vocum omnium antiquarum Anglicarum, ...)、河川・市・人名といった固有名の語源 (Etymologicon Onomasticon, ...) を解説している後半は独特である。

スキナーにつづく編者不明の語源辞書 *Gazophylscium Anglicanum* (1689) は、英語で書かれた辞書としては、語源を標榜した最初の語源辞書であるが、内容は、スキナーの収録した語彙とその語義を英語に翻訳し、要約したものである。スキナーと *Gazophylscium* の記述例。

Skinner

Dole, Donativum Principis, *ab* AS. Dal,
    Divisio, Dael, Belg. *Diel, Deyl*,
    Teut. *Theil*, Pars, AS. *Daelan*, Belg. *Deelen*,
    Deylen, Teut. *Theylen*, Distribuere, v. *Deal*.

Gazophylscium

Dole, from the AS. *Dal, Dael*, Belg.
    Deyl, Teut. *Theil*, a part, or pittance;

these from the Verbs *Daelan, Deylen,*
Theylen, to distribute. V. Deal.

(*Gazophylscium* は Starnes & Noyes による)

　従来の、外来の難解語のみを収録した辞書と違って、英語本来語の語源を追求したこれらふたつの辞書は、英語本来語をも辞書本体に含む辞書編纂への基礎となり、本格的に語源を記載した辞書であるベイリー (1721, 1727) へと受け継がれてゆく。

12. コールズ (Elisha Coles)、
An English Dictionary (1676)

　1676 年にエリシャ・コールズが八つ折り版で (octavo), *An English Dictionary* を出版した。コールズは、ラテン語、英語の先生であり、自ら速記の本を出版したり (1674)、ラテン語の辞書を出版したりした (1677)。コールズの辞書は、彼以前に出版された英語辞書の枠組みに従って編纂されたものであり、格別創意工夫といえる特色はない。しかし、英語辞書が、コードリ以来積み上げてきた、近代辞書として要求されるいろいろな要件の集大成をした人として評価できる。つまり、辞書本体ばかりでなく、辞書としてのあるべき全体象を作りあげたのである。事実、コールズの辞書には先行するどの辞書よりも現代英語の我々に身近な印象を受ける。

　コールズも、彼以前の編纂者と同じように先行辞書に依存するところが大きい。辞書のタイトル頁も、フィリップス等とほとんど同じうたい文句である。収録語彙、定義は特に、直前のフィリップスの辞書に負うところが多い。

　　AN ENGLISH DICTIONARY: EXPLAINING The difficult Terms that are used in Divinity, Husbandry, Physik, (...), and other Arts and Sciences. CONTAINING Many Thousands of Hard Words (and proper names of Places) (...) TOGETHER WITH The Etymological Derivation (...) In a Method more comprehensive, than any that is extant. By *E. Coles,* School-Master and

Teacher of the Tongue to Foreigners.

（E. Coles, *An English Dictionary*, 1676, タイトル頁）

諸学問分野の語彙、難解語、地名、語源、といった要素はいずれも彼以前の辞書に見られたものである。ただし、どの要素をとってみても「今までのどの辞書よりも包括的である (more comprehensive, than any that is extant)」というところがコールズの特徴である。

コールズとフィリップスとを比べてみる。

Phillips (1658)	Coles (1676)
Antichrist, (Greek) an opposer of Christ	**Anti-Christ, g.** Opposer of Christ.
Antidote, (Greek) a Medicine given to preserve one against poyson, or infection.	**Antidote, g.** medicine against poyson.
Antipathy, (Greek) a secret contrariety in nature, a contrariety of humours and inclinations.	**Antipathy, g.** a secret and natural. contrariety.
Apocalyps, (Greek) a revelation, or unfolding of a dark mystery, a title given to the last book of the holy Scriptures, written by St. *John* in the Isle of *Patmos*.	**Apocalypse, g.** Revelation
Apologie, (Greek) a justifying answer, an excuse, or defence.	**Apology, g. Apologism,** defence, excuse.
Apostasie, (Greek) a revolting, a falling away, or desection from ones duty, or first profession.	**Apostacy, g.** revolting, falling away.
Arithmetick, (Greek) the art of numbring.	**Arithmetick, g.** the Art of Numbring

Astrologie, (Greek)
the art of foretelling things to
come, by the motions and
distances of the stars.

Astrology, g.
foretelling things to come by the
Motions of the Stars.

　フィリップスとコールズとを比較して、すぐわかることは、コールズはフィリップスに全面的に依存しているということであり、また、コールズの定義はフィリップスよりも必ず短いということである。このことは上の引用例にとどまらず、辞書全体についていえる。説明が短くなったことで説明不足の点も生じたが、非常に簡潔明瞭になったという利点も生じた。

　些細なことのように見えるが、前付きに「略語表」を付けたことは、利用者への配慮として、また、近代英語辞書の要素のひとつを新たに加味したといえる。「略語表」の例（抜粋）。

A Table explaining the Abbreviations made use of in this Book.

A.	Arabick.	No.	North-Countrey.
C.	Canting.	Not.	Nottinghamshire.
Cu.	Cumberland.	Sy.	Syriack.
E.	Essex.	W.	Wiltshire.
Ga.	Gallick, old French.	We.	West-Countrey.
O.	Old Word.	Y.	Yorkshire.

また、これも些細なことのように見えるが、序文と辞書本体との間の空きページを利用して、日常基本語の同音意義語を一覧表にして、発音、綴り字、用法上の注意としていることもコールズの創意工夫のひとつであって、辞書の利用価値を高めている。

　　To prevent a vacancy, I thought good here to prefix a Catalogue of the most usual words, whose sound is the same, but their sense and Orthography very different.

ALtar【sic】, for sacrifice.　　*Dear*, costly.
Alter, change.　　　　　　 　*Deer*, Venison.
Air, Element.　　　　　　　　*Done*, acted.
Heir, to an estate.　　　　　　*Dun*, colour.
Assent, consent.　　　　　　　*Eaten*, devoured.
Ascent, of a hill.　　　　　　 *Eaton*, a proper name.

　辞書本体で、目立った進展は、地名、固有名詞が一層充実したこと、方言と隠語 (canting terms) が今までになく幅広く収録されたこと、どの地方の方言かが明示されたことである。方言の例で、No. は北部方言、So. は南部方言。古語の例で o. が old で古語の意。隠語の例で、c. が cant で隠語の意。

方言の例	古語	隠語
Hose, as *Hause*, also to hug or carry in the arms, *No*.	*Humling*, *o*. sounding like a humble bee.	*Cassen*, *c*. cheese.
Hoste, *No*. Cough: see *Haust*.	*Hurtleth*, *o*. carries, throws.	*Dommerar*, *c*. a mad woman
Haust. l. 〔注=Latin〕 a soop or draught in drinking, also (*No*.) a dry cough.	*Ishad*, *Ished*, *o*. scattered.	*Gentry Cove* or *Mort*, *c*. Gentleman or woman.
Hover ground, *So*. Light ground	*Ishbet*, *o*. shut. also *Ishorn*, *o*. (for *shorn*) docked.	*Husky lour*, *c*. a guinny.
House, the twelfth part of the Zodiack, also (*No*.) the Hall.	*Ishove*, *o*. set forth, shown.	*Roger*, *c*. a Cloak-bag.
	Isped, *o*. dispatched.	*Romboyld*, *c*. with a warrant.
	Ispended, *o*. considered.	*Skew*, *c*. a dish.
		Smiter, *c*. an arm.

　コールズが、隠語を収録した根拠を、「隠語を理解していることは不名誉なことではない。〔隠語を知っていれば、賊に襲われたときに〕（すくなくとも）喉を搔き切られないですむかもしれないし、また、ポケットの中のものを盗まれないですむかも知れない。」と序文の末尾で述べていることは有名なことである。
　コールズの総語彙数は、隠語、方言、古語を含めて約 25,000 語である。辞書

編纂の上で殊更に新味といえる貢献はないけれども、辞書の前付きのありかた、方言、古語、隠語、語源の収録、イングランドのみならずヨーロッパの主要都市名の収録など、近代英語辞書に要求される要件をほぼ備えていたといえる。初期近代英語の難解語の解説を目的とした辞書はコールズが最後であり続いて出版されたカージーの辞書が、英語の辞書としては初めて日常語を収録して、近代英語辞書としての基本要件がすべて整えられたことになる。しかし、コールズの辞書に日常基本語への関心がなかったとはいえない。辞書本体の中に日常基本語が収録される一歩手前の状況がコールズにある。すなわち、コールズの辞書の前付きには、日常基本語で誤りやすい同音意義語のリストが掲載してある。前付きにある同音意義語のリストが辞書本体に組み入れられさえすれば、カージーの辞書になるのであるから、コールズは、辞書本体に組み入れてはいないが、難解語の説明を目的とした従来の辞書と違って、日常基本語をも収録したという意味で近代英語辞書編纂史上画期的な出来事であったカージーの辞書への貴重な示唆を提供している。近代英語辞書にとって、国語辞書として最後に残された必要条件である、日常語彙の収録はコールズにより条件整備が行われ、カージーが実行して、ここに近代英語辞書が、国語辞書と称しうる段階にまで発展した。そして、コードリの「日常使われる難解語」が復活した。

13. カージー (John Kersey)、
    A New English Dictionary (1702)

カージーは、その辞書のタイトルページと序文で、彼以前の英語辞書と自分の辞書とは違っている点を極めて明確に打ち出している。まず、タイトルページ。

　　A NEW English Dictionary Or, a Compleat COLLECTION Of the Most Proper and Significant Words, Commomly used in the LANGUAGE; With a Short and Clear Exposition of *Difficult Words and Terms of Art*. (…)

このタイトルページは、コケラム、ブラント、コールズとは明らかに違う。コケラム達は、難解な外来語をより網羅的に、より広く収録することを競いあっ

た。ところが、カージーは、「日常英語に用いられる (commonly used) 単語」を収録したことをうたい文句にしている。そしてさらに、「序文」でも、難解な学問的な専門用語を避け、日常単語を中心に収録するという立場を明確に述べている。

The main design of which, is to instruct Youth, and even adult Persons, who are ignorant of the Learned languages, in the *Orthography*, or true and most accurate manner of Spelling, Reading and Writing the genuine Words of their own Mother-Tongue. For that purpose, we have taken care to make a Collection of all the most proper and significant *English* Words, that are commonly us'd either in Speech, or in the familiar ways of Writing Letters, &c; omitting at the same time, such as are obsolete, barbarous, foreign or peculiar to the several Counties of *England*; as also many difficult, abstruse and uncouth Terms of Art, as altogether unnecessary, nay even prejudical to the endeavours of young Beginners, and unlearned Persons, and whereof seldom any use does occur: However, the most useful Terms in all Faculties are briefly explain'd.

(Kersey, *A New English Dictionary*, 1702, "THE PREFACE.")

この序文には、カージー以前の辞書の序文とは明らかに異なる主張がなされている。第1に、英語本来語の正書法を教える。第2に、従って、日常生活に用いられている英語の基本単語を収録する。第3に、廃語、野卑な単語、隠語を載せない。第4に、初歩の学習者や学問の素養のない人には不用な、めったに用いられない難解な学問の専門用語は収録しない。第5に、逆に、一般民衆の働く工場で広く使用されている単語は簡潔に説明する。更に、一般民衆には縁のない難解な語を収録しているブローカーとコールズを名指しで非難している。

And it may be affirm'd, That no other Book of the same nature, is as yet extant; altho' there are two,which seem to come near to our present Design; *Viz.* a little Tract first set forth by *John Bullker* Doctor of Physick, under the Title of *An English Expositor*, and Mr. *E. Coles's English Dictionary*. The former is defective in several respects, and yet abounds with difficult Terms, which are here purposely avoided, for the above-mention'd Reasons; (…) For it is observable, That Mr. *Coles* in his elaborate Work, has inserted several Words purely *Latin*, without any alteration, as *Dimidietas* for an half; (…), which are scarce ever us'd by any ancient or modern Writers, even in a Figurative, Philosophical, or Poetical Sense;（以下省略）

(Kersey, *A New English Dictionary*, 1702, "THE PREFACE.")

　コードリからコールズまでの辞書は、伝統にしたがって、難解語を、方言、隠語、廃用となった語を、そして固有名詞をより多数収録することを目標としてきた。ところが、カージーは、彼以前の編纂者と明らかに違って、英語の日常語の用法、意味、綴り字を教えるという目的を鮮明に打ち出している。ここに、近代英語史上初めて、辞書としての要件をすべて備えた国語辞書が出版されたのである。コールズにいたって、近代英語辞書は完成の一歩手前まで到達していた。最後に残された、日常語の収録という要件はカージーによって完成されたのである。

　実は、カージーより100年も前に出版された最初の英語辞書であるコードリの辞書は、難解語を収録するといっても、「日常使用される難解語 (hard vsuall English wordes) を収録する」とタイトルページにあるとおり、殊更に難しい外来語を説明することはコードリの意図するところではなかったのであるが、コケラム以降、「日常使用される」という付帯条件が抜け落ちて、ひたすら難しい外来語へと意識が向けられたのである。その後、辞書が、外来語、方言、隠語、固有名詞と収録範囲を広げるにつれて辞書の編纂法は発展してきたが、編纂者の意識は常に、難しい単語、聞き慣れない単語に向けられてきた。

　辞書と平行して出版され続けていた、綴り字教本の影響もあったことであろうし、コールズの前付きにある基本単語の類義語のリストもヒントになったのかもしれないが、ともかく近代英語辞書は、カージーによって一大転換がなされたことになった。

　なお、この辞書の編者の名前が、"By J. K." とあるのみであるが、1706年にフィリップスの辞書の改訂版を出した ジョン・カージー (John Kersey) が編纂したであろうということになっている。

　カージーは英語の基本語を収録し、その派生語、成句も並記しているので、その意味では使いやすいものとなっている。

Fluid, or *apt to run as water does*.

Fluidity, *or* fluidness.

A Maior, or mayor *of a Town*.

The major, or *greater part*.

A Major *of a Riegment, an officer next to the Lieutenant General*.

A Major *General, next the the*【sic】*Lieutenant General*.

The majority, *the* major, or *greater part*.

A Major-Domo, or *Steward*.

Majorship, *the office of a* Major.

(12折り版1頁3段組)

しかし、定義は辞書としてまだ十分とはいえない。

そして、「序文」では、コケラムとブロカーを槍玉にあげたが、カージーもやはり先行する辞書の影響を大きく受けていることは否定できない。

Coles (1676)	Kersey (1702)
Agony, g.	***An Agony,***
Extream anguish of mind or death.	extremity of anguish or pangs of death.
Atheist, g.	***An Atheist,***
who believes there is no God.	who denies the Being of a God.
Axiome, g.	***An Axiom,***
a maxime or general ground in any Art.	a maxime principle, or general Rule of any Art, or Science.
Cosmography, g.	***Cosmography***, or
a description of the world.	the description of the World.
Parable, g.	***A Parable,***
a similitude.	similitude, or dark saying.
Proselyte, g.	***A Proselyte,***
a stranger converted to our Religion (formerly to the Jewish).	a stranger converted to our Religion
Tetrarch, g.	***A Tetrarch,***
a Governour of the 4th part.	a governour of the fourth part of a country.
Theoretick,	***Theoretick***, or ***theorick,***

belonging to **Theory**, g. the speculative part of any Science without practice.	belonging to **Theory**, contemplation, or speculation and knowledge of an Art, abstracted from practice.

　カージー以前の辞書が、難解な外来語、方言、隠語、固有名詞をわかりやすく説明するとしながら、余りに難解で、めったに使われないような単語を数多く集め、日常生活にあって比較的よく使われる単語で意味不明の単語を調べるには余りにも煩鎖になっていた。コールズの辞書のように、難解なラテン語を語尾変化もそのままに辞書に掲載したりしたのでは、一般の人々の要請に応える辞書とはいえない。従って、カージーの功績は、英語の辞書を一般人の要請に応えるような内容にしたことである。このことがひいては、本当の意味での国語辞書の誕生となった。

14., 15. ベイリー (Nathan Bailey)、
 　An Universal Etymological English Dictionary (1721)
 　Dictionarium Britannicum or a more COMPLEAT UNIVERSAL ENGLISH DICTIONARY (1730)

　ベイリーの辞書は、表題に示してある語源の記述に関して格段の進歩があること除けば、カージーまでの辞書と比べて格別独創性があるわけではない。しかし、カージーまでは学者が片手間にしている印象が強かったが、ベイリーになると、辞書編纂の専門家という印象を受ける。カージーまでに比べると、格段に大部になり、使いやすくなっている。そして、ベイリーに続く、有名なジョンソンの辞書の事実上の種本である。タイトルページを見てもカージー等と特別違っているわけではない。伝統にしたがって、難解語を収録し、外国語に言及し、法律用語を収め、地名、人名といった固有名詞を解説し、方言も広く採集し、先行するどの辞書よりも豊富な語彙を収録し、諺にも説き及ぶ。利用対象者としては、若い学生、商人、英語を学ぼうとする外国人、等々。
　従来の辞書と同じ編纂方針であっても、ベイリーの辞書は、大変人気があっ

て、売れた部数ではジョンソンよりも多いと言われているくらいであるからそれだけの人気を得るだけの理由があるはずである。それは、語源に力を入れたこと、諺を取り入れたことに加えて、辞書の中身が、学術的でありながら読んで楽しいものであることであろう。その点、コールズの辞書と同じく読む辞書を心掛けたと言っていいだろう。巻頭の英語史の解説は、フィリップスが最初に試みたがベイリーのほうがはるかに詳しい。語彙は、約4万語で今まででもっとも多い。序文では、ブラント、スキナーの名前を挙げて、彼らよりも使いやすく、読みやすくしたことを明言している。語源に関する記述がベイリーの最大の特徴であるので、従来の辞書の語源の取り扱いを振り返ってみる。

　コードリは、(g), (gr) はギリシア借用語、§はフランス語、無印はラテン語という風に、記号で借用元の言語名のみを与えた。ブロカーとコケラムには語源に関する記述はない。初めて語源を重視する編集をしたのはブラントである。ブラントは、借用元の言語名を明記したのは余りないが、語源となる単語を記し、ごく稀にはその単語の意味を記した。フィリップスは語源には余り興味を示していない。コールズは極めて正確に借用元の言語名をアルファベットによる略号で示した。ベイリーは、印欧比較言語学の誕生以前のことであるから、語源解釈は現代の言語学から見れば完全に正確というわけではないが、彼以前のどの辞書よりも充実したものである。その単語の究極の源となる言語名とその語形、直接の借用元言語名に加えて、究極の言語名まで記した。語源欄の例をあげる（語義省略、原文イタリック体。表記の不統一は原文のまま）。

PA'RADISE	[paradis, F. paradisus, L. of παράδεισοσ, Gr.]
PA'RADOX	[paradoxe, F. of paradoxum, L. of παράδοξον, Gr. (...)]
PHA'NTASY	[fantasie, F. of phantasia, L. of φανγασια, Gr.]
PHLEBO'TOMY	[phlebotoie, F. phlebotomia, L. of φλεβοτομία, Gr. (...)]
PHILO'SOPHY	[philosophie, F. philosophia, L. of φιλοσφία, (...) Gr.]
PHREO'NSY	[phrenesie, F. phrenesis, L. of φρενῖτιο, Gr.]
PHYLA'CTERIES	[phylacteres, F. phylacteria, L. φυλακτηρια, Gr.]
PHYSIO'GNOMY	[physiognomie, F. physiognomia, L. φυσιογνωμία, (...) Gr.]

語源が辞書の必要要件であることを認識させた功績は大きい。

　辞書の本文は、カージーの、*Dictionarium Anglo-Britannicum* (1708) に負うところが大きく、大体カージーの見出し語の3分の2を借用している。(S-N, p. 102)

　ベイリーは、*Universal Etymological English Dictionary* に続いて、1730年に *Dictionarium Britannicum* を出版した。フォリオ版のこの辞書は、ジョンソンの辞書の底本としても有名である。この辞書には、初めて、見出し語と語源となる語にアクセント記号が付けられている。挿し絵が付けられているのも実質的には初めてのことである。ただし、ほとんどが紋章の単純な絵であり、少し精密な絵が、ARMILLARY に見られるのみである。例外的に、きわめて精密な図版であり、かつただひとつだけ1頁全面を図版にあてているのが、ORRERY であるが、図版ができ上がるのが遅れたために、見出し語としての ORRERY の掲載してある箇所には、「図版は出来上がりが遅れたので V の項にある」との断りがある。すなわち

　　ORRERY, an astoronomical Machine contriv'd for giving ocular Demonstration of the solar System. The Description of this Instrument, coming too late, is inserted out of its proper Place, at the latter end of Letter V【sic】, facing the Pate.

とあって、図版は、ずっと後の方の U の項にある（頁づけなし）。

　イングランドの人名、地名といった固有名詞は巻末にまとめて載せている。内容は、聖書関係の固有名詞とイングランドの地名が中心で語源に多くの紙面を割いている。伝説に関する事項 (Juno, Jupiter, Unicorn, etc.) は本文中にある。文化史、歴史、科学に関する項目の説明は、百科事典の様相を帯びるほどに詳しい。但し、百科事典的項目の説明は、1728年に出版されたチェンバースの百科事典に負うところが多々ある。その例。

Chambers (1728)
EGYPTIANS, in our statutes, a counterfeit Kind of Rogues,

Baily (1730)
EGY'PTIANS [in *our statutes*] a counterfeit kind of rogues, and

who, being *English* or *Welsh* People, disguise themselves in uncouth Habits, smearing their Faces and Bodies; and framing to themselves an unknown, canting Language, wander up and down; under Pretence of telling Fortunes, curing Diseases, &c. abuse the common People, tricking them of their Money, and stealing all that is not too hot, or too heavy for them. (...)

their doxies or whores, being *English* or *Welsh* people, who disguise themselves in odd and uncouth habits, smearing their faces and bodies, and framing to themselves an unknown, canting language, wander up and down the country; and under pretence of telling fortunes and curing diseases, &c. abuse the ignorant common people, tricking them of their money, and live by that and together, with filching, pilfering, stealing, &c.

次に、ベイリー、*An Univearsal Etym. Dict.* (1721) と *Dict. Brit.* (1730) とを比べることにより、内容がどれほど充実しているかを見る（語源欄省略）。

Universal Ety. Eng. Dict. (1721)
ANA'LOGY, like Reason, Proportion, Relation.
ANA'LOGY, the Comparison of several Ratio's of Quantities or Numbers one to another.

ANA'LYSIS, Resolution, the Art of discovering the Truth or Falshood, Possibility or Impossibility, of a Proposition: The reducing of any Substance to its first Principles. *L.*

Dictinarium Britannnicum (1730)
ANA'LOGY, like Reason, Proportion, Correspondence; Relation which several Things in other Respects bear to one another.
ANA'LOGY [with *Grammarians*], the Declining of a Noun, or the Conjugation of a Verb according to its Rule or Standard.
ANALOGY [with *Mathematicians*], the Comparison of several Ratio's of Numbers or Quantities one to another.
ANA'LYSIS, the dividing, parting or severing a Matter into its Parts.
ANA'LYSIS [*Anatomy*], an exact and accurate Division of all the parts of a human Body, by a particular Dissection of them.
ANALYSIS [with *Chymists*], the decompounding of a mixt Body, or the reducing any Substance into its first principles.

ANA'LYSIS [with *Logicians*], is the Method of finding out Truth, and Synthesis is the Method of convincin others of a Truth already found out. It is the Attention the Mind gives to what it knows in a Question, which helps to resolve it, and in which the Analysis principally consists: All the Art lying in extracting a great many Truths, which lead us to the knowledge of what we seek after.
ANALYSIS [with *Mathematicians*], is the Art of discovering the Truth or Falshood of a Proposition, by supposing the Question to be always solved and then examining the consequences, till some known or eminent Truth is found out; or else the Impossibility of the present Proposition is discovered.
ANALYSIS, of finite Quantities [*Mathematicks*] that which is called specious Arithmetick or Algebra.
ANALYSIS, of Infinites is the Method of Pluxions or disserential Calculus called the New Analysis.
ANALYSIS, a Table or Syllabus of the Principal Heads or Articles of a continued Discourse, disposed in their natural Order and Dependency.

定義の内容が格段に拡充されており、しかも各単語の意味が、用いられる分野ごとに分けて定義されているのでわかりやすくなっている。

　語源は、詳しくなっている場合と、簡略化されている場合がある。*Universal Etym.Dict.* (1721) で取り上げた（60 頁）のと同じ単語を比べてみる（語義省略）。

PA'RADISE　　[of παράδεισοσ of παρὰ and δευω, to water, *Gr.* or a rather of (...), *Heb.*]
PA'RADOX　　[παράδοξον, Gr.]
PHA'NTASY　　[phantasia, L. of φαντασία, Gr.]
PHRE'NSY　　[φρενῖτισ, Gr. of φρην, the Mind; also the Diaphragm]

PHYLA'CTERY　[φυλακτηειον, Gr.]
PHYSIO'GNOMY　[φυσιογνωμία, (...) Gr. Opinion]

なお、タイトルページには、ゴードン (G. gordon) とミラー (P. Miller) がそれぞれ数学、生物学について助力したとあるが、スターンズ＆ノイズによれば (p. 118)、当時、沢山の書物を出版していた二人の名前を出すことによって、この辞書の権威付けを意図したもので、実質的な協力はなかったらしい。

16. ダイチ＝パードン (T. Dyche & W. Pardon)、*A New General English Dictionary* (1735)

ベイリーとジョンソンとの間に、ベイリーに追随する多数の辞書が出版されたらしいが、そのうちでひとつだけ取り上げるとすれば、ダイチ＝パードンの辞書であろう。*A New General English Dictionary* (1735) と称するこの辞書は、ベイリーの辞書が規模の大きさを誇ったのに反して、日常の使い易さを考えて編纂された。そういう意味では、18世紀の前半になって、やっと辞書編纂という仕事にかなり明確な意図が伺われる。即ち、ただひたすら先行する辞書よりも少しでも多くの難解な外来語、見知らぬ固有名詞を収録するというより、読者の立場に立つことを意識した (user-friendly) 編纂が実践されるようになったといえよう。

　ダイチ＝パードンの辞書の特徴は、まず、辞書巻頭の前付きに「英文法 (A Compendious English Grammar)」を英語辞書として初めて付けたことである。辞書の巻頭に簡単な文法を付けるという習慣はこの時に始まった。その冒頭の1文、

> GRAMMAR is that Art or Science that teaches Persons the true and proper Use of *Letters*, *Syllables*, *Words* and *Sentences*, in any Language whatever.
> 　　　　　　(Dyche-Pardon, *A Compendious English Grammar*, 1740 年第 3 版)

は、当時の「文法は、読み書きと話し方の技術を教えるものである」という考え方を表明している。また、文末の in any Language whatever. という文句は、

grammar という語が以前はラテン文法のみを意味していたので、わざわざその他の言語の文法、具体的には英文法も含むということを断っているのである。

　第2に、見出し語にアクセントを付けたことである。見出し語にアクセントを付けること自体は、ベイリーがすでに実践したが、ダイチ＝パードンは、そのことをタイトルページで明記している。

> A New General English Dictionary (...) Wherein the difficult WORDS, and Technical TERMS made use of in ANATOMY, ARCHITECHTURE, ... , SURGERY, &c.
> Are not only fully explain'd, but accented on their proper Syllables to prevent a vicious Pronunciation; (...)
>
> (*A New General English Dictionary*, タイトル頁)

　コードリからベイリーまでは、次々に出版される辞書はすべて、先行するどの辞書よりも少しでも大きくするという編纂方針のもとにひたすら肥大化してきた。ところが、ダイチ＝パードンは、それまでの辞書編纂の慣習を打ち破り、内容の豊富さよりも、辞書としての使い易さを優先させ、初めて先行する辞書よりも小型の辞書を出版した。このことはダイチ＝パードンが辞書編纂という事業に初めて明確な意図を持ってしたことを意味している。即ち、ダイチ＝パードンは、辞書利用者の立場に立って辞書の内容をわかり易くした。ベイリーまでの辞書が、「無教育者 (un-educated)」を対象とするとうたいながら、一般庶民には無縁と思われる、非常に専門化した、難解な見出し語を多く収録し、繁雑になり過ぎていたのに反し、ダイチ＝パードンは、実際に、あまり教育を受けていない人々と外国語を知らない人々を対象にした。具体的には、彼ら以前の辞書が、先行する辞書よりもひたすら増加させ続けてきた語彙数を初めて減らしたこと、語源に関する情報を排除したこと、ベイリーにより細分化され、専門分野別に詳細に述べられていた語義を一切排除して一般の人々の知識で十分読めるように簡潔化するという配慮をしたことである。語彙についていうと、ベイリーの *Dict. Brit.* (1730) が、48,000語を収録し、再版 (1736) では60,000語を収録していたのに反し、ダイチ＝パードンは20,000語しか収録していない。

　結局、ダイチ＝パードンは、読者への配慮を明確に打ち出したこと、即ち、辞書

編纂という仕事に読者への配慮を加味するという意識革命をもたらしたという意味で、英語辞書編纂史上、極めて顕著な貢献を果たしたのである。そのダイチ＝パードンもベイリーを巧みに利用していることは以下の引用からわかる。

Bailey (1730)	Dyche-Pardon (1735)
ORRERY, an astoronomical Machine contriv'd for giving ocular Demonstration of the solar System.	**O'RRERY(S.)** a famous mathematical machine, contrived to demonstrate the present system of astronomy, or the earth's mobility, (...)
Egy'ptians [*in our statutes*] a counterfeit kind of rogues, and their doxies or whores, being *English* or *Welsh* people, disguise themselves in odd and uncouth habits, smearing their faces and bodies, and framing to themselves an unknown, canting language, wander up and down the country; and under pretence of telling fortunes and curing diseases, &c. abuse the ignorant common people, tricking them of their money, and live by that and together, with filching, pilfering, stealing, &c.	**EGYP'TIAN** (S.) an inhabitants or native of the country called *Egypt*; also a pretended fortune-teller,or stroller about the countries. **EGYP'TIAN** (A.) something that grows or comes out of the country called *Egypt*.

次に、ベイリー *Dict. Brit.* (1730) とダイチ＝パードンとを比べることにより、内容がどれほど簡潔になっているかをみる。ベイリーのほうは、ダイチ＝パードンと対応する部分のみを掲げる。語源省略。

Bailey (1730)	Dyche-Pardon (1735)
ANA'LOGY, like Reason, Proportion Correspondence; Relation which several Things in other Respects	**ANA'LOGY** (S.) the similar relation or prportion which one thing bears to another.

bear to one another.
ANALOGY [with *Grammarians*], the Declining of a Noun, or the Conjugation of a Verb according to its Rule or Standard.

（ダイチ＝パードンにはない）

ANALOGY [with *Mathematicians*], the Comparison　of several Ratio's of Numbers or Quantities one to another.

（ダイチ＝パードンにはない）

ANA'LYSIS, the dividing, parting or severing a Matter into its Parts.

ANA'LYSIS (S.) the art of resolving questions that are difficult, by reducing them to their component parts (...), and from thence shewing the possibility or impossibility of the proportion; also the chymical reducing metals, &c. to their first principles; and in *Anatomy*, it is the dissecting of a human body according to art.

ANALYSIS [*Anatomy*], an exact and accurate Division of all the parts of a human Body, by a particular Dissection of them.

ANA'LYSIS [with *Chymists*] the decompounding of a mixt Body, or the reducing any Substance into its first principles.

ANALYSIS [with *Mathematicians*], is the Art of discovering the Truth or Falshood of a Proposition, by supposing the Question to be always solved and then examining the consequences, till some known or eminent Truth is found out; or else the Impossibility of the present Proposition is discovered.

（ダイチ＝パードンになし）

（ベイリーには***ANALYSIS***という項目がさらに4つあるが、ダイチ＝パードンにはなし）

近代英語辞書として備えるべき要件をすべて、しかも最大限に備えたベイリーであるが、それに読者への配慮という要素を加味するように辞書編纂家に意識革命をもたらしたダイチ゠パードンの貢献は大きい。

第5章

ジョンソン　近代英語辞書の頂点

　近代英語辞書は、難解語をより多く収録して説明する、イングランドの地名、人名といった固有名詞を説明する、語源を明記する、という目的で編纂された。また、その対象を、教育を受けられない婦女子、身分が低く、教育を受けられなかったが、商売など職業上の目的で教養を身に付けたいと希望する人々、イギリス人と取り引きをするために英語を習得したい外国人においていた。更には、辞書が徐々に発展し内容が高度になってくると、専門的な学問を目指す人々、特殊な職業につきたいと思う人には、その分野の初歩的な知識を与える、といった意図で編纂された近代英語辞書はベイリーで質量ともに頂点に達する。

　ところで、15世紀末のキャクストンによる印刷術導入、そしてルネッサンスの運動の中、古典を英語に翻訳する作業の過程で必然的に生じた、外国語との比較から、英語は劣等言語である、という意識は薄れてきていた。劣等言語である英語をなんとか洗練し、貧弱な語彙をなんとか豊富にしようとする学者や文人達の懸命の努力がともかくも実ってきたのである。その証拠に、ドライデン (1631–1700)、デフォー (1660–1731)、スウィフト (1667–1745)、アディソン (1672–1719)、スティール (1672–1729)、ポープ (1688–1744)、といった作家が、優れた散文、劇作品、随筆を次々と産み出したのである。イギリスにおけるオーガスタン・エイジ (Augustan Age) である。つまり、英語は、もはや外国語の力を借りなくても、優れた文学作品を産み出すほどに洗練され、語彙も豊富になったのである（マレー、p. 36）。

　しかし、歴史の経験が教えるところによると、一度頂点に立つと、後は衰退し、没落する道しか残されていない。例えば、エジプト、インド等の四大文明、アレキサンダー大王、ローマ帝国。文化、文明を見ても同じである。プラトンの時代に頂点を極めた後に衰退の一途を辿ったギリシア文明とギリシア語、キケロ

の時代に最盛期（オーガスタン・エイジ）を迎えた後は衰退したローマ文明とラテン語。このような歴史的事実をすでに熟知していたイギリス人達の間には、アン女王（在位 1702-14）の時代を頂点に、通例イギリスのオーガスタン・エイジと称されている文学最盛期にあたる 18 世紀の英語を、その勢力、活力を衰えさせることなく維持しなければならないという意識が盛り上がってきた。

　エリザベス朝時代の自由奔放な個人主義、独立志向の精神は、18 世紀に入ると影を潜め、逆に、強力な秩序感覚と規制の尊重がこの時代に顕著な一般的特徴である。この風潮が英語に対する態度にも明確に現れ、英語に手を加えて、望ましい方向に向かわせようとする運動が展開された。具体的には、1) 英語を法則化して正しい慣用の基準を確立すること、2) 英語の欠点を排除して、改良を加え、洗練すること、3) 英語を理想の形にして永久に固定化すること、の 3 点である。

　時あたかも、大陸でも、国語擁護のための運動が盛んとなり、フランスではアカデミー・フランセーズ（l'Académie française, 1635 年創立）、イタリアではアカデミア・デラ・クルスカ（Accademia della Crusca, 1582 年創立）が創設され、それぞれ規範となる辞書を出版し、国語擁護の活動を始めていた。

　以上のような時代背景の基に、ひとつの頂点に達したベイリーの辞書を叩き台として改めて、模範となり規範となりうる英語辞書の編纂が時代の要請するところとなった。その結果が、有名なサミュエル・ジョンソンの英語辞書である。

17. ジョンソン (Samuel Johnson)、*A Dictionary of the English Language* (1755)

　イタリアではクルスカ・アカデミーが 1582 年に創設され、1612 年にはイタリア語の規範を示すべく辞典 (*Vocabolario degli Accademici della Crusca*) を出版した。1635 年に創設されたフランスのアカデミー・フランセーズは 1694 年にその辞典を出版した (*Dictionnaire de l'Académie françoise*) を出版した。イギリスでも 17 世紀の、一定しない綴り字法、確たる規範のない語法、難解な外国語の濫用に対する批判、反省のもとに標準的な、規範となる英語・英文法の確立を望む声が上がってきた。

1617年、国王ジェームズ1世の時に「王立協会」設立の計画が立てられたが、国王の死去で実現せず、1635年にはチャールズ1世のもとに学士院設立の運動があったが実現しなかった。やっと、1660年に「王立学士院 (Royal Society)」が設立された。学士院の本来の主旨は、自然科学に関する知識の促進にあったが、英語の在り方にも大きな関心を持っていた。王立学士院の影響下にあって、ドライデン (1693)、スウィフト (1712)、ウォーバートン (1747) 等多数の文人や学者が、英語を改良し、洗練すべきであるという主張をした。具体的には、英語の語彙を精選し、語法を確定し、文体を優雅にし、規範となる英語を示し、信頼できる辞典が必要であるという要請である。この要請に応えるべく選ばれたのがサミュエル・ジョンソンである。

ジョンソンも1747年に「辞書編纂計画案 (THE PLAN OF A DICTIONARY OF THE ENGLISH LANGUAGE)」を発表していた。また、悲劇 *Irene* を上演し (1749)、風刺詩 *London* (1738) を出版し、イタリア語、フランス語からの翻訳もあり、更には、古典に関する深い造詣が評価されて、新しい辞書の編纂はジョンソンの手に委ねられることになった。

OED の最初の編集者であるJ. A. H. マレーはジョンソンの辞書の特色を次のように要約している。まず第1に、各単語の用例を引用例文で示したこと、第2に、語義の細部にわたる識別と区分、である。引用例文は、ジョンソンが記憶していたままに書きとめる、あるいはジョンソンの書斎の中にある本にジョンソンが印を付けてそれを編集助手の6人が書き移すという作業によりなされた。もし、ジョンソンの辞書の中に引用されている引用例文をすべて、いちいち原典に当たり確認をしていたら、到底8年半という時間の枠、たった6人の助手だけではなされえなかっただろうと、他ならぬ、*OED* の編者であるマレーは言っている。

神ならぬジョンソンの記憶しているままに書いてゆくわけであるから当然のことながら、ある程度の誤りはある。例えば、dispatch という単語は、16世紀前半にイタリア語から借用されて以来、ジョンソンの時代までにはすでに、dispatch という綴り字が確立されていた。ところが、ジョンソンの辞書の見出しの形は、語源欄のフランス語 depescher の影響のためか、despatch となっている。なお、ジョンソンの辞書では、語源はフランス語 depescher となっているが、*OED* は、語源はフランス語ではなく、イタリア語の dispacciare であるとして、

[(...) ad. It. *dispacciare* 'to dispatch, to hasten, to speed, to rid away, any worke' (Florio), (...)]

(*OED*, despatch)

とあるが、フロリオの『イタリア語＝英語辞典 (J. Florio, *A Worlde of Wordes*, 1598)』の初版には、この単語は見出せない。

dispatch という語形がジョンソン以前にすでに確立されていたのにもかかわらず、ジョンソンが despatch という語形を見出し語としてたてた結果、dispatch という形は、1820年を最後として英語から姿を消す一方、despatch の方が正しい形として一般に使われるようになってしまった。これもジョンソンの影響の大きさを証明する事件である。

また、ジョンソンは、distilment の引用文を『ハムレット』から採用している。

DISTI'LMENT. *n. s.* [from *distil*.] That which is drawn by distillation.

A word formerly used, but now obsolete.

Upon my secure hour thy uncle stole,

And in the porches of mine ears did pour

The leperous *distilment*.

Shakespeare's Hamlet.

ところが、1773年版の instilment の項でも、ジョンソンは上の引用文中の distilment を instilment に替えて引用しているのは、ジョンソンがよく似たふたつの単語を混乱したために生じた間違いである。但し、初版には、instilment という見出し語そのものがない。

ジョンソンの辞書と言えば、oat, pension, patron, excise 等に見られるその個性的な定義の仕方で有名である。ここでは、lich を引用する。

LICH. *n. s.* [lice, Saxon] A dead carcase; whence *lichwake*, the time or act of watching by the dead; *lichgate*, the gate through which the dead are carried to the grave; *Lichfield*, the field of the dead, a city in Staffordshire, so named from the martyred christians. *Salve magna parens. Lichwake* is still retained in

Scotland in the same sense.

スタッフォードシャ州リッチフィールドはジョンソンの生まれ故郷である。

　マレーの言うように、ジョンソンの辞書の最大の特徴は、緻密な定義と豊富で的確な引用例にあるので、その実例を示す。引用例は、ジョンソンが、「自分が純粋な英語の泉、純正な英語の表現法の純粋な源泉と認めた、王政復古以前の作家群から (from the writers before the restoration, whose works I regard as *the wells of English undefiled*, the pure sources of genuine diction)」(Preface, 頁付けはないが7頁目) なされている。即ち、フィリップ・シドニー (1554–86) から王政復古の時代までに活躍した、フッカー (c.1554–1600)、ベーコン (1561–1626)、ローリー (1552–1618)、シェイクスピア、スペンサー (1552–99)、ミルトン (1608–74) 等である。

A'GONY. *n. s.* [ἀγών, Gr. *agon*, low Lat. *agonie*, Fr.]

1. The pangs of death; properly the last contest between life and death.

　　Never was there more pity in saving any than in ending me,
　because therein my *agony* shall end.

Sidney, b. ii.

　　Thou who for me did feel such pain,
　Whose precious blood the cross did stain,
　Let not those *agonies* be vain.

Roscommon.

2. Any violent or excessive pain of body or mind.

　　Betwixt them both, they have me done to dy,
　Through wounds and strokes, and stubborn handeling,
　That death were better than such *agony*,
　As grief and fury unto me did bring.

Fairy Queen, b. ii.

　　Thee I have miss'd, and thought it long, depriv'd
　Thy presence, *agony* of love! till now
　Not felt, nor shall be twice.

>   *Milton's Paradise Lost, b.* ix.
>
> 3. It is particularly used in devotions for our Redeemer's conflict in the garden.
>
>   To propose our desires, which cannot take such effect as we specify, shall, notwithstanding, otherwise procure us his heavenly grace, even as this very prayer of Christ obtained angels to be sent him as comforters in his *agony*.
>
>   *Hooker, b.* v.

語彙の豊富さをうたい文句にしたベイリーと、語彙の正確な定義と豊富な引用文例を特徴とするジョンソンとを比較してみる。

Bailey (1730)
PA'RABLE [παραβολη, Gr.] a continued Similitude or Comparison; a Declaration or Exposition of a Thing by Way of Similitude or Comparison; a dark Saying, an Allegory; a Fable, or allegorical Instruction founded on Something real or apparent in Nature or History; from which, some Moral is drawn, by comparing it with some other Thing in which Persons are more immediately concerned.

PA'RADISE [of παράδεισος of παρά and δενω, to water Gr. (...)] a Place of Pleasure. The Garden of *Eden*, where *Adam* and *Eve* resided during their Innocency; also the Mansion of Saints and Angels

Johnson (1755)
PA'RABLE. *adj.* [*parabilis*, Lat.] Easily procured. Not in use.
【ブラウンから 1 例】
PARABLE. *n. s.* [παραβολη; *parabole*, Fr.] A similitude; a relation under which something else is figured.
【聖書から 2 例、ドライデンから 1 例】

PA'RADISE. n. s. [παράδεισος; *paradise*, Fr.]
1. The blisful regions, in which the first pair was placed.
【ミルトンより 1 例】

that enjoy the Sight of God, the Place Bliss in Heaven; according to the Notion of the *Greeks*, it is an Inclosure, or Park stored with all Sorts of Plants and wild Beasts of Pleasure; and with us, any delightful Place is called a Paradise.

 Bird of **PA'RADISE**, a rare Bird so called, either on Account of its fine Colours, etc. or else because it is not known where it is bred, from whence it comes, or whither it goes.

PA'TRIARCH [πατριάρχης of πατηρ a Father, and ἄρχos, Gr. Chief,] the first Father of a Family or Nation.

PA'TRIARCH [in an *Ecclesiastical* Sense] a Dignity in the Church superiour to an Archbishop, of which in antient Times there were 5, *viz.* at *Rome, Constantinople, Alexandria, Jerusalem,* and *Antioch*.

2. Any place of felicity.
【シェイクスピアより4例、ミルトンより1例】

PA'TRIARCH. *n. s.* [*patriarche*, Fr. patriarcha, Latin.]
1. One who governs by paternal right; the father and ruler of a family.
【ミルトン、ドライデンより各1例】

2. A bishop superior to archbishops.
【ローリー、アイリフより各1例】

　この比較からもわかるように、ベイリーが定義を詳細にしているのに対し、ジョンソンは、定義を簡潔にして、その代わりに引用例で実際の用法を示している。
　ここで改めて、17世紀に認められた難解語重視の傾向と、18世紀に徐々に目立ち始める「日常基本語」収録の状況を個々の具体的な単語について調べてみると次のような結果が得られた（松元浩一、1987）。

	辞書 / 単語	Bullokar (1616)	Phillips (1658)	Kersey (1702)	Bailey (1721)	Bailey (1730)	Johnson (1755)
難解語	Replevine	+	−	+	+	+	−
	garbell	+	+	−	+	+	−
	Lyciume	−	+	−	+	+	−
	Xylobalsamum	+	−	−	+	−	−
	Metamorphosis	+	+	+	+	+	+
	Calthrope	+	+	+	−	+	−
	Hariot	+	+	−	+	+	−
	Fraternitie	+	+	+	+	+	+
日常基本語	come	−	−	+	+	+	+
	get	−	−	+	+	+	+
	take	−	−	+	+	+	+
	make	−	−	+	+	+	+
	dog	−	−	+	+	+	+
	cat	−	−	−	+	+	+
	horse	−	−	+	+	+	+
	cow	−	−	+	+	+	+
	camel	−	−	+	+	+	+

　この表から読み取れることは、ブロカーからベイリーまでは、「難解語」を極力収録しようとしていること、17世紀中に刊行されたブロカーからフィリップスは基本語を収録していないこと、18世紀に入ってからはカージー以後だれもが基本語を収録していることである。ジョンソンが難解語をできるだけ排除していることは明白であり、例外的に収録されている Metamorphosis と Fraternitie は難解語であるとはいえ、重要な文学用語であり、宗教用語であることは当時でも現代でも変わりはないのでジョンソンの辞書に収録されていても難解語重視から基本語重視という趨勢と矛盾することはまったくない。

　しかし、この表だけでは、ジョンソンは難解語を極力排除して、日常の基本語を収録しようとしていることだけしか読み取れない。それだけであるならば、ジ

ョンソンは単に17世紀から18世紀へと徐々に発達してきた近代英語辞書編纂法に対し、ベイリーに続く一歩を進めたに過ぎない。ジョンソンがベイリーを直接の底本としながらもベイリーまでの辞書と決定的に違う偉大な貢献をしたという証拠は、ジョンソンの辞書の内容を吟味することにより一層明らかになる。ジョンソンの辞書が彼以前の辞書よりも内容面で格段に優れていることを具体的に証明する。

長嶋善郎「Hit, break, cut とその類義語の意義素の構造について」(1968) によれば、動詞 hit の意義素、あるいは意義的特徴は以下のようになっている。

1. ［手または、手に持ったもので人または物体に打撃を加える（動作者の意図の有無は問題にならない）］
2. ［物体と物体—そのいずれかが身体の一部でもよい—とが瞬間的に打ちあたる］
3. (Hit の本来語としての1, 2の「打つ」の意義素に加えて、スカンディナビア語から借用された)［思い当たる、行き当たる］

以上の三つの意義素について、カージー、ベイリー、ジョンソン、*OED* それぞれの語義説明を比較対照したのが以下の表である。

意義素 辞書	1（掲載箇所）	2（掲載箇所）	3（掲載箇所）
Kersey (1702)	+	−	−
Bailey (1721)	+	−	−
Bailey (1730)	+	−	−
Johnson (1755)	+　　(v.a.l)	+　　(v.n.l)	+　　(v.n.4)
OED	+　　(1)	+　　(4)	+　　(11)

つまり、18世紀に入って、カージーやベイリーは基本語も収録しているが、そのもっとも普通の意味をひとつだけ語義として掲載してるにすぎないが、ジョンソンは hit の意義素に該当する意味は確実に与えているのである。

もう一例、break の場合はどうであろうか。国広哲也の「構造的意味論」(『意

味の諸相』、p.23f., 1970) によれば、動詞 break の基本的意義は以下のふたつである。

1. ［構造体の抵抗に打ち勝つ］
2. ［構造体の連続性を断ち切る］

ジョンソンが「構造的意味論」、「意義素」などという考え方を知るはずのないことはいうまでもないが、個々の単語の意味記述が的確になされているかどうかということは辞書の評価には不可欠の要素である。この点、ジョンソンは、hit の場合と同様に実に的を射た記述をしていることは注目に値する。下に示すのは break の基本的意義 1 と 2 について、*OED* とジョンソンは、それぞれの語義の与えられている箇所を示し、カージーとベイリーは与えられている定義全文を掲げる。

意義素 辞書	1	2
Kersey (1704)	"(in all senses)"	【なし】
Bailey (1721)	"to break in pieces, also to turn Bankrupt"	【なし】
Bailey (1730)	" to part or divide forcibly, asunder, or in pieces"	【なし】
Johnson (1755)	v.a. 1~16, 21, 22 v.n. 1~11	v.a. 17, 18~20 v.n. 12
OED	I ~ IV, (VIII)	V, VI

ジョンソンが直接の底本としたベイリーの *Dictionarium Britannicum* (1730) の収録語彙数が約 6 万語であるのに対し、ジョンソンは約 4 万語であるから、単純計算をすればジョンソンはベイリーの語彙の 3 分の 1 を削ったことになる。しかし、実際には、ジョンソンの辞書では、ベイリーに収録されていたギリシア語、ラテン語からの難解語を大幅に削除する一方、ベイリーにない語、特にベイリーで考慮されなかった日常基本語を数多くまったく新たに収録しているのでベイリーの辞書から難解語を中心に 3 分の 2 程度が削除されていると考えてよい。では、総語彙数がベイリーの 6 万語から 4 万語に減少しているのに、ジョンソンの

辞書の外形は逆に倍増しているのはなぜか（大略フォリオ版1巻本から同じフォリオ版2巻本）。それは、ひとえに英語の基本語彙の語義を綿密に分析し、記述していることに加えて、シェイクスピア、聖書を中心にジョンソン独自の批評眼に基づいて選択された多数の引用文例がそのもっとも大きい理由である。ジョンソンは各単語のもっとも中核をなす部分（意義素）を見逃さずに記述し、加えて時代別に並べられた例文を多数収録していることなど、近代英語辞書史の中でもその内容の卓抜さは群を抜いている。

ところで、徐々に発達し、蓄積されてきた近代英語辞書編纂法を余すところなく吸収しつくし、また、その優れた力量を十分に発揮して時代を画する辞書を完成したジョンソンであるが、やはり辞書編纂の理念と方法が今日ほどには確立されていなかったし、またほとんど独力でなしとげたという事情もあって、細かい点では首尾一貫しない部分も見られる。

例えば、ジョンソンはその辞書の前付きで、「序文」、「英語史」、に続いて「英文法」について記している。その中で、形容詞 near の比較変化は near–nearer–next であるとしている。ところが、辞書の本体の near の例文中に現れる最上級は nearest が2例であり next はない。 OED によれば、next が元来の near の最上級で nearest の意味で用いられた最終例は1809年であるからジョンソンの時代には next は near の最上級の役目を nearest に譲って、near とは別個の独立した語とみなされていたと考えられる。現に、ジョンソン自身、1755年に出版した Taxation no Tyranny のなかでは next ではなく nearest を用いている。

 1775. Eagerness for the nearest good. *Tax. no Tyr.* 9 (*OED*^{2}, s.v. Near)

ジョンソンが辞書本体の中でも自らの作品中でも文学作品中でも、新しい形の nearest を用いて、古い最上級の next を用いていないにもかかわらず、辞書巻頭の「英文法」で、near の比較変化を near–nearer–next としているのは、ジョンソンが伝統的文法観にとらわれていたことが考えられる。さらには、ジョンソンが重要視していたシェイクスピアと『欽定英訳聖書』では圧倒的に next が用いられていることも関連があるであろう。Nearest はシェイクスピアでは14回、『欽定英訳聖書』ではまったく用いられていないのに対し、next はシェイクスピアでは178回、『聖書』では60回も用いられていたという事情もあった。いい

かえれば、ジョンソンは辞書の巻頭の「英文法」では伝統的、保守的な英語について規範的に述べ、辞書本体の中では、現実に多く用いられていた英語を実例としてあげたために首尾一貫しない記述になっている。しかし、だからといってこの種の不統一がジョンソンのなしとげた偉業を損なうということにはならない。われわれとしては、むしろ、例えば、ジョンソンに見られる当時の文法家・辞書編纂家の英語観と、彼らが実際に用いた英語との差異に注目して、英語史上興味深い問題が潜んでいることに留意すべきであろう。

ジョンソンの語義記述が、ジョンソン以前の辞書に比べていかに優れているかを証明するためにもう一例あげる。

次に引用したのは、18世紀の主な英語辞書における nice の語義記述の全文である。ただし、ジョンソンの辞書の大きな特色なっている引用例文は省略している。

Kersey (1702)　：Nice, curious, effeminate, dainty, scrupulous, shy, &c.
Bailey (1721)　：NICE [Nese, Sax.] curious, tender, scrupulous, exact, subtil.
Bailey (1730)　：NICE [Nese, Sax.] tender, squeamish, ticklish, difficult, dangerous; also, affected, dainty, exact, curious, subtil.
Johnson (1755)　：NICE. *adj.* [nese, Saxon, soft]
　　　　　　　　1. Accurate in judgment to minute exactness; scrupulously, exact. It is often used to express a culpable delicacy.
　　　　　　　　　（Sidney, Shakespeare などより 5 例引用）
　　　　　　　　2. Delicate; scrupulously and minutely cautious.
　　　　　　　　　（Shakespeare, Donne などより 4 例）
　　　　　　　　3. Fastidious; squeamish.
　　　　　　　　　（Milton, *Paradise Lost* より 1 例）
　　　　　　　　4. Easily injured; delicate.
　　　　　　　　　（*Roscommon* より 1 例）
　　　　　　　　5. Formed with minute exactness.
　　　　　　　　　（Addison より 1 例）
　　　　　　　　6. Requiring scrupulous exactness.
　　　　　　　　　（2 例）

7. Refined.
   （Milton より 1 例）
8. Having lucky hits. This signification is not in use.
   （Shakespeare より 1 例）

　カージーやベイリーに比べてジョンソンの語義分析が格段に優れていることが容易に認められる。なお、OED^2 はジョンソンの語義 1 のシドニーからの引用文を (J.) としてジョンソンから引用している。また、ジョンソンの辞書では、nice の語義 2. Delicate; scrupulously and minutely cautious. の例としてあげられているシェイクスピアからの次の引用は OED^2 とは nice の意味解釈が違う。

　　The Letter was not nice, but full of charge, Of deare import, and the neglecting it May do much danger. *Rom. & Jul.* v. II. 18.

OED^2 はシェイクスピアのこの箇所の意味を "Unimportant, trivial" (OED^2, s.v. NICE, 10.b) として、この意味を初例としてあげ、同じシェイクスピアの *Julius Caesar* からの引用を 1 文あげているだけである。つまり、OED^2 によると、nice が "Unimportant, trivial" の意味で用いられたのは長い英語の歴史、英文学史の中でもシェイクスピアだけということである。
　ちなみに、アニアンズ (C. T. Onions, *Shakespeare Glossary*, 1911, 1986^2)、シュミット (A. Schmidt, *Shakespeare Lexicon*, 1874, 1902^3) は OED^2 と同じ解釈である。
　以上、ジョンソンについて述べてきたことを一言で要約すれば、ジョンソンはベイリーまでの辞書が初期の頃から長い間伝統として受け継いできた、難解語中心、婦女子・無教育者対象、百科事典的性格をすべて排除した上で、語学的にも文学的にも優れた、近代英語辞書としての要件を備えた辞書を完成したのである。

第6章

発音中心の辞書

18. リチャードソン (Charles Richardson)、
A New Dictionary of the English Language (1836–7)

　コードリから徐々に発展してきた近代英語辞書は、ベイリーで飛躍的な段階を迎え、ジョンソンによって近代辞書としてあるべき要件がほぼ完全に満たされた。そこで、ジョンソン以降 OED までは、ジョンソンの辞書になかった要素を補完することを意図した辞書が出版された。その第1は、リチャードソンに見られるように、引用例を ME まで遡らせた辞書であり、第2は、シェリダン、ウォーカーの発音を重視した辞書である。

　ジョンソンが、規範とするにふさわしい英語の上限を、フィリップ・シドニーとしたのに対し、引用例を 14 世紀の作家までさかのぼらせて歴史主義を拡充した辞書編纂に貢献したのはリチャードソンの、*A New Dictionary of the English Language, Combining Expalanation with Etymology:* (...) The Quotations are arranged Chronologically from the earliest period to the beginning of the present century (1836–7) である。リチャードソンは、自分の言語観はホーン・トゥークから大きな影響を受けていることを自ら明言しながら、単語の語義記述には、もっとも古い意味を最初に挙げるべきである、として次のように述べている。

> The great first principle upon which I have proceeded, in the department of the Dictionary, (...), is (...) that a word has one meaning, and one only; that from it all usages must spring and be derived; (...)
>
> 　　　　　(Richardson, *A New Dictionary of the English Dictionary*,
> 　　　　　1844 年版, PREFACE, SECTION II)

単語の意味を、もっとも古いひとつの意味から順次、歴史的発展の跡を記述するべきであるという。この点、ジョンソンも、彼の「英語辞書の計画」で、「日常生活によく用いられる単語について、複数の意味を挙げると共に、最初に、もっとも古い意味を記述すべきである」と次のよう述べている。

> In explaining the general and popular language, it seems necessary to sort the several senses of each word, and to exhibit first its natural and primitive signification, (...)
> (Johnson, *THE PLAN OF A DICTIOANRY OF THE ENGLISH LANGUAGE*, 1747, p. 22)

しかし、リチャードソンは、ジョンソンがこの主張を、彼の辞書で実践していないとして、ジョンソンの辞書の arrive の項を例に挙げて批判している。まず、ジョンソンの辞書の arrive の項。

> To ARRI'VE. *v. n.* [*arriver*, Fr. to come on shore.]
> 1. To come to any place by water.
>   ドライデンから1例
> 2. To reach any place by travelling.
>   1例（作家名なし）
> 3. To reach any point.
>   ジョン・ロックから1例
> 4. To gain any thing.
>   テイラー、アディソンから各1例
> 5. The thing at which we *arrive* is always supposed to be good.
> 6. To happen; with *to* before the person. This sense seems not proper.
>   ウォラーから1例
>
> (Johnson, *A Dictionary of the English Language*, arrive)

この記述に対して、第1に、ジョンソンは、本来語には語源を挙げ、外来語には派生語を挙げると「計画」では述べているのに、フランス語 arriver の派生語

を挙げていない。第 2 に、「計画」では、まず、原初の意味を挙げ、次いで必然的に生じる意味を挙げる、としているが、ジョンソンの定義の 1 から 2 へは必然的な意味の展開とはいえない等、リチャードソンの批判は 4 項目にわたる(PREFACE, SECTION Ⅰ)。ちなみに、リチャードソンの arrive の項は以下のようになっている。

> ARRI'VE,
> ARRI'VAL,
> ARRI'VANCE. } Fr. *Arriver*; It. *Arrivare*; Sp. *Arribar*; Mid. Lat. *Adripare*; that is, Ad *ripam* appelere, to come to a bank, or shore, venire *alla riva*. The Low Lat. has also *Ad-littare, ad-littus*, appellere. Our old authors write *rive, arrive*.
> To come to shore, to sail to; generally to come to, to reach, to attain.
> Aboute Southamptō he *a ryuede* ich vnderstonde.
> R. *Gloucester*, p. 62.

(以下、チョーサー、ガワー、ミルトン、ドライデン等総計 15 例)

(Richardson, *A New Dict. of the Eng. Lang.*, arrive)

語源、ME の異綴り字への言及はあるが、語義はジョンソンの精緻な分類に比べるといささか大雑把であり、意味変化の展開を筋道立てて説明すべきであるという主張のわりには簡単すぎる。リチャードソンの語源解説は、歴史比較言語学が発展する以前の、思弁文法の域を出ていないうえに、英語の語源としては、14 世紀が上限では不十分であるが、辞書編纂に歴史主義をより意識的なものにし、*OED* への道を開いた点は評価すべきである。

19. シェリダン (Thomas Sheridan)、*A Genral Dictionary of the English Language* (1780)

ボズウエルの『ジョンソン伝』(J. Boswell, *Life of Johnson*, 1772 年 3 月 27 日) によると、ボズウエルの「発音を確認するための辞書があると便利でしょうね。」という発言に対し、ジョンソンは「言語は記号によるよりも耳から習得する方が格段に易しく習得できる」と答えた。また、ボズウエルが「シェリダンは辞書に発音欄を設けるといっている」というと、ジョンソンは「辞書を肌身離さず持ち

歩くことはできないから、いざ発音を知りたいときには役に立たない。大体アイルランド人であるシェリダンに発音を決定するどんな資格があるのか。上院議員の中で最善の雄弁家であるチェスターフィールド卿は、great は state と脚韻を踏むべきだと僕に語ったのに反し、下院での最善の雄弁家であるウィリアム・ヤング卿は、僕に、great は seat と脚韻を踏むべきであるといい、great を grate と発音するのはアイルランド人だけだ、といった。」という主旨の意見を述べている。当時、大母音推移の大体の趨勢は固まっていたとはいえ、まだまだイングランド全体に標準的な発音は確定していなかったという意味では、ジョンソンの判断は適切であったといえよう。ジョンソンの辞書には、アクセントは付けてあるが、発音の指示はなかったので、発音を重点的に扱った辞書で重要なのが 2 種類出版された。シェリダンとウォーカーである。シェリダンの辞書が発音を看板にしていることはそのタイトル頁に明らかである（下記参照）。

　タイトルページのアイルランドの篤志家への献辞 (DEDICATED TO THE VOLUNTEERS OF IRELAND) に加えて、すぐ次の頁にはかなり煽情的なアイルランドの民族意識高揚を意図した文章がある (TO THE LORDS AND GENTLEMEN OF THE VOLUNTEER ASSOCIATIONS OF *IRELAND*)。次いで、約 1,700 人に及ぶ予約購読者の一覧表 (SUBSCRIBERS NAMES)、序文 (PREFACE)、そして主に発音法を述べた文法 (A RHETORICAL GRAMMAR OF THE ENGLISH LANGUAGE) が 56 頁続く。アイルランド人であるシェリダンの編集した辞書に厳しい批判が集中したのは、発音の記述がアイルランド方言風という内容もさることながら、タイトルページのアイルランド人への献辞、巻頭の愛国心に満ちた文章が反発を買ったのではないかと考えられる。そこで、シェリダンは 1789 年に改訂第 2 版を出版した。版型が 13 x 21.5 cm から 22 x 27 cm と倍になり、2 段組から 3 段組になったが、語彙数はそれほど増えていない。巻頭にはシェリダンの肖像画が付けられ、タイトルも、

A COMPLETE DICTIONARY OF THE ENGLISH LANGUAGE, Both with regard to SOUND and MEANING. One main Object of which is, to establish a plain and permanent STANDARD of PRONUNCIATION. TO WHICH IS PREFIXED A PROSODIAL GRAMMAR.

（1789 年版）

に変えた。そして、前付きも、PREFACE, 母音、子音の発音法、音節の解説、調音法等を主に扱った A PROSODIAL GRAMMAR OF THE ENGLISH LANGUAGE という構成になった。もっとも目立った変更は、アイルランド人への献辞と民族意識高揚を意図した煽情的な文章が完全に削除されたことである。

記述例。

WIND, wi̋nd or wínd´.s. A stronger motion of the air; direction of the blast from a particular point; breath, power or act of respiration; breath modulated by an instrument; air impregnated with scent; flatulence, windiness; any thing insignificant or light as wind; Down the Wind, to decay; To take or have the Wind, to have the upper hand.

(Sheridan, *Wind*, 初版も再版も同じ記述)

母音の上の数字は、巻頭に発音記号案内がある。

Scheme of the Vowels.

	First.	Second.	Third.
a	hat¹	hate²	hall³.
e	bet¹	bear²	beer³.
i	fit¹	fight²	field³.
o	not¹	note²	noose³.
u	but¹	bush²	blue³.
y	love-ly¹	lye².	

(初版、p. xiv, 再版、p. ix)

見出し語の母音の発音法を知るにはこの一覧表を見ればよい。wind の場合、wi̋nd or wínd´ とあるから、[waind] もしくは [wind] である。

20. ウォーカー（John Walker）、
A Critical Pronouncing Dictionary (1791)

　シェリダンが見出し語にアクセント符号を付け、母音の発音を記号で示したのに対し、ウォーカーは、各単語の発音について極めて詳細な説明を付けた。例えば、drama の語義の説明は、1 頁 3 段組のうち 1 段 3 行、22 字しかないのに、発音の説明は 82 行約 770 字を占める。drama のある段の全行数が 85 行しかないから、この頁の半分は drama の発音のために費やされている。

　シェリダンと同じく wind を取り上げて比較してみる。

WIND, wi′nd or wind.s. A strong motion of the air; direction of the balst from a particular point; breath, power or act of respiration; breath modulated by an instrument; air impregnated with scent; flatulence, windiness; any thing insignificant or light as Wind; Down the Wind, to decay; To take or have the Wind, to have the upper hand.

☞ These two modes of pronunciation have been long contending for superiority, till at last the former seems to have gained a complete victory, except in the territories of rhyme. Here the poets claim a privilege, and readers seem willing to grant it them, by pronouncing this word, when it ends a verse, so as to rhyme with the word it is coupled with:

　"For as in bodies, thus in souls we find,"

　"What wants in blood and spirits, fill'd with *wind*."

（以下、66 行にわたる解説はほとんど、1 頁 3 段組の右側 1 段全部を占める）

　　　　　　　　　　　（Walker, *A Critical Pronouncing Dictionary*, 1791 年版）

　まず驚かされるのは、語義がシェリダンと全く同じであることである。シェリダンの字句のうち stronger が strong になっている他は、一字一句同じである。念のために、すぐ近くの名詞 will をみると完全に一字一句違わないことがわかる。更に、調べると、二人ともジョンソンの定義をほとんどそっくりそのまま借用していることがわかる。「ほとんど」という意味は、ジョンソンの辞書では、wind は項目 1 から 8 までが定義で、項目 9、10 はそれぞれ熟語 down the wind, to take or have the wind の説明になっている。ジョンソンの定義のうちもっとも長い項目1を縮小し、あとは2から10までを区分しないで、例文も省いてまとめたということである。その作業をシェリダンがして、それをウォーカーがそっくりそのまま借用したのである。シェリダンがアイルランドなまりであるという理由で、ウォーカーの方が評価が高いという印象があるが、シェリダンに対する批判・非難は多分に民族意識への反発が原因であると思われる。

　ジョンソンの辞書に、リチャードソンの歴史主義、それにシェリダン、ウォーカーの発音解説を加えて、ここに *OED* への布石が完成した。

第7章

コードリ (R. Cawdrey, *A Table Alphabeticall*, 1604) 再考

0. はじめに

　本論は、英語史上初めての国語辞書、すなわち「英語を英語で説明した初めての辞書」と考えられているコードリの辞書 (R. Cawdrey, *A Table Alphabeticall*, 1604) を見直し、再評価することを目的とする。そのために「コードリにとっての過去（先行する語学書類、辞書類）、同時代（シェイクスピアの語彙）、未来（後続する難解語辞書類と現代の辞書）」という歴史的視点で考える[*] (p. 112)。具体的には、第一に、コードリ以前の語学学習書のグロッサリー、ラテン語辞書との比較、第二に、コードリと同時代のシェイクスピアの語彙を収録した Schmidt, *Shakespeare-Lexicon* との比較 (p. 113, 注1)、第三に、コードリ以降の難解語辞書、そして現代の学習英英辞書である *Oxford Advanced Learner's Dictionary*（1974、以下 *OALD*）との比較いう3つの視点から考察する。

1. コードリと先行する語学学習書のグロッサリーとの比較

　英語を英語で説明した辞書が必要であるというマルカスター (R. Mulcaster, *The first part of the elementarie* ... , 1582) の要請に応えて、語学学習書の一部としてのグロッサリーから独立した、初めての英語辞書として編纂出版されたのが、ロバート・コードリ (Robert Cawdrey) であった。

　16世紀末までにラテン語辞書、フランス語辞書が大いに発展したのは、イギリスに大陸から異民族が間断なくやってきたというブリテン島の歴史、更にはルネッサンスの影響でラテン語、フランス語が OE 期以来絶え間なく流入し続けた

ためである。特に、フランス語辞書が発展したのはノルマン・コンクェストの大きな影響のためである。外国語辞書が顕著に発展し続けるうちに英語辞書編纂への機運が高まってきていた。外国語＝英語辞書から英語を英語で説明した辞書へと発展することは英語辞書誕生へのひとつの大きな契機であるが、さらに、英語そのものへの意識の高まりも見逃すことができない。英語辞書編纂へ導いた、自国語としての英語への意識の高まりの要因は次のようなことが考えられる。まず、外国語と比べた場合、英語の綴り字の余りな不規則性をなんとかしなくてはいけないという気運。第2には、ラテン語、フランス語の言語としての優越性を熟知している学者達が抱いていた、はたして英語という言語が書き言葉として成立しうるのかという懸念に由来する英語への関心。第3には、伝統的に必修教科の地位を保ってきたラテン語が実用的ではないという理由で、小学校、ついでグラマースクールに実用的な英語が教科として取り入れられ、教科としての、正確な英語を学習する必要が生じたこと。第4に、商業取り引きの必要から、スペイン語、イタリア語、フランス語と英語の辞書が出版されたことから生じた自国語への関心。そして、第5に、英語本来語ではなく、ヨーロッパ大陸の諸言語からの無数の、難しい借用語の流入。このような気運のもと、マルカスター、クート（E. Coote, *The English School Maister*, 1596, 約1,500語）により英語辞書編纂への素地が準備され、ともかくも、初めて英語を英語で説明した独立した形態の辞書が出版された。それがコードリの *A Table Alphabeticall* (1604) である。

ラテン語辞書、フランス語辞書が相当に大部になっていたので、八つ折り版 (8vo) で、120頁、総語彙数約2,500〜3,000のコードリの辞書は随分と小さく感じられる。ラテン語辞書が、OE期の行間注釈、語彙集に始まって以来、長い年月をかけ、伝統を積み重ね、編纂技術も発展し、徐々に語彙数を増してきた末にやっとトーマス・トーマス（Thomas Thomas, *Dictionarium Linguae Latinae et Anglicanae*, 1587, 約3万7千語）、クーパー（Thomas Cooper, *Thesaurus Linguae Romanae & Britannicae*, 1565, 約3万語）の辞書に至ったのと同じ経過を英語辞書が辿ったと考えれば、一番最初の英語辞書であるコードリの辞書が、OE期のラテン語語彙集と同じ程度であるとしても無理のないことである。以後、英語辞書はラテン語辞書編纂の技術を受け継いで発展してゆく。

コードリの辞書のタイトルページは以下のようになっている。

A Table Alphabeticall, conteyning and teaching the true vvriting, and vnderstanding of hard vsuall English wordes, borrowed from the Hebrew, Greek, Latine, or French. &c. With the interpretation thereof by plaine English words, gathered for the benefit & heple of Ladies, Gentlewomen, or any other vnskilfull persons. Whereby they may the more easilie and better vunderstand many hard English wordes, vvhich they shall heare or read in Scriptures, Sermons or, elswhere, and also be made able to vse the same aptly themselues. AT LONDON (...) 1604.

このタイトル頁に見られる、「ヘブライ語、ギリシア語、ラテン語、フランス語、から借用された外来語で、日常使用される難解語 (hard vsuall English wordes)」を「易しい英語で解釈する」という方針はコードリ以降の難解語辞書の伝統となり、この種の辞書を「難解語辞書」と呼ぶ。「貴婦人」のためというのは、当時の教育制度では教育を受けられなかった婦女子のためということであり、この宣伝文句も難解語辞書のうたい文句となった。しかし、このタイトルページにも先行する語学学習書の影響が色濃く見出される。例えば、クートのフランス語学習書のタイトルページを比べてみれば、クートがコードリに与えた影響の大きさは明らかである。

THE ENGLISH SCHOOLE MAISTER, (...) And further also teacheth a direct course, how any vnskilfull *person may easily both vnderstand any hard english words, which they* shall in the Scriptures, Sermons, or elsewhere heare or reade: (...)

(Coote, *The English Schoole Maister*, 1596)

「語学未熟者が英語の難解語をやさしく理解するため (any vnskilfull person may easily both vnderstand any hard english words, ...)」、といううたい文句からもコードリがクートの影響下にあったことは事実である。コードリの語彙数約 2,500 のうち 50％はクートの語彙集からそのまま借用し、40％はトーマスのラテン語辞書から借用した (Starnes & Noyse, 1946, 1991^2, pp. 15–6)。試みに、クートの語彙集の A の項目の中でギリシア語を語源とする単語とコードリの辞書の A の項

目の中でギリシア語を語源とする単語とを比べて、両者の語義記述の様子を見てみる。

Coote	Cawdrey
agonie g. heauie passion.	agonie, (gr) heauie passion, anguish, griefe
allegorie g. similitude.	allegorie, (gr) similitude, a misticall speech, more then the bare letter
alpha g. the first Gréeke letter	alpha, (gr) the first Gréeke letter
alphabet g. order of letters	alphabet, (g) order of letters in the crossrow.
anatomie g. cutting vp.	anatomie, (g) cutting vp of the body.
anathema g. accursed.	anathema, (g) accursed or giuen ouer to the deuill.
antichrist against Christ.	antichrist, (g) against, or contrarie to Christ.
aphorisme generalle rule.	aphorisme, (g) generall rule in phisick
apocalype reuelation	apocalipse, (g) reuelation
apostate g. a backeslider	apostotate, (g) a backeslider.

　コードリはクートの定義をそのまま借用して済ましている場合もある（例、alpha）が、多くは類義語を追加している（例、allegorie）。また、クートの語彙集は、教義問答、祈祷書、文法の用語が中心であり、いささかかたよっていたので、その点はコードリが補充している（例、agonie）。単純に表現すれば、コードリは、クートから50％を借用し、トーマスから40％を借用して、融合・拡大して自分の辞書を編纂したといえよう。

　要するに、コードリは、先行する語学学習書とそのグロッサリーを従来の習慣に従って十分に活用して自分の語彙集を編纂した。その意味では、コードリの内容は従来の語学学習書の一部をなすグロッサリーの域を出ていない。

　コードリの辞書は4版を重ね、第3版ではタイトルに"much inlarged"の文字が加えられ、最後の第4版（1617）はその前年に出版されたブロカー（John Bullokar）の *An English Expositor* の書名を真似て *A Table Alphabeticall, or the English Expositor* となった。

2. コードリの辞書に収録されたギリシア語の意味

 16世紀半ば過ぎると、ルネッサンスの運動の影響が行き渡り、ラテン語、フランス語はもとより、ギリシア語もそれ程違和感なく英語に導入されるようになってきた。そこで、17世紀初めに出版されたコードリの *Table* にどの程度のギリシア借用語が収録されているのか、収録されているギリシア借用語の特色はなにか、また、コードリに収録されているギリシア借用語がその後の英語辞書ではどのように扱われているのかを検討することにより、コードリの辞書における外来語の特色を検討し、コードリの辞書の性格を明らかにする。

 Table に収録されているギリシア借用語（g, gr で示されている）の総数は214語で、アルファベット順の収録語彙数は以下のようである。

A-32	B-4	C-25	D-13	E-24	G-6
H-13	I-3	L-2	M-23	N-3	O-7
P-33	R-3	S-14	T-8	Z-1	

総計 214語

 これらのギリシア借用語は、17世紀の当時は難解語であった。しかし、今日では日常用語となっている語が多い。IとLの項に収録してある語すべてを例に取ってみる（5語）。

Idiome, (g)	a proper forme or speech:
idiot, (g)	vnlearned, a foole
ironie, (g)	a mocking speech
lethargie, (g) (k)	a drowsie and forgetfull disease.
logicall, (g)	belonging to reason

【(k) は a kinf of を示す。idome は I の項目の最初の語であるから語頭が大文字になっている】

 これらの5語は、基本語彙5万6千語を収録し、学習辞書とみなされている *LDCE* (*The Longman Dictionary of Contemporary English*, 1987) にも収録されてい

ることからもわかるように、いずれも我々にとってなじみのある語である。しかし、当時は、難解なギリシア語という印象を与えたことであろう。今日でも、事態に大差ない。なじみがあり、日常生活上、必要に応じて使用する単語であるが、英語らしくない難しい外国語であるという印象に変わりはない。

　コードリの辞書に収録された語彙がギリシア語からの難解な語彙にもかかわらず、現在までも日常的に用いられている理由は、外国語とはいえ当時すでに日常的に用いられていた語だからである。その証拠に、当時広く普及していたクートに代表される学習書の語彙集やトーマスを代表とするラテン語＝英語辞書に繰り返し掲載されている語がほとんどである。そして、コードリ以降の辞書にも引き続き掲載され続けるのである。コードリがその辞書編纂に際して収録しようと意図した語は、当時すでに日常的に用いられていた語である。そのことはコードリの辞書のタイトルページを見ればわかる。

> A Table Alphabeticall, conteyning and teaching the true vvriting, and vnderstanding of hard vsuall English wordes, borrowed from the Hebrew, Greeke, Latine, or French. &c.
>
> 　With the interpretation thereof by plaine English words, gathered for the benefit & helpe of Ladies, Gentlewomen, or any other vnskilfull persons (...)
>
> 　　　　　　　　　　　　　　　　　　　（Cawdrey, 1604, タイトル頁）

この文句の中で、「日常生活に使われる難解な英語 (hard vsuall English wordes)」、つまり、「難解ではあるが英語になっている語」という表現には注意を要する。コードリの意図は、あくまでも日常生活に用いられ (vsuall)、英語に組み入れられている単語 (English wordes) を収録し、外国語を全く知らない人たち (vnskilfull persons)、上流階級といえども教育を受けられなかった婦人達の便宜を考えていたのである。コードリのタイトルページにあるこれらの文句は文字通りに受け取るべきであり、その意図と努力の成果は辞書本体に十分反映されていると評価することができる。また、コードリの「序文」も、彼の意図を反映してきわめてやさしい文章で書かれている。

> By this Table (right Honourable & Worshipfull) strangers that blame our

tongue of difficultie, and vncertaintie may heereby plainly see, & better vnderstand those things, which they haue thought hard. (...)

(Cawdrey, 1604, タイトル頁から3頁目)

コードリ以降の難解語辞書は、コードリの意図とは逆に、争って難しい外来語を数多く収録するようになり辞書は肥大化の一途を辿り、一般の人々には縁遠くなっていった。掲載された語も、難解語が多くなっていった。「序文」も辞書の内容に比例して難解になっている。例えば、コケラム (H. Cockram, *The English Dictionarie or An Interpreter of Hard English Words*, 1623) の辞書のタイトル頁からは、usual という文字が消え、「序文」も難解語が増えている。

Part of every desertful birth, (Right Honourable) in any man his Country may challenge, his Soueraigne a part, his Parents a part, and his freinds another. As I cannot be vsefull in euery respect to each of those, so I will strive to express at least a will, if not a perfection in ability to all.

(H. Cocekram, 1623, 序文)

最初の辞書コードリと2番目以降の辞書、ブロカー、コケラムとはどういう違いがあるのか。
　実は、辞書というものに関する認識がまったく異なるのである。コードリの辞書は、伝統的な語学学習書の一部をなしていたグロッサリーを何らかの都合でたまたま独立したブックフォームに仕立てたにすぎないと考えられる。何らかの都合というのは、例えば、パルズグレイブ (Palsgrave, *Lesclarcissement de la langue françoyse*, 1530) に見られるように、文法の部分、会話の部分、グロッサリーの部分それぞれが分量を増やし続けて語学学習書が徐々に大きく大部となり、製本・印刷も手間暇がかかり、読者にとっても扱いにくくなったので分冊にしたという事情が考えられる。
　辞書というのは外国語を説明したものであって、英語を英語で説明したものは語学学習書についている単語集（グロッサリー）である、いうのが当時の認識であった。というより、両者はまったく別の範疇に属していたのである。現在のわれわれが、日本語の国語辞書と英語関係の辞書とを、形は似ているがまったく

別物と認識し、編者も出版社も、出版形態もまったく異なるのと同じような状況であった考えればいいだろう。従って、コードリには「この書物は辞書である」という認識はまったくなかった。まして「この書物が英語史上初めての英語辞書になる」という認識はまったくなかった。つまり、コードリ以前の辞書のパラダイムには「辞書というのは外国語辞書」であり、「英語を英語で説明した (monolingual) 辞書」という概念はなかった。従って、辞書編纂学として考えた場合、コードリが後世へ与えた影響は辞書そのものの実質的部分ではなく、むしろ、コードリ自身意識していなかったが、それまでに存在しなかった「語学学習書から独立した形態を持った英語を英語で説明した単一言語辞書 (monolingual)」という範疇を誕生させたことが英語辞書史上重要なのである。

　コードリ以前には存在しなかった、独立した形態の英語辞書の出現により、初めて「英語を英語で説明する書物が辞書としてありうる」と認識されたことが、1616年出版のブロカーと1623に出版されたコケラムの辞書の書名に見出すことができる。すなわち、ブロカーの辞書からはコードリの辞書のタイトルにあった「日常使われる (usual)」という語が消え、hard が hardest に変えられている (J. Bullokar, *An Expositor: teaching the interpretation of the hardest words used in our language, ...* , 1616)。さらにコケラムでは、Dictionarie という語が英語辞書に初めて冠せられ、語学学習書から脱皮し、独立したことが明確に意志表示されている (*The English Dictionarie: or, an Interpreter of hard English Words*, 1623) (p. 113 注2)。

　初心者用の語学学習語につけられたグロッサリーであれば、どのグロッサリーも似たようなやさしい語を繰り返し収録するだけであるが、一旦「辞書」として認識されると難解な語を説明するという明確な意図が生じる。コードリの辞書に掲載された語は、もともと語学学習書のグロッサリーと同じ性格であるために、外来語とはいえ日常基本語に溶け込んでいた語のみが収録されているのに反し、ブロカー、コケラム以降の辞書が難解語辞書として急成長してゆく理由はここにある。従って、コードリを難解語辞書としてみると、そこに収録されている語を現在のわれわれにとっては比較的基本的語彙なのにといぶかしく思うのも当然である。コードリに掲載されている「難解語」が現代までに英語の日常語になったのではなく、コードリの時代までにすでにある程度日常生活で用いられるようになっていた外来語を語学学習書の伝統に従ってコードリが収録したのである。コ

ードリが難解語として収録した語が現在までに日常語になったと考えると、コードリの先見の明はきわめて卓抜であったことになるが、コードリに収録された語彙を、先行する外来語辞書、語学学習書、シェイクスピアが用いた語、OALDに収録されている語と比較検討すると、コードリの辞書が難解語辞書ではなく、語学学習書に繰り返し収録されていた外来語で、すでに英語に浸透していた語を収録していることがわかる。

3. コードリとOALD掲載の語彙の比較

コードリの辞書に掲載されている単語と 50,000 語を収録している現代の学習辞書 Oxford Advanced Learner's Dictionary of Current English (OALD, 1974³) を比較することで、コードリの辞書の性格を明らかにする。特に、コードリは意味を簡明に、かなり幅広く記して意味解釈には柔軟に対応している。コードリに用いられている記号は、§ = フランス語起源, (g), (gr) = ギリシア語起源, (k) は kind of の短縮記号（本稿では省略）。Schmidtは参考のために補充。なお、OED, Schmidt, OALDからの引用は関連する部分のみである。形態変化、意味変化についての要点のみ記述。

1. §abandon

Cawdrey	cast away, or yelde up, to leave, or forsake.
Schmidt	1) to leave.
	2) to desert, to forsake.
	3) to give up, to renounce.
OALD	*vt* 1 go away from, not intending to return to; forsake.
	2 give up
OED	*v* I. To give up absolutely.
	2. To give up the control or discretion of another; to leave to his disposal or mercy; to yield, cede, or surrender absolutely a thing *to* a person or agent. *c*1386~1849
	†**3.** To sacrifice, devote, surrender. *Obs.* c 1450~1718
	4. *refl.* To give oneself up without resistance, to yield oneself unrestrainedly —as to the mastery of a passion or unreasoning impulse. 1564~1879

7. To let go, give up, renounce, leave off (a possession, habit, practice, pursuit); to cease to hold, use, or practise. 1393~1879

8. To forsake, leave, or dessert (a place, person, or cause); to leave without one's presence, help, or support. 1490~1879

III. To let loose.

IV. To banish.

†**11**. To put to the ban, interdict, proscribe, banish: *fig.* to expel, cast out, reject. *Obs.* 1548~1660

3冊の辞書で「あきらめる、その場から立ち去る」という意味が共通する。

2. abash

Cawdrey	blush.
Schmidt	**Abashed**, made ashamed
OALD	*vt* cause to feel self-conscious or embarrassed.
OED	*v.* **1**. To destroy the self-possession or confidence of (any one), to put out of countenance, confound, discomfit, or check with a sudden consciousness of shame, presumption, error, or the like. 　　**a.** *active.* 　　**b.** *refl.* 　　**c.** Most common in the *passive*: to be, stand, or feel abashed; at an occasion, *of* (*obs.*), *by* a cause. c 1325~1876

どの辞書にも掲載されている定義は「恥ずかしい」で共通する。

3. abba

Cawdrey	father.
Schmidt	記載なし
OALD	記載なし
OED	[An Aramaic word, Chal. *abbâ*, Syr. *abbâ* or *abbô*, the father, or O father.] Being retained in the Greek text of the N.T., and the versions, along with its transl. *father*, the combination, *Abba, father* is used by writers as a title of invocation to the first person of the Trinity. Also a title given in the Syriac and Coptic churches to bishops, and by bishops to the patriarch: father, religious superior.

1382~1719

Schmidt, *OALD* には、abbot (the governess of a nunnery) の記載はあるが abba はない。

4. §abbesse

Cawdrey	abbatesse, mistris of a nunnerie, comforters of others.
Schmidt	the governess of a nunnery .
OALD	**abbess** *n* woman (Mother Superior) at the head of a convent or nunnery
OED	**abbess a**. The female superior of a nunnery convent of women, having the same authority over nuns that an abbot has over monks. 1297~1859

意味変化なし。

5. §abettors

Cawdrey	counselors.
Schmidt	instigator.
OALD	**abet** *vt* [VP6A,14] (legal) help (sb) (in doing wrong); encourage (vice, crime)
OED	1. *Law* and *gen*. One who abets, instigates, or encourages to thecommitting of any offence. 1514~1856
	2. *gen*. One who encourages, countenances, or supports another in any proceeding; one who supports or advocates an opinion or principle; a supporter, adherent, advocate. (Prob. Never now used in a distinctly *good* sense, as in 17th c.) 1580~1855

コードリと Schmidt, *OALD* では異なる意味が記載されている。*OED* にはその両方の定義と取れるものが書かれており、さらにコードリが定義した counselor といういい意味では、現代においては使用されていないと書かれている。よって、これら二つの意味は同時期に共存していたことになるが、コードリの *Table* の定義は *Table* 以前の Coote, Thomas の定義の影響を強く受けていることを考えると、Schmidt の方が当時使われていた意味に近いものを記載していると考えることができる。

6. aberration

Cawdrey	a going astray, or wandering.
OALD	*n* **1** (usu fig) straying away from the right path, from what is normal.
	2 instance of this; defect
OED	3. A wandering from the path of rectitude, or standard of morality; moral irregularity. 1594~1869

Schmidt に記載なし。基本的な意味は変わっていないが、現代では若干意味が広がっている。コードリの辞書の時代から使われている意味は、現代においても使われていることが OED よりわかる。また、コードリは大枠の意味を示している。

7. abbreviate, §abbridge

Cawdrey	to shorten, or make short.
Schmidt	**Abbreviate**, to abridge, to reduce to a smaller form (used only by Holophernes)
	Abridge 1) to shorten (used of time) 2) With *from*, to cut off from, to curtail of
OALD	**abbreviate** *vt* shorten (a word, title, etc.)
	abridge *vt* make shorter, esp by using fewer words → abbreviate
OED	**abbreviate**
	3. *trans.* To shorten by cutting off a part; to cut short. **a.** Of time. *arch.* 1529~1646 **b.** Of any operation occupying time. 1494~1865 **c.** Of things material; mostly *fig. arch.* 1552~1661 **d.** Of words spoken or written, or symbols of any kind: To contract, so that a part stands for the whole. The common *mod. use.* 1588~1880
	abridge 1. To shorten; to make shorter, to cut short in its duration, to lessen the duration of. Originally of time, or things occupying time. 1340~1834
	2. **a.** To make shorter in words, whilst retaining the sense and substance; to condense, epitomize. 1393~1863
	4. To cut off, cut short; to reduce to a small size. Now *rare* of things material. c1420~1822
	5. To curtail, to lessen, to diminish (rights, privileges, advantages, or authority). 1393~1853
	6. With a person:—Const. of, rarely from, in. To stint, to curtail in; to deprive of; to debar from. 1303~1839

大きな意味変化はないが、当然のことながら現代に近づくにつれて単語の用途が広がっている。

8. §abbut

Cawdrey	to lie unto, or border upon, as one lands end meets with another .
Schmidt	**Abut**, to be contiguous, to meet
OALD	**abut** *vi* [VA3A] ~ on, (of land) have a common boundary with; border on.

全ての辞書を通して「境目、境界」という意味は一貫してある。

9. abecedarie

Cawdrey	the order of the Letters, or hee that vseth them.
Schmidt	**ABC**, the alphabet
OALD	**ABC** *n* **1** the letters A to Z of the (Roman) alphabet. **2** simplest facts of a subject, to be learnt first.
OED	**abecedary** A. *adj*. **1**. Of or according to the alphabet; alphabetic; marked with the alphabet; arranged in alphabetical order. 1580~1803

ラテン語借用。意味変化なし。

10. aberration

Cawdrey	a going astray, or wandering.
OALD	*n* **1** (usu fig) straying away from the right path, from what is normal. **2** instance of this; defect
OED	**3**. A wandering from the path of rectitude, or standard of morality; moral irregularity. 1594~1869

上にも aberration がある。同単語、同意味。Schmidt に掲載なし。

　以下、コードリに掲載されたすべての語彙を調査してあるが本稿では紙幅の関係で A の項目のみを挙げる。○印は、Schmidt の *Shakespeare Lexicon*、OALD に掲載されている語。×印は掲載されていない語。△印は、形態・意味が多少異なるが同じ語と認められる語。

	Cawdrey	Schmidt	OALD	備考
1	abandon	○	○	
2	abash	○	○	
3	abba	○	○	
4	§abbesse	○	○	
5	§abbesse	○	○	
6	aberration	×	○	
7	abbreviat,	○	○	
8	§abbridge	○	○	
9	§abbut	○	○	
10	abecedarie	○	○	
11	aberration	×	○	
12	§abet	○	○	
13	abdicate	×	○	
14	abhorre	○	○	
15	abiect	○	○	
16	abiure	○	○	
17	abolish,	×	○	
18	abolited	×	×	
19	§abortiue	○	○	
20	abricot	○	○	
21	abrogate	○	○	
22	abruptly	○	○	
23	absolue	×	×	
24	absolute	○	○	
25	absolution	○	○	
26	abstract	○	○	
27	absurd	○	○	
28	academie	○	○	
29	academicke	×	○	
30	accent	○	○	
30	accept	○	○	
31	§acceptace	○	○	
32	accesse	○	○	

33	§accessarie	○	○	
34	accessorie	○	○	
35	accident	○	○	
36	accidentall	○	○	
37	accomodate	○	○	
38	§accomplish	○	○	
39	accommodating	×	○	
40	§account	○	○	
41	§accord	○	○	
42	accurate	×	○	
43	§accrew	○	○	
44	acertaine	×	○	
45	acetositie	×	×	
46	§achieeue	○	○	
47	§acquitall	△	○	
48	acquisition	○	○	
49	§action	○	○	
50	actiue	○	○	
51	actuall	○	○	
52	acute	○	○	
53	adage	○	○	
54	adamantine	○	○	*adamant* として掲載
55	addict	○	○	
56	adhaerent	△	○	Schmidt は *adhere* のみ
57	§adiew	○	○	
58	§addresse	○	○	
59	adiacint	○	○	
60	adiunct	○	○	
61	§adiourne	○	○	
62	adiure	×	○	
63	administer	○	○	
64	administrator	△	○	
65	admire	○	○	
66	admiration	○	○	
67	§admirall	○	○	

68	admission	○	○	
69	adopt	○	○	
70	§adore	○	○	
71	adorne	○	○	
72	§aduaunce	○	○	
73	aduent	×	○	
74	aduerse	○	○	
75	§aduertise	○	○	
76	adulation	○	○	
77	adulterate	○	○	
78	aduocate	○	○	
79	§aduousion	×	×	
80	adustion	×	×	
81	affable	○	○	
82	§affaires	×	○	
83	§affect	○	○	
84	affected	○	○	
85	affinitie	○	○	
86	affirme	○	○	
87	§affiance	○	○	
88	§affianced	○	○	
89	§affranchise	×	×	
90	agent	○	○	
91	aggrauate	○	○	
92	agilitie	×	○	*agitity*
93	agglutinate	×	○	
94	agnition	×	×	1569–1775 (*OED*)
95	agitate	○	○	
96	agonie(g)	○	○	
97	§aigre	○	○	*eager*, 15–16c の綴り、16c 以降 *eager*
98	akecorne	○	○	Schmidt, *acorn*; ake- は 16–17c の綴り
99	alacritie	×	×	
100	alablaster	○	○	
101	alarum	○	○	
102	alchimie	○	○	

103	§alien	○	○	
104	§alienate	×	○	
105	all haile	○	○	all hail
106	alledge	○	○	
107	allegation	○	○	
108	allegorie(gr)	×	○	
109	§allegiance	○	○	
110	allienate	×	×	
111	§alliance	×	○	
112	allusion	○	○	
113	allude	×	○	
114	aliment	×	○	
115	alpha(gr)	×	○	
116	alphabet(g)	○	○	
117	altercation	×	○	
118	altitude	○	○	
119	amaritude	×	×	
120	ambage	×	×	
121	§ambassadour	○	○	
122	ambition	○	○	
123	ambodexter	×	×	*OED*, *ambidexter* (1532-1809); *OALD*, *ambidexterous*
124	ambiguous	○	○	
125	§ambushment	×	×	Schmidt, *OALD*, *ambush*
126	§amerce	○	×	
127	amercement	×	×	
128	amiable	○	○	
129	amitie	○	○	
130	amorous	○	○	
131	§amorte	○	○	
132	amplifie	○	○	
133	analogie(gr)	×	○	
134	analisis(gr)	×	○	
135	anarchie(gr)	×	○	
136	anatomie(g)	○	○	

137	anathema(g)	×	○	
138	anchove	○	○	*anchovy*
139	§angle	○	○	
140	§anguish	○	○	
141	angust	×	○	*OALD, angst*
142	animate	×	○	
143	animaduersion	×	○	
144	annalis	○	○	
145	annex	○	○	
146	annihilate	×	○	
147	anniversarie	×	○	
148	annuall	○	○	
149	anthem	○	○	
150	antecessor	×	×	
151	antichrist(g)	×	△	
152	anticipation	○	○	
153	antidote(g)	○	○	
154	§antidate	×	×	
155	antipathie(g)	○	○	
156	antiquitie	○	○	
157	anticke	○	○	
158	antithesis(g)	×	○	
159	antiquarie	○	○	
160	annotations	×	○	
161	anxitie	×	○	
162	aphorisme(g)	×	○	
163	apocalypse(g)	×	○	
164	apocrypha(g)	×	○	
165	apologie(g)	○	○	
166	apostotate(g)	×	×	
167	apostacie(g)	×	○	
168	apostle(g)	○	○	
169	Apothegme(g)	×	○	
170	apparent	○	○	
171	appall	○	○	

172	apparition	○	○	
173	§appeach	○	×	
174	§appeale	○	○	
175	§appease	○	○	
176	appendix	○	○	
177	appertinent	○	○	
178	appurtenance	×	○	
179	appetite	○	○	
180	applaude	○	○	
181	application	○	○	
182	appose	○	○	oppose の異形
183	apposition	×	○	
184	apprehension	○	○	
185	approbation	○	○	
186	appropriate	×	○	
187	approue	○	○	
188	approch	○	○	
189	apt	○	○	
190	arbiter	×	○	
191	arbitratour	○	○	arbiter, arbitratour は併置して1語扱い
192	§arbitrement	○	×	
193	arch(g)	○	○	
194	arch. angell(g)	○	○	
195	archbishop	○	○	
196	architest	○	○	
197	ardent	○	○	
198	ardencie	×	×	
199	argent	○	○	Schimidt, *argentine*
200	argue	○	○	
201	ariditie	×	○	
202	aristocraticall(g)	×	○	aristocratic
203	(g)arithmeticke(g)	○	○	arithmetic
204	arke	○	○	
205	§armorie	○	○	
206	§arrerages	○	×	

207	arrest	○	○	
208	arride	×	×	
209	§arive	○	○	
210	arival	○	○	
211	arrogate	×	○	
212	arrogant	○	○	
213	artifice	×	○	
214	artificer	○	○	
215	artificially	×	○	Schmidt, *artificial*
216	articulate	○	○	
217	artichock	×	○	
218	§artillery	○	○	
219	ascend	○	○	
220	ascent	○	○	
221	ascribe	○	○	
222	askey	×	×	
223	asquint	○	×	**askey**, *asquint* は併置して同一語扱い
224	§assay	○	○	
225	assent	○	○	
226	assertaine	×	○	
227	assentation	×	×	
228	aspect	○	○	
229	aspectable	×	×	
230	asperat	×	×	
231	asperation	×	×	
232	aspire	○	○	
233	§assault	○	○	
234	§assaile	○	○	
235	§assemble	○	×	
236	assenblie	○	○	
237	assent	○	○	
238	assertion	×	○	
239	asseveration	×	○	
240	§assiduitie	×	○	
241	assigne	○	○	

第 7 章　コードリ (R. Cawdrey, *A Table Alphabeticall*, 1604) 再考　| 109

242	assignation	×	○	
243	assimulate	×	○	
244	assistance	○	○	
245	assotiation	×	○	
246	associate	○	○	
247	§assoyle	×	×	
248	astipulation	×	×	
249	astrictive	×	×	
250	astringent	×	○	
251	astronomie(g)	○	○	
252	astrologie(g)	×	○	
253	astrolabe(g)	×	○	
264	atheist(g)	×	○	
255	atheall	×	×	
256	atheisme(g)	×	○	
257	§attach	○	○	
258	§attaint	○	×	
259	§attainder	○	○	
260	§attempt	○	○	
261	attendance	○	○	
262	attentive	○	○	
263	attenuate	×	○	
264	attest	○	○	
265	attrap	×	×	
266	attribute	○	○	
267	avarice	○	○	
268	auburne	○	○	
269	audience	○	○	
270	audacious	○	○	
271	auditor	○	○	
272	audible	○	○	
273	auer	○	○	
274	auert	○	○	
275	augment	○	○	
276	auguration	×	×	

277	§avowable	×	×	
278	§avouch	○	○	
279	auoke	×	×	
280	austere	○	○	
281	authenticall(g)	○	○	*authentic*
282	autumne	○	○	
283	axiome(g)	×	○	
284	ay	○	○	
285	azure	○	○	

この表からわかることは、コードリのAの項目に収録されている全部で285語のうち、Schmidtにも掲載されている語は190語、OALDは246語である。以下の表は残存率を示す。

辞書	Cawdrey	Schmidt	OALD
共通する語彙数	285（総語彙数）	190/285	246/285
	100%	66.67%	86.3%

この表から以下のことがわかる。第一に、コードリのAの全語彙数285のうち、現代英語の基本語彙5万語収録のOALDにおける残存率が86.3%であるのはきわめて高い残存率であるといえる。コードリの Table に掲載されている単語は、当時すでに英語に溶け込み、日常生活で頻繁に使われていた外来語であることがわかる。第二に、3冊の辞書の定義は似ているものが多い。ほとんどの単語は大きな意味変化をしていない。第三に、コードリの Table に載っている定義は簡潔で、詳細ではないが Schmidt や OALD の定義の全てを含むような記述をしていることが多い。第四に、Schmidt と OALD に収録されているかどうかを比べてみると、Schmidt はもともとは学術的な用語であるとはいえ日常生活によく用いられる語を収録していない傾向がある。例えば、academic, allegory, alpha, alteration, agglutinate, agility, accurate, analogy, analysis, anarchy, angst, animate などは OALD には収録されているが Schmidt には収録されていない。このことが Schmidt の残存率を低くしている。シェイクスピアは学術的な外来語は用い

ず、教養のない観衆にもわかる程度の外来語しか用いていない。言葉を変えると、外来語ではあるが、英語の単語とよく似た短い語形を持ち、外国語から借用されて以来長い間に英語国民の間に浸透していた本当になじみのある外来語しか用いていないといえる。シェイクスピアは、短い語形であり、かつ古い時代に借用されて英語に溶け込んでいたために、イギリスの一般民衆はそれの語を外来語と認識していなかった語彙のみを用いる傾向があると考えることができる (p. 113, 注1)。

4. 結 論

　コードリの *Table* は、その全てが外来語・借用語を扱った辞書である。従来、*Table* は序文にある "hard usual words" のうちの "hard" にのみ注目して「難解語」が掲載された「難解語辞書」とみなされてきたが、実は注目すべきは "hard usual words" の "usual" という語である。本論では、この辞書が決していわゆる難解語のみを扱った辞書ではないことを証明してきた (p. 114, 注3)。

　コードリの辞書に掲載されている単語は、同時代に活躍し、一般大衆に向けた作品を多く書いたシェイクスピアに頻繁に用いられている。このことを Schmidt の *Lexicon* と *OALD* を用いて証明してきた。一般庶民にも理解できるような単語を用いたシェイクスピアが頻用していたということは、当時の日常会話の中で一般庶民の間で頻用されていた証拠になる。また、コードリの辞書の語彙には、外国語人が第二言語習得のための現代辞書の *OALD* に重複するものも多い。つまり、コードリの辞書に掲載されている単語は、日常生活に不可欠の基本的な単語なのである。

　一般的にコードリは、難解語辞書の編纂をしたとされているが、コードリが意図していたのは、教養を受けることのできなかった人々や、初学者のためへの辞書であったのである。コードリの辞書が外国語学習の初心者や教養を受けることのできなかった人々を意図したものであったことはコードリの序文からはっきりと読みとることができる。以下の引用文は、コードリの "To the Reader" と題したまえがきの最後から二つ目の段落である。

If thou be desirous (gentle Reader) rightly and readily to vnderstand, and to profit by this Table, and such like, then thou must learne tha Alphabet, to wit, the order of the Letters as they stand, perfecty without booke, and where euery Letter standeth: as (b) neere the beginning, (n) about the middest, and (t) toward the end. Nowe if the word, which thou art desirous to finde, begin with (a) then looke in the beginning of this Table, but if with (v) looke towards the end. Againe, if thy word beginner with (ca) looke in the beginning of the letter (c) but with (cu) then looke toward the end of that letter. And so of all the rest. &c.

この文の「読者がこの *Table* を活用したいのならまずアルファベットを完全に習得しなさい。アルファベットの b で始まる語はこの辞書の始めの部分にある。また、n で始まる単語は中程にある。a で始まる語は最初の部分、v で始まる語は終わりの部分を見なさい。ca で始まる語を探すときは、c の項の初めの部分、cu で始まる語は c の終わりの方を見なさい。云々」という内容は明らかに初心者を意図して書かれており、学識者を念頭に置いた難解語辞書とはいえないだろう。

本論は、コードリの辞書の性格を見直し、再評価することを目的する。コードリの語彙と先行する語学学習書の語彙との比較、コードリの語彙とシェイクスピアの語彙との比較、コードリの語彙と *OALD* の語彙との比較検討のための作業の一環であるが方向性を示しただけでまだ試論の域を出ない。精密な分析は十分ではない。時間の制約もあり文章の推敲も不十分であるがとりあえず今後の研究へのひと区切りとする。

注

* 「第一に、コードリ以前の語学学習書、ラテン語辞書との比較、第二に、コードリと同時代のシェイクスピアの語彙を収録した Schmidt, A. *Shakespeare-Lexicon* との比較、第三に、コードリ以降の英語辞書、そして 20 世紀の学習英英辞書である *Oxford Advanced Learner's Dictionary* との比較という3つの基本的視点から考察する」という考え方は、コードリをいろいろな視点から考察し、本稿がほとんど完成した時に自然発生的に、

しかし必然的帰結として生まれた表現である。言い換えるならば、辞書の発達も歴史学のひとつであるから、辞書を、編纂方法の変遷、そこに見られる編者の意識の変容、その意味では精神史的に考察しようとする著者の視点、方法論が必然的に反映しているといえる。筆者が英語の歴史を考えるときに心がけている視点である。

(1) シェイクスピアの劇は、桟敷席で観劇する紳士階級、法律家などの専門的職業に従事する人々もいたが、観劇よりもよからぬことの方に関心のある輩も多くいた。まして、中庭で立ち見をしている一般大衆は、けんかをする、野次を飛ばす、拍手や歓声を上げる者も多くいた（藤田実「エリザベス朝の劇場と劇団」p. 180『シェイクスピアハンドブック』南雲堂、1987) そんな観客を相手に書かれたシェイクスピアの劇作品中の語彙はおおむね一般大衆が理解である語彙であるはずである。

　　従来の辞書史研究は、辞書そのものの歴史的発展という限られた視点からのみ研究されてきたようであるが、シェイクスピアが活躍していた正にその時期に出版されたコードリの辞書に収録された語彙とシェイクスピアが用いた語彙との比較は、十分研究に値すると考えられる (p. 145ff. 参照)。

(2) *OED* に引用されているコードリを逐一検討したところ、*OED* のコードリからの引用の仕方は一貫性がなく、発行年と引用文に間違いさえ見出される (p. 132ff. 参照)。このことは、第一に、*OED* の編纂を開始した頃には *OED* をジョンソンの改訂版を目的とし、今日われわれが目にするような大規模な、あるいは内容豊かな辞書にすることは視野に入れていなかった。従って、典拠となった原典の吟味が不十分であったこと。第二に、*OED* 元版編集の頃には、英語辞書学という学問分野はまだ十分研究されていなかった。例えば、英語史上の最初の辞書は John Bullokar, *An English Expositor* (1616) であると考えられており、コードリの辞書はまだ認知されていなかったことなどがあげられる（林哲郎、p. 147)。

　　1930 年にコケラムの辞書の初版（第一部のみ。1623）が復刻されている (*The English Dictioanrie of 1623 by Henry Cockeram*, with a preparatory note by C. B. Tinker, New York; Huntington Press)。

　　この復刻版巻頭の編者 Tinker による PREPARATORY NOTE の冒頭の文は以下のようになっている。

"Exactly which volume in the long history of English scholarship in to be called the first English Dictionary nobody can assert with any degree of confidence. Is it John Bullokar's English Expositour (1616) *or Minsheu's* Ductor in Linguas or Guide into Tongues (1617), *or Henry Cockeram's* English Dictionarie (1623)? " (p. vii)

　　この文章から 1930 年の時点でも英語史上最初の英語の辞書は確定していなかったことがわかる。

なお、この 1623 年の初版は第一部のみが出版された。初版のタイトル頁には 1626 年の再版（三部からなる）では削除された一文がある。

Being a Collection of the choicest words contained in the Table Alphabeticall and English Expositor, and of some thousands of words neuer published by any heretofore.

つまり、コケラムは、先行するコードリとブロカーを大いに利用していることを明らかにしている。

OED 編纂途中の 1905 年に著わされたイェスペルセンの *Growth and Structure of the English Language* (1905, 1948[9], p. 212) にはコケラム (Cockeram, *The English Dictioanrie*, 1623) への言及はあるがコードリへの言及はないのも当時は、コケラムが最初の辞書とみなされていたからと考えられる。

OED にみられるコードリからの引用文は、初版 (1604) と第 3 版 (1613) のみが用いられ、しかも引用文における両版の区別が混乱している。この点も OED が当初厳密な原典の考証をしていないことと、辞書編纂学がまだ確立していなかったことを物語っている。この点は本章の「6. OED にみられる *Table* 発行年の矛盾 (p. 132)」で論じる。

(3) 多くの辞書のタイトルページには hard という語がくりかえし使われている。この hard の意味はいわゆる「難解な」という日本語が意味することとは違うのではないか。*OALD* には "*hard words*, difficult for young learners or uneducated persons (in spelling or meaning)"「(つづり字、意味が) 年少の初学者あるいは無学の教養のない人々にとって難しい」とあって、一般的に誰にとっても難しいことを意味するのではない。

ちなみに、当時難解語と称された複数の音節からなる、長々しい難しい外来語を象徴的に表現するために「インク壺言葉 (inkhorn term)」という語が用いられることがよくある。OED は、この表現を初めて用いたパトナム (G. Puttenham) を引用して、そのように読める解釈を与えている (irrevocable, irradiation, depopulation, & such like, ...which ...were long time despised for inkehorn termes, s.v., *OED*, *inkhorn term*)。しかし、パトナムの原典を直接調べてみると、*OED* に引用されている部分の後は以下のようになっている。", and now reputed the best & most delicat【sic】of any other." (*The Arte of English Poesie*, 1589, rpt., Scolar, 1968, p.89)。また、この引用の同じ頁には以下の文章も見られる。"... the many *polysyllables* even to sixe and seuen in one word, which we at this day vse in our most ordinarie language"。つまり、パトナムのいう「インク壺言葉 (inkhorn term)」というのは「(1500 年) 以前に借用され、長い間「インク壺ことば」として軽蔑されてきたが、今では英語に溶け込んでいる洗練された語」つまり「借用語ではあるが 100 年以

上以前に借用され、16 世紀後半当時には英語に溶け込んでいる日常語」と読める（この点も 6. で論じる）。

5. コードリの語彙の特色

§1 *Table* に収録されている単語

カウイは、*Table* の特色として以下の 4 点をあげている。

1. コードリは学習者を対象として *Table* を編纂した。その証拠として "To the Reader" で本書の pp. 112–3 でも引用したように読者にアルファベットの学習を要請している。
2. 英語における外来語に十分習熟していない学習者に少しレベルの高い外来語の学習を期待している。例えば、descend "goe downe", evident "easie to be seene, plaine"。
3. コードリは、マルカスター、クートを受け継いだ語学学習書の延長線上にある。
4. 辞書編纂法に関する貢献として、有用な記号を初めて使用した（§ = フランス語からの新しい借用語、g, gr. = ギリシア語からの借用語、k="a kind of"）。

(Cowie, *The Oxford Dictionary of English Lexicography*, 2009, pp. 133–5)

本論では、カウイとは別個にコードリの特色を明らかにする。

Table 初版の C の項目に掲載されている 297 語のうち前半の 134 単語を挙げ、コードリの収録した語義と現代英語における語義との一致（〇）・不一致（×）、初出年、借用元言語を OED^2 と寺澤芳雄編『英語語源辞典』(1996) をもとに調べ、その結果を表 1 にまとめた。以下、総て OED^2 とその CD-ROM の version 3.1 を用いた。ただし、本論の問題点はすべて OED 元版製作に関わる問題であるが、OED^2 にもあてはまる。従って、OED^2 に基づいて論を進め、必要な場合のみ元版と第 2 版との区別を明記した。

表1

A Table Alphabeticall (1604)	意味	初出年	借用元言語
CAlamitie, trouble, affliction.	○	1490	(O)F
calcinate, to make salt:	○	1559	ML (p. 8 参照)
calefie, make warme, heate, or chafe.	○	1526 (–1658)	L (p. 8)
calygraphie, (g) fayre writing.	○	1604 (1613, Table)	NL
calliditie, craftines, or deceit	○	1524	L
calumniation, a discrediting by worde, or false accusation.	○	1548	L
camphire, kind of herbe.	○	comphor 1313	AF
capacitie, largenes of a place: conceit, or receiet.	○	1481	(O)F
§**capuchon**, a hood	○	1604	F
§**cancell**, to undoe, deface, crosse out, or teare	○	1440	(O)F
canon, (g) law, or rule	○	890	L
canonise, (g) make a saint, to examine by rule:	○	1380	ML
canopie, couer	○	1382	ML
capitall, deadly, or great, or woorthy of shame, and punishment:	○	1225	(O)F
capable, wise, apt to learne, bigge, or fit to receiue.	○	1561	F
capitulation, distinguishing by parts	○	1535	LL
captious, catching, deceitfull, subtile,	○	1380	(O)F//L
captiue, prisoner	○	1374	L
captiuate, make subiect, or prisoner,	○	1526	LL
cardinall, chiefe, or principall	○	1300	LL
carminate, to card wooll, or deuide	×	1601 (–1656)	L (p. 8)
carnalitie, fleshliness	○	1400	LL
carnall, fleshly, pleasing the flesh:	○	1400	OFN//LL
carpe, take exception against, or wrangle.	○	1240	ON (p. 8)
§**cassere**, dismisse, put away, or out of office.	○	cashier 1529	Du
casualtie, chaunce or hap	○	1423	ML
castigation, chaistisement, blaming, correction.	○	1397	L
catalogue, (g) beadroole, or rehearesall of words, or names	○	1460	(O)F
category, (g) an accusation 【OED 参照】	×	1588	LL

catechiser, that teacheth the principles of Christian religion.	○	1449	L
cathedral, church, cheife in the diocesse	○	1297	LL
catharre, a flowing of humors from the head.	×	—	L (p. 12)
catholicke, (g) uniuersall or generall.	○	catholic 1425	(O)F//L
cauill, to iest, scoffe, or reason subtilly	○	1548	OF
caution, warning, putting in minde, or taking heede	○	1297	(O)F
celebrate, holy, make famous, to publish, to commend, to keepe solemlie	○	1534	L
celeritie, swiftnes, hast	○	1438	(O)F//LL
celestiall, heauenly, diuine passing excellent.	○	1384	OF
cement, morter, or lime.	○	1300	(O)F
censor, a corrector, a iudge, or reformer of manners	○	1533	L
censure, correction, or reformation	○	1384	(O)F//L
centre, (g) middest of any round thing or circle.	○	1374	(O)F
centurion, captaine of a hundren 〔sic, hundred〕 men.	○	1257	(O)F//L
ceruse, white leade, or painting that women use.	○	1386	(O)F
cessement, tribute	○	1540 (–1660)	—
chanell, sinke:	×	1300	OF
character, (g) the fashion of a Letter, a marke, or stampe:	○	1315	(O)F
§chaunt, sing	○	chant 1386	(O)F
§champion, wilde field, also a challenger,	○	1225	(O)F
chambering, lightnes, and wanton behauiour in priuate places	×	1449	AF
charter, a grant of any thing confirmed by seale.	○	1250	(O)F
§cheualrie, knight-hood	○	1292	(O)F
cherubin, order of Angels:	○	cherub 845	LL (p. 9)
chibball, (k) fruite	×	chibol 1362 (–1778)	F
chirograph, (g) hand writing	○	1280	F

chiromancie, (g) telling of fortunes, by the lines in the hands:	○	1528	F//ML
chirurgion, (g) a surgion	○	1297	OF
choller, (gr) a humor causing anger	○	1386	(O)F
chough, (k) bird:	○	1305	Gmc
christ, (g) annointed	○	christ 950	L
chronickler, (g) historie writer.			
chronographer, historie writer.	○	1387	AF
chronicall, (g) returning at certaine times	×	1530	F
chronologie, (g) storie of times past.	×	1593	NL
cibaries, meates, nourishment.	○	1599 (–1657)	L (p. 9)
cider, drinke made of apples	○	1300	OF
circuit, about.	○	1549	(O)F
circumcise, to cut the priuie skin	○	1250	L
circumference, the round and outmost circuit, or compasse	○	1393	(O)F
circumligate, binde about	○	1599 (–1657)	L (p. 9)
circumscribe, to cōpasse about with a line, to limit.	○	1529	L
circumspect, heedie, quicke of sight, wise, and dooing matters aduisedly.	○	1422	L
circumlocution, a speaking of that in many words, which may be said in few	○	1510	L
circumstance, a qualitie, that accompaneth any thing, as time, place, etc	○	a1225	(O)F//L
circumstant, things that are about us,	○	1494 (–1675)	L (p. 9)
circumuent, to close in, to deceaue, or intrap craftily.	○	1553	L
citron, (k) fruit	○	1530	(O)F
ciuilitie, honest in conuersation, or gentle in behauiour.	○	1382	(O)F
clamarus, making a great noyse	○	clamorous1526	(O)F
chassick, chiefe, and approued,	○	1613 Table Alph.	F//L
§**clauicordes**, mirth,	○	1483 (–1888)	ML (p. 10)
claritude, cleerenes, renowne,	○	1560 (–1670)	L (p. 10)

clemencie, gentlenes, curtesie.	○	1553	L
client, he that is defended.	○	1393	(O)F//L
climate, a portion of the worlde betwixt north and south	×	1375	(O)F//LL
climactericall, (g) that which ariseth by degrees, as the sixtie third yeere is climactericall of seauentie.	○	1590	L
clister, medicine	○	1398	(O)F//L
coble, amend	○	1496	OF
coadiutor, a fellow helper.	○	1430	(O)F
cockatrice, a kind of beast	○	1381	OF
cænation, supper, or a place to sup in	○	1599 (–1646)	L
cogitation, thought, musing	○	1225	(O)F//L
cognition, knowledge	○	1447	L
cohærence, ioyning, & uniting together.	○	1580	F//L
§**coin**, corner	○	1350	(O)F
collect, gather together	○	1382	L
colleague, companion,	○	1533	F
collaterall, on the other side, ouer against, as two lines drawne equally distant one from another, in due place	○	1450	ML
collation, recitall, a short banquet	○	c1200	(O)F
collect, gather	○	a1225	(O)F
collusion, deceit, cousanage	○	c1397	(O)F//L
colume, one side of a page of a booke	○	c1440	OF
combine, heale, or couple together,	○	c1440	(O)F//LL
cōbination, a ioyning, or coupling together	○	c1532	(O)F//LL
combure, burne, or consume with fire	○	1570 (–1613)	OF//L (p. 10)
combustible, easily burnt	○	1526	(O)F
combustion, burning or consuming with fire.	○	1477	LL
comedie, (k) stage play,	○	1374	(O)F
comicall, handled merily like a comedie	○	1557	L
commemoration, rehearsing or remembring	○	1382	L
§**cōmencement**, a beginning or entrance	○	c1250	(O)F
comet, (g) a blasing starre	○	1154	(O)F
comentarie, exposition of any thing	○	1531	L

commerce, fellowship, entercourse of merchandise.	○	1587	F
commination, threatning, or menacing,	○	1460	L
commiseration, pittie	○	1585	F
commodious, profitable, pleasant, fit,	○	1423	(O)F//ML
commotion, rebellion, trouble, or disquietnesse.	○	1471	(O)F
communicate, make partaker, or give part vnto	○	1526	L
§**communaltie**, common people, or common wealth	×	c1290	OF
communion, ⎫ fellowship	○	1382	(O)F
communitie, ⎭	○	1561	OF
compact, ioyned together, or an agréemêt	○	1591	L
compassion, pitty, fellow feeling	○	1340	(O)F
compell, to force, or constraine	○	c1380	OF
compendious, short, profitable	○	1338	L
compensation, a recompence:	○	1387	L
compeare, like	○	c1275	(O)F
competent, conuenient, sufficient, apt:	○	c1400	(O)F
competitor, hee that sueth for the same thing, or office, that another doth:	○	1534	F
compile, gather together	○	1375	(O)F
complement, perfecting of any thing	○	1398	L
complet, fulfilled, finished	○	c1386	(O)F
Complexion, nature, constitution of the body.	○	1340	(O)F

原書は、見出し語、語義ともに太字であるが見やすくするために見出し語のみ太字にし、綴り、句読点の不統一はできるだけ原典のままの形にした。古辞書によくみられるように、アルファベット順配列が乱れている部分も多いが原書のままである。*catharre* は現代の catharsis「カタルシス」の先駆となる語であろう。*collect* は 2 度掲載されているが古辞書では珍しいことではない。また、*calygraphie* は *Table* 初版 (1604) に収録されているにもかかわらず、*OED²* の引用例では "1613 R.C. *Table Alph*. (ed. 3)"、つまり、第 3 版となっている。この問題は本章 6–§2 (p. 132) で論じる。

第7章　コードリ (R. Cawdrey, *A Table Alphabeticall*, 1604) 再考 | **121**

　表1の結果、Cの項目から引用した134語のうち、スペリングに変化はあるものの、OED^2 では廃語とされているのは12語、残りの122語は現在も使用され続けており、残存率は約91%となっている。また、その122語のうち、語形は現存しているが、意味が変化している単語は21語である。

　表1を見ると *Table* に収録されている単語のうち *calefie, carnalitie, catechiser* などなじみのない単語もいくつかあるが、ほとんどが現在の普通のネイティブスピーカーだけでなくEFL学習者でも高校レベルの人ならたいてい知っているような単語が多い。

　91%という残存率の高さと現在では基本語彙となっている単語の多さから、コードリが *Table* に収録した外来語は当時すでにかなり英語に浸透していたと推察できる。

　次に表1の結果から、OED^2 に掲載されている初出年別に単語を分類し、検討する。なお、1100以前と1601年以降に初出した単語には、（　）内に初出年を記述した。

表2

年代	掲載数	百分率	単語
−1100	3	2.2%	canon (890), cherubin (845), chist (950)
1100–1200	2	1.5%	collation, comet
1201–1300	20	14.9%	capitall, cardinall, carpe, cathedrall, caution, cement, centurion, chanell, champion, charter, cheualrie, chirograph, chirurgion, cider, circumcise, circumstance, cogitation, cōmencement, communaltie, compeare,
1301–1400	38	28.3%	camphire, canonise, canopie, captious, captiue, castigation, celestiall, censure, centre, ceruse, character, chaunt, † chibball, choler, chough, chronickler, circumference, ciuilitie, client, climate, clister, cockatrice, coin, collect(2), collusion, comedie, commemoration, communion, compassion, compell, compendious, compensation, competent, compile, complement, complet, Complexion
			CAlamiie, capacitie, cancell, carnalitie, carnall, casualtie, catalogue, catechiser, catholicke, celeritie, chambering,

1401–1500	24	17.9%	circumspect, circumstant, †clauicordes, coble, coadiutor, cognition, collaterall, colume, combine, combustion, commination, commodious, commotion
1501–1600	42	31.3%	†calefie, †calcinate, calliditie, calumniation, capable, capitulation, captiuate, cassere, category, cauill, celebrate, censor, †cessement, chiromancie, chronographer, chronicall, chronologie, †cibaries, circuit, †circumligate, circumscribe, circumlocution, circumuent, citron, clamarus, †claritude, clemencie, climactericall, †cænation, cohærence, colleague, cōbination, †combure, combustible, comicall, comentarie, commerce, commiseration, communicate, communitie, compact, competitor
1601–1604 (1613)	4	3.0%	calygraphie (1613), capuchon (1604), †carminate (1601), chassick (1604)

　Table が難解語辞書であるとすれば、そこに収録されている語彙は、無学な読者にはわからないような語のはずである。ところが、表2に掲載された単語を詳しく調べてみると以下の事実が明らかになった。1100年以前に初出した単語が3語ある。この3語はすべてラテン語であり、かつ教会用語である。初出年の最も早い単語は *cherubin* で845年、つまり *Table* が出版される750年以上昔に英語に借用されており、教会でしばしば用いられ *Table* が出版される頃にはすでに英語に定着し、一般庶民の間に身近となっていたと考えられる。また、134語中87語、つまり64.9%が *Table* 初版が出版される100年以上前の1501年以前に英語に存在していた。これらの単語は借用されてから100年の年月を経て *Table* に収録されているのであるから日常生活で使われていたはずである。このことから、*Table* に収録されている単語は、なじみのない特異な意味を持つ新奇の単語ではなく、外来語の中でも日常的に使われ、借用されてから *Table* が出版されるまでの100年以上の間にすでに十分に英語に組み込まれていた語であるといえよう。言い換えれば、コードリは1604年以前に出版された他の外国語辞書や作品を参考にしながら、当時あくまでも日常的に用いられ ("vsuall")、英語に組み入れられている単語 ("English wordes") を収録したのである。

一方、1500年以降に初出した46語のうちの9語が現在までに廃語になっている。1500年以降に初出した単語の多くは、英語に借用されて間もないがために *Table* に収録されたが出版される頃にはまだ、英語に定着していなかったと考えられる。そのため1100年以前に借用された単語に比べて廃語率が高くなっているのである。

コードリに収録された多くの単語が借用されてから長いときを経て、現在までも使われ続けている一方で、1500年以降に借用された新しい外来語はその後まもなく廃用となっている場合が多い。

§2. 廃語になった語彙

コードリの収録語彙中、OED^2 で廃語とされている12語をあげて OED^2 の関連部分を引用する。語義は *Table* 編纂時に該当するもの。

(5) **calcinate**, to make salt:

†**calcinate**, *v. Obs.* [f. med.L. *calcinat-* ppl. stem of *calcināre*.]

= CALCINE.

1559–1656 (Cotgrave, *calcinated*)

(OED^2, calcinate)

OED^2 に参照指示のある calcine は以下のようになっている。

calcine, *v.* Also 4 calcene, 4–5 calcyne. [ad. med. L. *calcināre*, a term of the alchemists, 'to burn like lime, to reduce to CALX'.]

1. To reduce to quick-lime, or to an analogous substance, by roasting or burning; 'to burn in the fire to a calx or friable substance' J. c1386~

(OED^2, calcine)

OED^2 によると、calcine は1386年頃初出であるのに対し、*calcinate* の初出年は1559年である。つまり、先に英語に借用され、ある程度英語に定着していた *calcine* が現代まで生き残り、コードリの直前に借用された calcinate は廃用になった。

(6) **calefie**, make warme, heate, or chafe.

†**calefy**, *v. Obs.* Also calify. [ad. med.L. caleficāre, f. calēre to be hot; see –FY.]

1. trans. To make warm or hot; to warm, heat. 1526–1658

(OED^2, calefy)

Table 出版当時は借用されてから間がなく、シェイクスピアは好んで使ったが結局廃用になった。

(7) **carminate**, to card wooll, or deuide

†**carminate**, *v. Obs.* [f. L. *cārmināt-* ppl. stem of *cārmin-āre* to card (wool), f. *cāemen* a card for wool + -ATE³. Cf. It. carminare 'to card or teazell wool, also to make grosse humors fine and thin' (Feorio). Cf. CARMINATIVE.]

trans. Of medicines: To expel (wind) from the stomach or bowels. 1601–1655

¶ To card wool, etc. (Only in Dicts.)

1613 R.C.*Table Alph.* (ed. 3) *Carminate*, to card wool, or deuide. (–1656)

(*OED²*, carminate)

初出は 1601 年で形容詞 carminative に残されている。最後に文献に現れたのは 1656 年である。"To card wool" という語義は *Table* が初出で、*OED²* にも "(Only in Dicts.)" とあるように、一般には使われてないが辞書にだけ受け継がれている例。辞書編纂者が必ず先行する辞書を利用している証拠である。

(8) **cessement**, tribute

†**cessement**, *Obs.* Also 6 cesm-, 7 ceas-, ceassement. [var. spelling of SESSMENT, aphetic f. ASSESSMENT.]=ASSESSMENT. c1540–1660 [see SESSMENT].

1613 R.C. *Table Alph.* (ed. 3) *Cessement*, tribute.

(*OED²*, carminate)

語義は掲載されていないので、指示のある assessment を引用する。

assessement, The action of assessing ; the amount assessed.

1. The determination or adjustment of the amount of taxation, charge, fine, etc., to be paid by a person or community. 1548

(*OED²*, assessement)

1540 年初出の *cessement* は廃用となったが、やはり 1540 年代に初出した *assessement* が生き延びて、1950 年代に教育用語として活力を取り戻した。*Table* では cessement の語義を広く "tribute" と定義している。共通する意味は「貢献（す

第 7 章　コードリ (R. Cawdrey, *A Table Alphabeticall*, 1604) 再考 | 125

る)、税金（を納める)」である。

(9) **chibball**, (k) fruit

†**chibol**, [a. *chiboule, a northern Fr. form=central F. *ciboule*, in same sense, cognate with Sp.*cebolla*, Pg. *cebola*, It. *cipolla* onion:-L. cē-, *cæpulla* onion-bed, f. *cēpa*, *cæpa* onion.]

1. A species of Allium (*A. fistulosum*), known also as Stone Leek, Rock Onion, and Welsh Onion, in appearance intermediate between the onion and the leek. Now little cultivated in Britain. 1362–1888

(*OED²*, chibol)

廃語になった 12 単語のうち、初出年が 1300 年代ともっとも早い語。

(10) **cibaries**, meates, nourishment

†**cibaries**, *sb. pl. Obs.* [ad. L. *cibāria* things used for food.] Articles of food, victuals, provisions. 1599–1657

1613 R.C. *Table Alph.* (ed. 3), *Chibaries*, meates, nourishment.

(*OED²*, cibaries)

初出年が 1599 年、つまり *Table* が出版される 5 年前であり、英語に定着しなくてそのまま廃用になった。

(11) **circumligate**, binde about

†**circumligate**, *v. Obs.* [f. L. *circumligāt*-ppl. stem of -*ligāre*.] *trans*. To bind round or about. 1599–1657

(*OED²*, circumligate)

Table の語義と *OED²* の語義とが一致している。*OED²* に掲載されている引用例は 2 例だけである。コードリの直前に借用され、まもなく廃用になった。

(12) **circumstant**, things that are about us,

†**circumstant**, *a.* and *sb. Obs.* [ad. L. *circumstant-em* pr. pple. of *circumsāre* to stand around.]

A. *adj.* 1. Standing around, surrounding, circumjacent. 1545–1666

B. *sb. pl.* Persons standing round or about, bystanders. 1494–1675

(*OED²*, circumstant)

circumstance (sb, v) と同じくラテン語 *circumsāre* から借用された単語である。

circumstance の初出年が a1225 であるのに対し、*circumstant* の初出年は 1494 年とかなり遅い。*circumstant* と *circumstance* が同義となった結果、*circumstant* は廃語となりある程度英語に定着していた *circumstance* が生きのびた。

 (13) **§clauicordes**, mirth,

   †**clavichord**, A musical instrument with strings and keys; in its developed
       form resembling a square pianoforte, the tones being
       produced by the action on the strings of 'tangents' or smanll
       brass wedges attached in upright position to the back of the
       keys. 1483–1888

                     (OED^2, clavichord)

Cawdrey は clauicordes の語義を "mirth" と定義している。OED^2 の mirth には、

  †3 †b. Musical entertainment, melody. *Obs.*

とあって a1320, 1377, 1485, c1532, 1579 年の引用がある。従って、OED^2 は引用してないがこの意味ではコードリが最終例である。この語は OED^2 には *Obs.* とあるが『英語語源辞典』(1997) や『新英和大辞典』(研究社) の第 6 版 (2002) では廃語扱いになっていない。

 (14) **claritude**, cleerenes, renowne,

   †**claritude**, *Obs.* [ad. L. *clāritūdo* clearness, f. *clār-us* clear: see -TUDE.]
      Clearness, brightness. 1560–a1670

                      (OED^2, claritude)

Table の語義と OED^2 の語義とが一致している。

 (15) **cænation**, supper, or a place to sup in

   †**cenation**, *Obs.* [ad. L *cēnātiōn-em* dining-room (etymologically, noun of
      action from *cēnāre* to dine, sup.)] Dining, supping. 1599
      (*cenation*), 1646 (*coenation*)

                       (OED^2, cenation)

初出 1599 年で *Table* が出版される 5 年前であり、当時の英語に定着していない。コケラム (cænation, 1623, 1626^2) はコードリの語形をそのまま受け継いでいるが、他には OED^2 にも異なった語形で 2 例しかなく、コードリには珍しく非常に稀な語である。なお、この語は cockkatrice と cogitation との間にある（Scholar 版の p. 30）。

(16) **combure**, burne, or consume with fire

 †**combure**, *v. Obs.* [ad. OF. *comburir* (also in Pr.), ad. L. *combūr-ĕre* to burn up, consume.]

  1. *trans.* To burn up, consume by fire.

  1570–1613

  1613 R.C. Table Alph. (ed. 3), *Combure*, burne or consume with fire.

            (OED^2, combure)

combure が最後に使われたのは、1570 年から 1613 年（*Table* 第 3 版）であり、Cawdrey の後は誰も使用していない稀な語。

clavicord は OED^2 では廃語扱いになっているが、『英語語源辞典』や『新英和大辞典（第 6 版）』、いくつかの英和辞典、英英辞典には掲載されている。また、*carminate, cessement, cibaries, combure* ともに *Table* 初版に収録されているにもかかわらず、OED^2 の引用例では 1613 R.C. *Table Alph.* (ed. 3)、つまり第 3 版となっている。この問題は 6–§3, §4 (p.141ff.) で詳しく述べる。†'**carminate** にコードリは "To card wool" という語義を載せ、コードリ以降はコケラム (Cockeram, 1623)、ブラント (Blount, 1656) だけが受け継ぎ一般には用いられなかった。一般には用いられていなくても辞書にだけ伝統的に受け継がれた語の例である。

以上 OED^2 の引用から、廃語になった 12 単語のうち、*clavichord, cibaries* 以外の 10 単語が 1500 年以降に英語に借用され、1600 年代後半にはすでに使用されなくなった。これらの単語は *Table* 編纂当時には使用されていたかもしれないが、まもなく廃語になった語である。

§3. 廃用になった語義

コードリが使用した意味が廃用となっているのは 134 語中 19 語である。現在廃用になっている語義が少ないということは、コードリが収録した語義の多くが日常使われていた可能性が大きい。コードリの語義が廃用になっているのは *capacity, cancel, capitulation, carpe, castigation, category, censorchannel, champion, chambering, cherub, chronical, chronology, cognition, comical, commodious, commonalty, compendious, complexion* の 19 語である。

§4. フランス語からの借用語

Table のタイトルページには、コードリの借用元言語は "Hebrew, Greeke, Latine, or French. &c." となっており、その他の言語 (&c.) も言及されている。しかし、ギリシア語起源の語には (g) または (gr)、フランス語起源の語には「§」の標示を付けているだけで、標示のないものはすべてラテン語起源であり、ヘブライ語やその他の言語は見られない。cherub(-in) の究極の語源はヘブライ語であるがコードリはラテン語と思っていたようである。また、例えば *CAlamitie* は *Table* ではラテン語からの借用語となっているが OED^2 と『英語語源辞典』では (O)F となっている。同じように、calygraphie はギリシア借用語と書かれているが近代ラテン語 (NL) である。このようにコードリの語源の記述には OED^2 や『英語語源辞典』と一致しない点が数多くみられる。OED^2 と『英語語源辞典』を参照し、表1に掲載した単語の借用元言語を表にまとめると以下のようになる。究極の語源が例えばギリシア語、ヘブライ語であっても直前の借用元の言語（ラテン語、フランス語）を借用源の言語とした。

表3

借用源	借用語数	割合
OF, F, AF, ONF	59	44.7%
LL, L, ML, NL	51	38.6%
OF, ONF//LL, L, ML	19	14.4%
ON	1	0.8%
Du	1	0.8%
Gmc	1	0.8%
（総数）132		

Catharre の究極の語源はギリシア語であるが直接にはラテン語なのでコードリはラテン語と考えた。cessment は直接にはフランス語（正確にはアングロ・フレンチ = AF）であるがラテン語となっている。chronographer と併記してある chronickler は正しくギリシア語となっているが chronographer そのものはラテン語となっている。chronicall は直接にはフランス語 (chronic) であるがギリシア語となっている。

最も割合が高いのはフランス借用語、次にラテン借用語である。これらに借用

元言語が(古)フランス語とラテン語との識別不可能の語をくわえると 97.7% になる。*Table* では 18 の単語をギリシア語起源としているが、OED^2 と語源辞典によると究極的にギリシア語にさかのぼる語は 13 語である。このことはコードリに掲載されているのはほとんどすべての語が外来語ではあるが難解な語、日常生活に関係のない語は掲載していないという有力な証拠になるであろう。ただし、語源学が確立していない当時にあっては、究極的にはギリシア語起源でもフランス語あるいはラテン語経由の語はフランス語起源、ラテン語起源としている場合がある。その逆の場合もある。また、ここで取り上げた c- で始まる語のうちゲルマン語起源（英語本来語 (Gmc)）は chough 1 語だけである。また、オランダ語 (Du) は casser 1 語のみである。これは現在の cashier「(人を務め・仲間などから) 外す、免ずる」であり、オランダ語経由の(古)フランス語 (←ラテン語) である。この語も cash「現金」、cashier「レジ係」(この 2 語もオランダ語もしくはフランス語)、case, cascade などがフランス語なのでその類推でフランス語としたのであろう。

　フランス借用語が多い原因として 1066 年のノルマン人の英国征服、すなわちノルマン・コンクェストの影響が挙げられる。ヘイスティングスの戦いでハロルド伯に勝利したノルマンディー公ウィリアムは、王位を継承すると、彼に忠実な兵士や臣下に地位と封土を分配し、イギリスのいたるところにノルマン人の司教をおいた。その際、征服者の言語を強制するような政策は全く行われなかったため、下層の人々は依然として自分たちの言語である英語を話していたが、上流社会の言葉、例えば政治用語、教会用語や貴族社会の用語、法律用語などはその大多数がフランス語にとって代わられた。支配層が話すフランス語は、フランス本国のフランス語と区別して特にアングロ・フレンチ (Anglo-French = AF) と呼ばれる。統治がフランス語で行われた 300 年間はもちろん、1362 年に英語がフランス語に代わって公用語に復活した後も、統治、法律、宗教、軍事、学芸、服装、食事、娯楽その他の分野でフランスの慣習が受け継がれたために多くのフランス語が英語に定着した。フランス借用語が英語に与えた影響は 11 世紀以前から見られるが、まだごく限られた数であった。12 ～ 14 世紀の間にその影響は顕著に現れるようになり、1 万語以上のフランス語が英語に入ったと推定される。

　モセ (Fernand Mossé) は、11 世紀以降の英語におけるフランス借用語の頻度を以下の表に示している。

表 4

11世紀以来の英語におけるフランス借用語の頻度

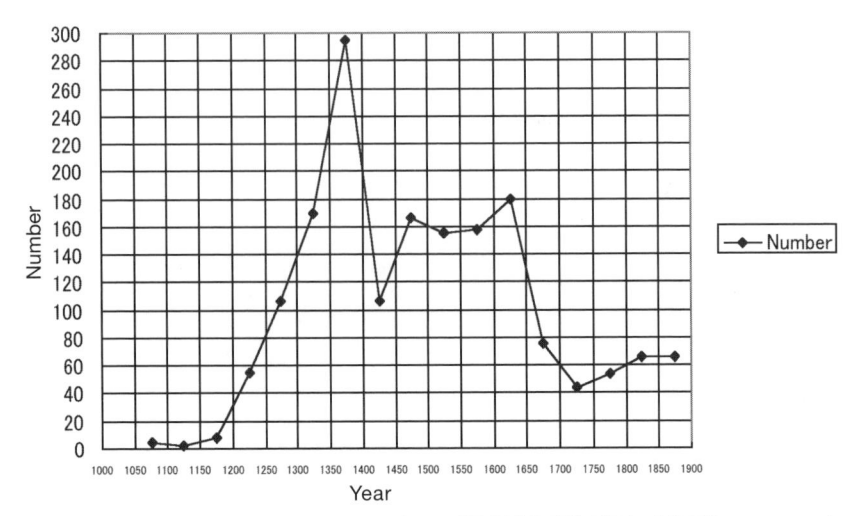

(モセ『英語史概説』郡司・岡田訳、1963、p.89)

　表4から、ノルマン・コンクェスト直後ではなく、ノルマン・コンクェストから約200年経た13世紀から14世紀にかけて、とりわけ1350–1400年にフランス借用語が激増していることは明らかである。この時期は、イングランドの支配層を形成していたノルマン人が、フランス国内に所有していた広大な土地の大半を失い、以後イングランドの統治に専念するようになる時期であり、イギリス人との交流の深まりにより、フランス語が英語に浸透したと考えられる。また、話し言葉として使われていたフランス語がノルマン・コンクェストから100年以上かけてこの頃から文献にあらわれるようになったと考えられる。17世紀後半には借用語の頻度が急速に減少するが、モセは、英語がいわば飽和状態になったからであると指摘している（『英語史概説』pp. 89–90）が、外来語の氾濫に対する国語愛護運動の影響も考えられる。

　コードリのCの項目から引用した134語のうち、明らかにフランス語から借用された57語を年代別に分類した場合もモセの線グラフと同じ結果が得られる。以下にフランス借用語57語を年代別に分類した表とグラフを掲載する。

表 5

年代	借用語数
Before 1100	0
1100–1200	2
1201–1300	13
1301–1400	21
1401–1500	9
1501–1600	11
1601–1604	1

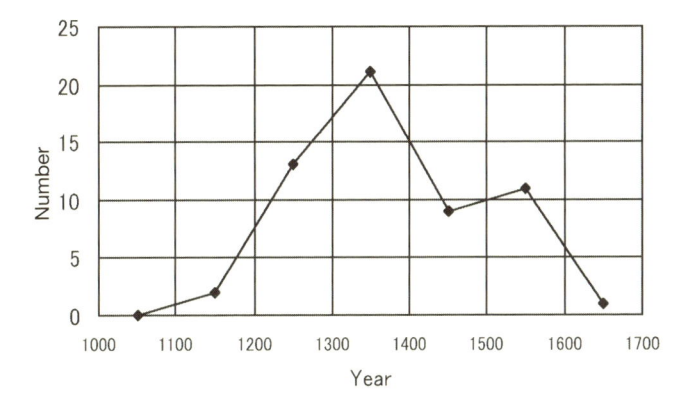

この表とグラフから1150年頃からフランス語借用語が増加しており、1300–1400年に最も増加していることがわかる。この結果はモセの線グラフと酷似している。つまり、コードリに掲載されているフランス語借用語の多くは、ノルマン・コンクェスト直後ではなく、ノルマン・コンクェストから約200年経て文献に現れるようになったのである。

6. OED^2 にみられる *Table* 発行年の矛盾

§1 *Table* 発行年の矛盾

OED^2 には *Table* に関して首尾一貫しない点がみられる。首尾一貫しない点は以下の4つに分類することができる。

i) 「R.C.」と「R. CAWDREY」という二種類の異なった表記があること。
ii) *Table* の初版 (1604) に収録されているのに 1613(ed.3) つまり第3版と記されている単語の存在。
iii) 初版 (1604年) からの引用と記されているのに初版には収録されていない単語の存在。
iv) コードリの出版年号そのものの矛盾。

上記4つの問題点が生じた理由を、OED 元版の4人の編者の執筆項目の違いと編纂時に *Table* のどの版を使用したのかという視点から考察する。

OED は初代編纂主幹であるマレー (J. A. H. Murray, 1837–1915) と3人の編纂責任者、ブラッドリ (H. Bradley, 1845–1923)、クレーギー (W. A. Craige, 1867–1957)、アニアンズ (C. T. Onions, 1873–1965) によって編纂された。OED は、1150年以降の英語の文献に用いられた約46万4千語（うち見出し語約36万語）を収録し、1150年以降の綴り字と語義を記述することで歴史的な変遷の過程が明らかになるようにしている。その変遷の過程を示す際に現存する最古の用例から少なくとも50-100年に1例の割合で収集した実例を列挙しながら証明している。この用例収集のために重要な役割を果たしたのが文献篤志家の存在である。マレーはこの用法、意味の収集のために英国800人、北米400〜500人の篤志文献閲読者を募り、語の起源や定義を示す用例を収集した。このように多くの人々の協力を経て、言語学会 (The Philological Society) が新しい英語辞書の編纂を企画して以来70年もの年月を経て OED 元版は完成したのである。

以下に OED 元版各巻の編者と刊行年を永嶋大典『OED を読む』から多少加筆して転載する。

第 7 章　コードリ (R. Cawdrey, *A Table Alphabeticall*, 1604) 再考　| **133**

表 6

Murray	Bradley	Craigie	Onions
AB 1882–88			
C 1888–93	**E** 1888–93		
D 1893–97	**D** 1893–97		
	F 1893–97		
H 1897–99	**G** 1897–1900		
IJK 1899–1901			
	L 1901–03		
O 1902–04		**Q** 1902	
		R-Re 1903–05	
P 1904–09	**M** 1904–08		
		N 1906–07	
		Re-Ry 1907–10	
	S-Sh 1908–14		
T 1909–15			
		Si-Sq 1910–15	
	St 1914–19		**Su-Sz** 1914–19
		V 1916–20	
	W-We 1920–23		**XYZ** 1920–21
		U 1921–26	
			Wh-Wo 1922–27
		Wo-Wy 1927	

（永嶋大典『*OED* を読む』pp. 38–9）

表 6 を参考にしながら、*OED*^{2} (CD-ROM, version 3.1) に見られる矛盾や間違いが起こった理由を考察する。

OED^2 における *Table* の著者名コードリの表記に以下のような矛盾がみられる。

(19) **assay**

　　†16. A first tentative effort, in learning or practice. *Obs.*
　　　1560 (…) 1613 R.C. *Table Alph.*, *Preamble*, forespeech..entrance, or assay. 1624 (…) 1677 (…)【以下、Cawdrey のみ引用】

　　　　　　　　　　　　　　　　　　　　(*OED*^{2}, assay)

> †**despume**
>
> 2. *intr.* Of a liquid: To cast up a scum or froth.
> 1613 R. CAWDREY *Table Alph.* (ed. 3), Despume, fome, or cast vp a scumme.
>
> (OED^2, despume)

つまり、「Cawdrey」の表記が assay では「R.C.」となっているのに対し、*despume* では「R. CAWDREY」と記されている。「R.C. 1604」、「R. CAWDREY, 1613」、「R. CAWDREY, 1604」といった表記も考えられるが、OED^2 における *Table* からの引用 377 例を、とりあえず「R.C. 1613」と「R. CAWDREY」という 2 種類の表記に限って作成してみた。「R.C. 1613」と「R. CAWDREY」という表記の違いにもとづいて分類し、各項目の編集者と比較対照する。「R. CAWDREY」の欄には年号の表記が首尾一貫しない事実を示すために G まで内訳を記入した。

表 7

		R.C. 1613	R. CAWDREY	担当編集者
A	3	3	0	Murray
B	19	19	0	Murray
C	74	74	0	Murray
D	26	8	18（*1604*, 13 例；*1604 (1613)* 4 例；*1613 (ed. 3)* 1 例）	Murray, Bradley
E	20	20	0	Bradley
F	9	3	6（実態不明の *1606*, *1608* を含む）	Bradley
G	6	2	4（*1604*, 1 例；*1613 (ed. 3)*, 2 例；*1604 (1613)*, 1 例）	Bradley
H		1	11	Murray
I		0	26	Murray
J		0	1	Murray
K		0	1	Murray
L		4	9	Bradley
M		1	17	Bradley
N			6	Craigie
O			11	Murray

第 7 章　コードリ (R. Cawdrey, *A Table Alphabeticall*, 1604) 再考 | **135**

P	1	42	
Q		2	Craigie
R		17	
S-Sh	4	14	Bradley
Si-Sq		5	Craigie
St	2	4	Bradley
Su-Sz	2	9	Onions
T		14	Murray
U		7	Craigie
V		7	
W-We	1		Bradley
Wh-Wo			Onions
Wo-Wy			Craigie
X, Y, Z		Y, 1	Onions
計	145	232	

　この表によると OED^2 における *Table* からの引用例377例のうち、*assay* のように「R.C.」と表記されているものは145例、*despume* のように「R. CAWDREY」と表記されているものは232例である。特徴として、「R.C.」はG、特にEまでに多くみられ、「R. CAWDREY」はD以降の引用例において多くみられる。「R. CAWDREY」という表記がCまでとEには全くみられないことから、A、B、Cを編纂したマレーは「R.C.」という表記だけを使用していたことがわかる。「R. CAWDREY」という表記はブラッドリが新たに編纂に加わったDから増え始め、F以降、ほとんどが「R. CAWDREY」という表記になっている。また、マレー、ブラッドリ、アニアンズが「R.C.」と「R. CAWDREY」の両方を使用しているのに対しクレーギーは「R. CAWDREY」のみを使用している。アニアンズも「R.C.」を2度しか使用していないことから *OED* 編纂初期には「R.C.」が使用されていたが、クレーギーが参加した頃には「R. CAWDREY」という表記が普通になっていた。「R.C.」から「R. CAWDREY」という表記に移行した理由として、「R.C.」という表記だけでは、コードリ以外にも「R.C.」というイニシャルに該当する人物があり、利用者だけでなく編纂者自身も混乱してしまうということが考えられる。その混乱を避けるために「R. CAWDREY」という表記を採用し

たのであろう。また、*OED* の出版が進むにつれて規模が拡大し続けて引用文例採集の対象となる原典資料の数が膨大になり「R.C.」というイニシャルだけでは著者の区別が難しくなったという事情もあるだろう。いずれにしても年号の表記がかなり混乱している。

「R.C.」と表記された 145 例のうち 142 例が 1613 年の第 3 版からの引用になっていることも特徴的である。*geode* は 1619 というコードリとはまったく関係のない年号になっているので後に論じる。

「1604, R. Cawdrey」のうち、frequent はコードリから 2 回引用されている。fissure, fleering は 1606, 1608 というコードリとはまったく関係のない年号になっている。

なお、「R.C. 1613」の 145 語のうち、見出し語として掲載されているのは 119 語で、引用文中で用いられているのは次の 26 語である。assay (preamble の項、以下同じ), bray (exclaim), broid (tresses), carelessness (secutite), castrate (castrated), category ("an accusaton"), chamber-pot(iordan), church-robber (sacrileage), client (vassal), cock (gnomen), compass (semicircle), con (cunne, 初版になし), conceit (capacitie), concinnate (初版になし), congredient ("Meeting or going together"、唯一例), cooped (coupt, 初版になし), corollary (correllarie, 初版になし), eglogue (eclogue, 異形態), endear (indeer, 異形態), engage (ingage, 異形態), exord, exornify (以上 2 語は唯一例), fellow-feeling (campassion), geode (stones), graner (garnar, 音位転換による異形態), house-wife (concubine), lay (cadence), shine (vanish), shrine (初版になし), stead (steward), warish (初版になし), yaw-yaw (verbatim)。

OED の yaw-yaw は該当箇所に説明なし。何らかの事情による間違い。*OED* の word の項 (20.b.) に "1613 R.C. *Table Alph.* (ed. 3), *Verbatim, word by word*" とあるが 1613 年版ではなく初版 (1604) である。

§2. *Table* 発行年の 2 種類の異なった表記

次に、*OED*² に掲載されている *Table* の引用年の違いについて考察する。

スタイン (G. Stein) の "*A Chronological List of the Dictionaries with their Editions and Locations*" (Starnes, De W. T. and Noyes, G. E. *The English Dictionary from*

Cawdrey to Johnson 1604–1755, Benjamins, p. xiv) によれば、*Table* には初版 (1604)、改訂再版 (1609)、第3版 (1613)、第4版 (1617) の4種類の存在が確認されている。OED^2 には *Table* からの引用例が377例掲載されているが、そのうち、3例を除いた374例が1604年の初版と1613年の第3版の2種類の版だけから引用されている。しかし、その引用例には大きく分けて2つの誤りがみられる。ひとつは *Table* の初版 (1604) に掲載されているにもかかわらず、第3版 (1613) と記されている単語の存在であり、もうひとつは OED^2 には *Table* 初版 (1604) となっているが、1604年の初版には掲載されていない単語の存在である。まず、*Table* 初版に掲載されているにもかかわらず、OED^2 では第3版と記されている単語に着目する。以下に例として4単語引用する。1行目が *Table*, 1604 からの引用、次いで OED^2 の該当部分。

(20) **allienate**, asswage, or make more easie and light.

> †**allevate**
>> To raise up, lift. Used also for ALLEVIATE.
>> 1613 R.C. *Table Alph.*, *Allevate*, asswage, or make more easie and light.
>>> (OED^2, allevate)

Table の第3版が手元にないので詳細は不明だが、初版 (1604) には **allienate**, asswage, or make more easie and light. とあって allevate という見出し語はない。従って、A の項目を担当した初代編集者のマレーが初版は参照せず、allevate という語形に変更されている第3版のみを参照して掲載したのではないか。

(21) **gentilitie**, gentrie, nobilitie, gentlemanship.

> **gentlemanship**
>> 1. Gentlemanhood; the position, character, or conduct of a gentleman.
>> 1613 R. CAWDREY *Table Alph*. (ed.3), *Gentilitie*, gentry, nobilitie, gentlemanship.
>>> (OED^2, gentlemanship)

(22) **librarie**, a studie, a great number of bookes

> **library**[1]
>> 2.a. The books contained in a 'library' (sense I); 'a large

collection of books, public or private'(J.).

1613 R.C. *Table Alph*. (ed.3), *Librarie* .. a great number of books.

(OED^2, library)

(23) **personate**, to counterfaite, anothers person

personate

2. To assume or counterfeit the person of (another), usually for the purpose of fraud; to pretend to be, pass onself off as.

1613 R. CAWDREY *Table Alph*. (ed. 3), *Personate*, to counterfait anothers person.

(OED^2, personate)

これらの4単語はすべて1604年に出版された初版に掲載されているにもかかわらず、1613年の第3版からの引用とされている。このような単語は数多くみられる。以下、各項目別に1613年引用の単語を挙げ、1604年版と比較して、引用例に誤りがある単語数、単語例を調べる。そして、なぜそのような誤りが生じたのかを考察する。

表8

項目	1613年と表記された総数	1604年版に掲載されている数	語	編集者
A	3	3	allevate, assay, awry,	Murray
B	19	13	bankrupt, banquet, barbarian, barbarism, beguileful, bill, blaming, blattering, blushing, braggart, bray, brothel, burgess	Murray
C	74	54	calligraphy, cancel, capitulation, captation, capuchon, carelessness, carminate, catechizer, category, cathedral, catholic, cavil, celestial, censure, centre, cessment, chambering, chant, cherub, chirograph, chronology, church-robber, cibaries, circumscribe, classic, client, cock, coffin, coherence, collateral, combination, combure, commotion, compass, compendious, complice, compunction, conceit,	Murray

第 7 章　コードリ (R. Cawdrey, *A Table Alphabeticall*, 1604) 再考 | 139

			concinnate, confabulate, confront, conquest, consonant, conspicuous, contestate, context, contingent, conventicle, corporate, corroded, counterchange, crassitude, culpable, culture	
D	9	7	decachordon, decorum, defray, defy, deify, delicate, delineate	Murray Bradley
E	20	14	eclogue, ejection, elocution, emphasis, encroachment, endear, engage, enormious, etymology, Encharist, evangel, exaggerate, excecate, exord	Bradley
F	3	3		Bradley
G	3	2	graner, gentlemanship	Bradley
H	4	2	housewife, harbour	Murray
I	7	1	ingrate	Murray
J-K	1	0		Murray
L	11	6	legerdemain, levity, library, lavish, lethal, light-handed,	Bradley
M	7	1	minutely	Bradley
N	0	0		Craigie
O	5	2	object, obtestate	Murray
P	17	6	personate, pierce, pittance, pomegranate, pragmatical, proctor,	Murray
Q	0	0		Craigie
R	5	2	reckoning, reference,	Craigie
S-Sh, St	10	2	seize, shine	Bradley
Si-Sq	0			Craigie
Su-Sz	1	1	suffrage	Onions
T	6	1	traverse	Murray
U	1	0		Craigie
V	1	0		Craigie
W	1	0		Bradley, Onions, Craigie
Y	1	0		Onions
	209	120		

（X は引用例が 1 語もない）

Table 第 3 版 (1613) からの引用と記載されている例は全部で 209 単語、その中の 120 単語が実は *Table* 初版 (1604) に収録されており、*OED* の記述が間違っている。中でも引用例の間違いが多いのが A–H までと L であり、L の項目と同時期に編纂・刊行された O の項目も依然として間違いが多いが、年代を経るにつれて間違いは減少する。このことから、*OED* 元版編纂初期には、編集者たちの手元には *Table* の第 3 版しかなく、第 3 版のみを使用していたことは明らかである。そして間違いが減少する I の項目以降、初版も参照し、初版と第 3 版の双方を参照しながら編纂したと推測できる。

　スタイン (G. Stein) は "*A Chronological List of the Dictionaries with their Editions and Locations*" (Starnes, De W. T. and Noyes, G. E., p. xiv) で *Table* の所蔵場所について次のように述べている。

(24) **CAWDREY, ROBERT**
A Table alphabeticall, conteyning and teaching the true writing, and understanding of hard usuall English wordes ... London, I.R. for Edmund Weauer, 1604
Oxford, Bodleian Library
　　Note: —The British Library in London holds a microfilm (negative) of the copy in the Bodleian Library.
　[—] — Newly corrected, and much enlarged by T.C. London, T.S. for Edu- mund Weauer, 1609.
　　Cambridge, U.K., Pembroke College
　[—] — htird【sic】edition. ... London, T.S. for Edmund Weauer, 1613.
　　London, British Library, Oxford, Bodleian Library
　[—] — Forth edition. ... London, W.I. for Edmund Weauer, 1617.
　　London, British Library
(Starnes and Noyes, *The English Dictionary from Cawdrey to Johnson 1604–1775*, p. 14)

　つまり、初版と第 3 版はオックスフォード大学にあるボドレー図書館 (Bodleian Library) が所有しているが、第 2 版はケンブリッジ大学のペムブルック学寮

(Pembroke College) が所有している。従って、*OED* 初版編纂時には第 3 版のみを使用した可能性がある。また、マレーは *OED* 編纂を開始した当初、ロンドンのミル・ヒル (Mill Hill) にあるサニーサイド邸内に編纂資料室 (Scriptorium) を建て、仕事をしており、オックスフォードに転居したのはそれから 6 年後の 1885 年である。つまり、ミル・ヒルに住んでいる際にロンドンの大英博物館に所蔵されていた第 3 版を使用しそれが後の編者たちに受け継がれたと考えられる。

§3. 発行年の間違い

OED^2 の引用例では *Table* 初版 (1604) となっているが実際には初版には掲載されていない単語がある。以下に OED^2 から 4 単語の該当箇所を引用する。

(25) †**densate**

> *trans*. To thicken, condense.
> 1604 R.CAWDREY Table Alph., Densated, made thicke.
> 1657 TOMLINSON Rrnou's Disp. 651 ...
>
> (OED^2, densate)

(26) **haggard**

> †2. *transf.* and *fig.* **a**. Wild, unreclaimed, untrained (often with direct reference to I). **b**. 'Froward, contrarie, crosse, vnsociable' (Cotgr.).
> 1580–1695
> 1604 R.CAWDREY *Table Alph.* (1613), *Hagard*, wilde, strange, contray.
>
> (OED^2, haggard)

(27) **pyx**

> 1. A box; a coffer; a vase. rare.
> 1604 R.CAWDREY *Table Alph.* (1613), *Pyxe*, a boxe.
>
> (OED^2, pyx)

(28) †**'sordidate**

> (See quots.) So '**sordidated** *ppl*.a.

1604 R.CAWDREY *Table Alph.* (1613), Sordidated, defiled, sluttish.

(*OED*^{2}, sordidate)

これらの4つの単語は初版に掲載されていないにもかかわらず、*OED*^{2} では初版からの引用と記されている。"1604 R.CAWDREY *Table Alph.* (1613)" という記述は「実際は1613年版を参照したが、1604年の初版も同じ記述であろう」と推測して記述したことを示しているのであろう。以下、各項目別に1604年と記してあるにもかかわらず1604年の初版に掲載されてない単語数、単語例を調べる。そして、なぜそのような誤りが生じたのかを考察する。

表9

項目	1604年と記述してある例数	実は1613年に掲載してある例数	例	担当編集者
A	0	0		Murray
B	0	0		Murray
C	0	0		Murray
D	17	9	densate, desect, despoile, dilapidation, discontinuance, distraught, dogmatical, drawl, drudge	Murray Bradley
E	4	0		Bradley
F	2	0		Bradley
G	8	0		Bradley
H	19	2	haggard, herald	Murray
I	1	0		Murray
J	0	0		Murray
K	2	0		Murray
L	11	0		Bradley
M	6	1	meet	Bradley
N	6	3	nadir, nauseous, nefarious	Craigie
O	25	0		Murray
P	2	1	pyx	Murray

Q	12	0		Craigie
R	30	1	rhythmical	Craigie
S	8	3	soliloquy, sordidate, stubby	S-Sh, St Bradley Si-Sq Craigie Su-Sz Onions
T	6	0		Murray
U	6	1	unbeguileful,	Craigie
V	0	0		Craigie
W	0	0		Bradley, Onions, Craigie
Y	0	0		Onions
	165	21		

　OED^2 における *Table* 初版からの引用が掲載されているのは全部で 165 単語、その中の 21 単語が実際は初版に収録されておらず、OED^2 が間違っている。

　A、B、C には 1604 年からの引用はなく、1613 年の第 3 版のみである。従って、マレーが A、B、C の項目を編纂した時には第 3 版（1613 年）しか使用していなかったことは明らかである。表 8 と表 9 を比較すると、1604 年からの引用は D 以降増え始め、例えば S では第 3 版 (1613) からの引用が 9 例なのに対し初版 (1604) は 32 例と、編纂後期になるにつれて初版からの引用が増加している。このことから D 以降には初版と第 3 版の両方を使用していたと考えられる。しかし、D は 1604 年の初版からの引用とされているが初版には収録されていない語が多く、E では初版からの引用が 1 例もない。従って、実際は D の項目編纂当時、初版は編者の手元にはあったが使用していなかったのであろう。つまり、初版は年号の誤りが減少した F 以降に使用され始めたと考えることができる。また、初版 (1604) から引用されている 165 単語のうち *haggard* のように "1604" と記したあとに、"(1613, 3rd ed.)" と書き加えている例が 23 例あることからも *OED* 編纂時に実際には第 3 版を参照したが、原稿作成後、あるいは校正の段階で初版には記載がないことに気づいて "(1613, 3rd ed.)" と書き加えたのであろう。

　表 8 の結果から 1613 年の第 3 版と表記 "(1613)" してあるのに実際は初版 (1604 年) に掲載されている語が 120 あるのに対し、1604 年の初版からと表記されている "(1604)" が実際には初版にない語が 21 と極端に少ないことは一目瞭然であ

る。また、年号の矛盾は編纂初期に多くみられる。これは OED 元版編纂当初、編纂責任者であるマレーが $Table$ の第3版 (1613) のみを使用していたがために起こった結果であり、F以降、初版も使用し始めたことは間違いない。ただし、初版と第3版とを特に区別なく使用している編者もいる。

§4. 出版年表記の間違い

OED^2 には $Table$ からの引用が377例掲載されており、そのうちの209例が第3版 (1613) からの引用、165例が初版 (1604) からの引用例である。残りの3例 (377–209–165 = 3) の出所は不明である。その3例を OED^2 から引用する。

> (29) **fissure** **1.a.** A cleft or opening (usually rather lomg and narrow) made by splitting , cleaving, or separation of parts; 'a narrow chasm where a breach has been made' (J.).
> 1606 R.CAWDREY *Table Alph*., Fissure, rift, cleft, or pertition.
>
> (OED^2, fissure)
>
> (30) **fleering** That fleers; †grinning, grimacing; †smilimg obsequiously; laughing coarsely or scornfully.
> 1608 R.CAWDREY *Table Alph*., Giglot, strumpet, a fliering wench.
>
> (OED^2, fleering)
>
> (31) **geode** A concretionary or nodular stone, containing a cavity usually lined with crystals or other mineral matter.
> [1619 R.C. *Table Alph*., *Stones*, *Geodes*, a stone being hollow, having earth within the hollowness thereof, and being put to a mans eare, it maketh a kinde of sound.]
> 1676–
>
> (OED^2, geode)

fissure は 1606 年、*fleering* は 1608 年、*geode* は 1619 年となっている。しかし、Starnes & Noyse（引用 (24)）によると $Table$ は 1604 年に初版が出版された後は 1609 年に第2版、1613 年に第3版、1617 年に第4版が出版されたことになっており、OED^2 に記述された年号とは一致しない。このような間違いが生じた原因

は不明である。引用 (30) に現われる *giglot* はコードリには掲載されていない。手元の辞書ではフィリップス (E. Phillips, *The New World of English Words*, 1658)、コールズ (E. Coles, *An English Dictioanry*, 1676) 以降に掲載されている。

7. *Table* とシェイクスピアの語彙との比較

　コードリに収録された語彙が一般民衆にかなりゆきわたっていたことを証明するために、*Shakespeare Lexicon* の収録語彙と比較する。シェイクスピアが用いた語は観衆の多数を占める一般民衆にとってなじみのある語である。シェイクスピアは学術的な外来語は用いず、教養のない観衆にもわかる程度の外来語しか用いていない。言葉を変えると、外来語ではあるが、英語の単語とよく似た短い語形を持ち、借用された後長い間に英語国民の間に浸透していた身近な、なじみのある外来語しか用いていない。シェイクスピアは、短い語形であり、かつ古い時代に借用されて英語に溶け込んでいたために、イギリスの一般民衆が外来語と認識していなかった語彙を用いる傾向がある。

　コードリの収録語彙の一般民衆への浸透度は Schmidt の *Shakespeare Lexicon* と比較することで明らかになる。以下は *Table* のうちのSで始まる語と、*Shakespeare Lexicon* のSの項目に掲載されている語との比較である。

表 10

1. Sabbath	2. Sacrament	3. Sacred	4. Sacrifice
5. ×ſacrificule	6. ×ſacriledge	7. ×§ſafeconduit	8. Saint
9. Sally	10. Salvation	11. ×ſalubritie	12. Sanctify
13. ×ſanctification	14. Sanctity	15. ×ſanctmonie	16. Sanctuary
17. Sandal shoon	18. Sanguine	19. Sanity	20. ×ſapience
21. Satiate	22. Satiety	23. Satisfaction	24. ×ſatisfactorie
25. ×ſaturate	26. ×ſaturitie	27. Savage	28. Satyr
29. ×ſatericke	30. Satirical	31. Scandalized	32. Scandal
33. ×§ſcarifie	34. Schedule	35. ×ſchiſme	36. ×ſchiſmatike
37. Science	38. Scripture	39. Scruple	40. ×ſcrutiny
41. ×ſcrupulous	42. Scurrility	43. ×ſeclude	44. Sectary
45. Sect	46. ×ſection	47. ×ſecular	48. Secondary

49. Security	50. ×ſediment	51. Seditious	52. Seduce
53. ×ſedulitie	54. ×§ſegniorie	55. Segregation	56. ×§ſeize
57. Select	58. Semicircle	59. ×ſeminarie	60. Senator
61. Sense	62. Sensible	63. Sensual	64. Sententious
65. Sentinel	66. Separation	67. Sepulchre	68. ×ſepulte
69. Sequel	70. Sequester	71. Serious	72. Serpentine
73. Servile	74. Servitude	75. Severe	76. Severity
77. Sex	78. Shackle	79. Significant	80. Simile
81. ×ſimilitude	82. Simony	83. Simplicity	84. ×ſiniſter
85. Sincere	86. Singularity	87. Situation	88. Sleight
89. ×ſmatterer	90. Snatch	91. ×ſnipperings	92. Soar
93. ×ſociall	94. Sociable	95. Society	96. ×ſodomitrie
97. Sojourn	98. Solace	99. Solemnize	100. Solicit
101. Solid	102. Solitary	103. ×ſolution	104. Sophister
105. Sophisticated	106. ×ſophiſme	107. Sot	108. Sovereign
109. Source	110. Soil	111. ×ſpatious	112. Specify
113. ×ſpecke	114. Spectacle	115. ×ſperme	116. Sphere
117. Spicery	118. ×ſplendent	119. ×ſplene	120. ×ſpongeous
121. Spousal	122. ×ſpume	123. ×ſtabilitie	124. STable
125. Stablish	126. Station	127. Statue	128. Stature
129. Sterility	130. Stigmatical	131. Style	132. Stillatory
133. ×ſtipendarie	134. ×ſtipulation	135. Strangle	136. Stratagem
137. Strict	138. ×ſtrictnes	139. Studious	140. ×ſtupefie
141. ×ſtupiditie	142. ×ſuasorie	143. ×ſubalterne	144. Subdue
145. ×ſublimity	146. ×ſublime	147. ×ſubmiſſe	148. Suborn
149. Subscribe	150. Subséquent	151. Subsist	152. Substitute
153. ×ſubſtract	154. ×ſubtract	155. Subtile	156. Subvert
157. Succeed	158. ×ſucceſſor	159. ×ſuccincte	160. ×ſuggect
161. ×ſuffixed	162. Suffocate	163. ×ſuffragane	164. Suffrage
165. Suggest	166. Sulphur	167. Summary	168. ×ſummarilie
169. Sumptuous	170. ×ſupererogation	171. ×ſuperabundant	172. Superfluous
173. ×ſuperficies	174. Superficial	175. ×ſuperioritie	176. Superscription
177. Superstitious	178. Supplant	179. ×ſupplement	180. Supple
181. Supplication	182. Suppliant	183. Support	184. Supposition

第 7 章　コードリ (R. Cawdrey, *A Table Alphabeticall*, 1604) 再考 | **147**

185. Suppress	186. Supreme	187. Supremacy	188. Surcease
189. ×§ſurcharge	190. Surmount	191. Surpass	192. Surplus
193. Surprise	194. Surrender	195. ×§ſurrogate	196. Survive
197. ×ſuſpenſe	198. Sustain	199. Swain	200. Swarth
201. ×ſwarue	202. ×ſycophant	203. ×ſymball	204. ×**symmetrie**
205. Sympathy	206. ×ſymptome	207. Synagogue	208. Synod

　コードリの *Table* のうち S で始る 208 語のうち、シェイクスピアは 136 語を使用しており、これは 65.4％ に相当する。*Table* の中の S で始まる語のうち、シェイクスピアが用いた語、用いていない語を『英語語源辞典』を参考に初出年代別に分けた結果が以下の表である。

表 10　*Shakespeare Lexicon* に掲載されている語

～ 1400	1401~1500	1501~1600	1601~1604
sabbath	**sanity**	sally	
sacrament	satiate	satiety	
sacred	**savage**	satirical	
sacrifice	scandalized	scurrility	
saint	**security**	sectary	
salvation	seditious	segregation	
sanctify	seduce	select	
sanctity	sensual	semicircle	
sandal shoon	sententious	sentinel	
sanguine	**sequel**	severe	
satisfaction	serious	significant	
satyr	servitude	sincere	
scandal	severity	sociable	
schedule	situation	society	
science	solicit	station	
scripture	sophister	stigmatical	
scruple	sterility	**strict**	
sect	**stratagem**	suborn	
secondary	**subscribe**	**subsist**	

senator	subsequent	suggest	
sense	**substitute**	**supposition**	
sensible	suffocate	supremacy	
separation	suffrage	surpass	
sepulchre	summary	**surprise**	
sequester	sumptuous	swarth	
serpentine	**suppliant**	sympathy	
servile	**supreme**		
sex	surcease		
shackle	surrender		
simile	survive		
simony			
simplicity			
singularity			
sleight			
snatch			
soar			
sojourn			
solace			
solemnize			
solid			
solitary			
sophistication			
sot			
sovereign			
source			
soil			
specify			
spectacle			
sphere			
spicery			
spousal			
sTable			
stablish			
statue			

stature			
style			
stillatory			
strangle			
studious			
subdue			
subtile			
subvert			
succeed			
sulphur			
superfluous			
superficial			
superscription			
superstitious			
supple			
supplication			
support			
suppress			
surmount			
surplus			
sustain			
swain			
synagogue			
synod			

太字はシェイクスピアが新たな意味を与えた語である。

表12 *Shakespeare Lexicon* に掲載されていない語

sacriledge	salubritie	sanctmony	sacrificule
safeconduit	scrutiny	satisfactorie	sublime
sanctification	scrupulous	saturate	substract
sapience	seclude	saturitie	suggect
satericke	solution	section	suffixed
scarifie	splendent	secular	surcharge
schisme	stupefie	sediment	

schismatike	succincte	sedulitie	
segniorie	superabundant	sinister	
seize	superioritie	smatterer	
seminarie	surrogate	snipperings	
sepulte	swarve	stipendarie	
similitude		stipulation	
sociall		strictness	
sodomitrie		stupiditie	
sophisme		suasorie	
spatious		subalterne	
specke		sublimity	
sperme		subtract	
splene		summarilie	
spongeous		supererogation	
spume		superficies	
stabilitie		suspense	
successor		sycophant	
suffragane		symmetrie	
supplement			
symball(cymball)			
symptome			

　シェイクスピアが用いた外来語は1400年までに借用された語が多数であることは明らかである。この1400年という年号は、1066年のノルマン・コンクェスト以来大量のフランス語が英語に流入し、初めは、口語として流入したフランス語が、英語の書き言葉にも用いられるようになり、実際に文献に用いられるようになるまでに約350年の年月を要したということを表わしている。従って、1600年前後に劇作品を書いたシェイクスピアにとって、またシェイクスピアの劇作品を鑑賞した観衆、イギリス国民にとって、1400年までに英語に入った語は300年余りの年月を経て英語化した語であった。言い換えれば、1400年までに入り、1600年前後にシェイクスピアが活躍していたまさにその時期の1604年にコードリが *Table* を出版し掲載したフランス語はいわゆる難解語ではなく、身近に見聞きする英語化したフランス語であった。Sで始まる語のうち65.4％は難解語では

ないことをこの表が証明している。

　他方シェイクスピアが用いていない残りの 34.6% はどうだろうか。用いられた語の表と明らかな違いがある。第一に、1501 年以降に初出した語の割合が大きくなっていることである。これらの語は比較的新しい外来語であったために完全に英語に定着しておらず、いわゆる難解語であったと考えてよい。従って、シェイクスピアは用いていない。第二に、1500 年以前、さらには 1400 年以前に借用された語でもシェイクスピアが用いていない語がある。その理由は作品のテーマ、内容にそぐわないからである。たとえば上の表 10 にボールドで示した、scrutiny, schism, schismatic, seminary, sepulte (sepulture), sodomitrie (sodomite), sophism, sperm, spleen, suffragan などは学術に関する語ではあっても専門的な内容を表わす語でない。しかし、お世辞にも上品とはいえない無知文盲な下層の民衆が飲み食いしながら、口論しながら、大声で雑談しながら立ち見するシェイクスピアの作品にふさわしいとはいえない。また、およそ人間のあらゆる問題に関してシェイクスピア程広範囲にわたるテーマを取り扱った作家は他にいないと思われるのにシェイクスピアが、意図的にかそれとも偶然なのか、ほとんど使わなかった分野の語類がある。宗教に関する語である。イェスペルセンは、シェイクスピアが宗教については「抑制癖 (reticence)」があった。従って、シェイクスピアの作品には宗教に関する語が少ないとして、「*Bible, Holy Ghost, Trinity* はまったく使われず、*Jesus* (Jesu), *Christ, Christmas* はいくつかのごく初期の作品にしか用いられず、Saviour は 1 回（『ハムレット』）、Creator は贋作の疑いのある 2 作品（『ヘンリー 6 世第 3 部』、『トロイラス』）にのみ現れる」と述べている（p. 155, 注 1）。

8. *Table* とコケラム (H. Cockerum, *The English Dictionarie*, 1623) との収録語彙の比較（試論）

　次にコケラムの辞書の語彙に注目する。取り扱うのは 'The First Part' である。S で始まる掲載語は 438 語であり、なじみのない単語が多く、*OED* が掲載してない語も多く、コケラムへの言及・引用のない語も多い。S の項の最初の 1, 2 ページだけでも以下のような語が数多く見られる。

Saginate. To fatten a beast.（まれ）
Sabaoth. Hosts or armies of men.（ヘブライ語そのまま、*OED* に引用なし）
Seminarie. A crooked Sword or Faulchion
Signation. The Fattering thereof.（*OED* になし）

外国の文化に特有の文化物を表わす語であったり、外来語そのままであるから意味領域の狭い語が多いのは当然である。簡潔すぎてわかりにくい意味説明を含んでいることもコケラムの特徴である。

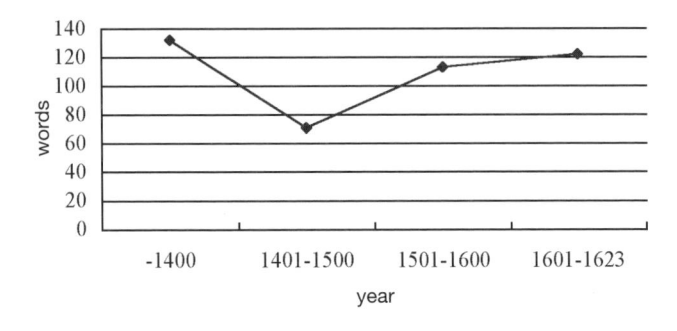

コケラムの辞書のSで始まる語の初出年代を調べ、グラフ化した結果が上のグラフである。コケラム初出の語は98語でこれは全体の約22.4%に相当する。そしてこれらの語のほとんどが現在では廃用になっており、唯一例も少なくない (secubate, sermocinate, sorbillate, soterian day, spissity, stabulation, ..., surculate)。コケラムの辞書の場合、初出の98語は彼が英語の語彙を豊富にし、洗練させるためには必要な外国語とみなし英語に普及させるという明確な意図で自分の辞書に掲載した。英語の語彙を豊富にしようとするコケラムの意図は書名に 'Dictionarie' という語を、外国語辞書には前例がある (1538 (*title*), *The Dictionary of syr Thomas Eliot knyght*, OED^2, s.v. dictionary) が英語辞書に初めて用いたことからもはっきりと読み取ることができる。すなわち、コードリに見るような語学学習書の一部としての語彙集ではなく、難解語を説明するという辞書の目的と使命を明確に認識していた。

また、辞書を通じて英語の語彙を豊富にし、洗練するためにできるだけ多数の外国語を紹介し、彼が必要と考えた外国語を英語に導入しようとしたのである。その試みが度を過ぎて多数の掲載語が廃用になってしまったといえよう。グラフ

第 7 章　コードリ (R. Cawdrey, *A Table Alphabeticall*, 1604) 再考 | 153

からわかるように、編纂された 1623 年に近くなるほど掲載語数が増えていることからも、定着しきっていない、つまり十分に英語化されていない語を掲載しようとしたことは難解語辞書ならではの特質である。特に 1601 年以降に借用された語は短い期間にもかかわらず相当な割合を占め、*Table* とは対照的な特徴となっている。さらに第二部で英語を洗練させようとし、第三部として百科事典を加えた。このような特徴を持つコケラムの *The English Dictionarie* こそ難解語辞書と称するに値するといえよう。

§9. 結論

　コードリの *Table* は語学学習書クートの性質を引き継いだ英語を学習する初心者が習得すべき日常語化した外来語の語彙集であった。クートの *The English Schoole Maister* (1596) は初学者のために作られた英語の学習書であり、その巻末付録の語彙表は外来語ではあるが、なじみのある語を集めたものであった。初学者を対象としたその巻末語彙表を大部になった学習書本体から切り離し、独立した一冊の本として独立させるために編纂、執筆されたのが *Table* であり、収録語彙は「難解語」ではなく初学者向けの基本語彙である。「英国最初の英語辞典の編者という名誉は、永久にコードリのものとなるであろう。」という林哲郎の一文は確かに正しい。しかしコードリ自身は英国初の英英辞書を作るという意識はまったくなかった。彼は従来通りの学習書の一部としての基本外来語彙集を作成した。それを、学習書が大部になりすぎたために切り離さざるをえなかったというような何らかの事情で独立した書物形態にしたのである。慣例によって長々しくなっている *Table* のタイトル頁の題名が如実にこのことを表わしている。基本単語となっていた易しい外来語、あるいはコードリ自身が英語として定着させるべきだと判断して掲載した語彙は、コードリ以降の英語辞書にほとんどそのまま継続して掲載され続けた。成立の事情はともかくこのように英語を英語で説明する単語の一覧表 (*Table*) が独立した書物という形態で初めて世に登場したことで、外国語＝英語辞書ばかりではなく、英英辞書、つまり英語の国語辞書が「辞書」として存在しうるということが初めて認識された。その意味で、コードリには初めて英語を英語で説明した辞書編纂者という名誉が与えられている。コケラムの辞書は書名にもあるとおり意図的に辞書というものの性質を備えており、あくま

でも初学者を念頭において編纂されたクート、コードリとは違いまさしく難解語を収録した辞書である。'hard vsuall Englifh wordes' とは誰にとっても難しいことを意味しているわけではなく、OALD の定義にもあるとおり「初学者にとって難しい」という限定的な意味を持っていることに注意すべきである。

'It was an era of borrowing, adapting and downright plagialism' (Alexander McQueen, *Encyclopaedia Britannica*, 1968, Vol. 7, p. 387) とあるように「盗用、盗作とあからさまな剽窃の時代」に、クート、コードリ、コケラム以下の歴史に名前を残す辞書は、先行辞書からの借用を繰り返しながらも、それぞれの辞書には編纂者独自の創意工夫が見られる。その積み重ねがイギリスにおける英語の辞書発達史といえよう。英語辞書の歴史は「盗用、盗作と剽窃」の繰り返しとそれぞれの創意工夫の蓄積の歴史であり、一見同じことの繰り返しのようだが剽窃を繰り返しながらもそれぞれが独自の新味を加えて、地道な編纂作業の結果が編纂技術の向上をうながし、結果として世界最良最大と評価されている *Oxford English Dictionary* (*OED*) が生まれることになったのである。

注

　　（筆者は 2010 年度で定年退職となるので完成を急いだ。そのために十分に納得のゆく推敲は望めなかった。しかし、コードリの *Table* が「難解語辞書」であるという前提の下に難解語の代表であるギリシア語がどの程度収録されているかを調べてみたところ意外にもコードリにはギリシア語からの借用語は非常に数が少ないうえにいわゆる難解語らしいギリシア語はほとんど見出せなかった（本稿、第 8 章「近代英語辞書におけるギリシア借用語」、第 7 章「2. コードリの辞書に収録されたギリシア語の意味」）ことからコードリは実は難解語辞書ではなく、逆に、実はコードリがそれ以前の語学学習書に付してある初心者向けのグロッサリーの延長線上にある性質を持っていると結論し、そのことを証明するために調査を進めてきた。ところが次々と予期しなかった新たな問題が生じてきた。

　　第一に、コードリに関する *OED*[2] の記述の不透明さは *OED* 成立に関する問題を提起している。

　　第二に、コードリを中心とする最初期のいくつかの英語辞書の性質、そして英語辞書はどのように確立したのかという点は実はいまだに明らかにされていない。

第三に、それぞれの編纂者の辞書に対する意識の推移といったことが具体的に明らかにされていない。

コードリが実際は初心者向けのやさしい外来語のグロッサリーであることは証明できたと思う。最初期の英語辞書全体に関しては方向性は示しえたと考えているが問題の解決には至っていない。今後も英語辞書史の先行研究を見直す必要があると考えているが、一応のまとまりがついたところまでを公刊する次第である。

OED^2、Table に関する基礎データ作成には、筆者の指導の下で、与えられた問題点と資料にもとづき卒業論文を書いた新谷美紀、津田香織、寺尾康平の三人に負うところが大きい。時間の限られた筆者には大変ありがたかった。記して感謝します。時間の許す限り再点検をした。誤記・誤解がないことを願っている。)
(1)『英語の成長と構造』南雲堂、p.122。ただし、イェスペルセンのこの見解に関して郡司利男先生は次のように書いておられる。

「ある人が用いなかった語は、用いた語と同様、あるいはそれ以上に、その人を語る可能性がある。作品に、Bible, holy, ghost, trinity などの語がまったく現れないとして、シェイクスピアの宗教に対する「抑制」癖をイェスペルセンは推論している（じつは Holy も ghost も出てくるのだが？）。」【ママ】

(郡司利男『英語学ノート』p. 199)

郡司先生が「（じつは Holy も ghost も出てくるのだが？）」となんともすわりのわるい但し書きを最後につけているのは、シェイクスピアには holy は 205 回、ghost は 45 回とかなりの頻度で現れるからである。先生がシェイクスピアを実に克明に読みこまれていたことを身にしみて知っている筆者には、いぶかしく思われた先生の気持ちがよくわかる。なにしろ先生は、筆者があるとき「某先生に『OED の内容上の間違いを指摘するくらい勉強しないといけない』と言われました。」と申し上げたところ即座に「辞書の内容上の間違いを指摘するより、単純な間違いを指摘する方が勉強したことの証拠になる。僕はシュミットに語義の番号に間違いがあるのを見つけたよ。」とおっしゃっている。その間違いがどこにあるのかききそびれたのは悔やまれるが、ともかくそれほどに先生はシェイクスピアを読み込み、シュミットを使い込んでおられたのである。そして辞書とシェイクスピアの語彙に関していくつかの示唆的な論考が『英語学ノート』他にある。特に、今までだれも試みたことのない『シェイクスピア逆引き辞典』（未発表）も作成しておられる。その郡司先生にしてみれば「イェスペルセンがそんな簡単な間違いをするはずがないが」といぶかしく思われたことであろう。

実は、先生はイェスペルセンの原書のこの箇所を読み違えておられる。手元にある Blackwell 社の原書（第 9 版、1967, p. 203）の該当箇所の割り付けは、

(...)

or not sufficiently remarked. His reticence about
religious matters, which has given rise to the most
divergent theories of his religious belief, is shown
strikingly in the fact that such words as *Bible*, *Holy
Ghost* and *Trinity* do not occur at all in his writings,
while *Jesus* (Jesu), *Christ* and *Christmas* are found only
in some of his earlier plays; Saviour occurs only once
(in Hamlet), and Creator only in two of the dubious
plays (H6C and Troilus).
(Jespersen, *Growth and Structure of the English Language*, Blackwell, 1967, 9th ed., p. 122)

となっている。この引用文の 4 行目から 5 行目が結果として誤解されやすい行替えをしているために読み間違いを生じたのである。" ... *Bible*、*Holy*、*Ghost* and *Trinity* ... " ではなく、"*Holy*" で行が変わって次行が "*Ghost*" で始っているので *Holy Ghost* が別個の 2 語（*Holy*、*Ghost*）に見えたのであろう。Holy と Ghost との間にコンマはない。つまり、形容詞 *Holy*「聖なる」と 名詞 *Ghost*「幽霊」というふたつの単語がシェイクスピアに現れないのではなく、現れないのは *Holy Ghost*「聖霊」である。先生が行変えの際に生じた偶然（いたずら）のために *Holy Ghost* を *Holy* と *Ghost* という別々の 2 語と思い違いをされたことによって筆者のシェイクスピアの語彙研究に大きな疑問を生じさせ、それがために筆者には大きな示唆をもたらすことになったことは筆者にとっては幸運な偶然であった。

[附]

復権『薩摩辞書』

　『薩摩辞書』(明治2年、1869年、正式には『改正増補和訳英辞書』) の意義を再考しながら辞書について考える。

　『薩摩辞書』について『国語学研究事典』(明治書院、昭和52年) に次のような解説がある。

> 「改正増補和訳英辞書【別名】薩摩辞書 (……) 見返しには「和譯英辞書」と称するだけだが、和文序では「改訂増補和譯英辞書」と称し、英文タイトルでは、「Third Edition Revised」とするなど、初版のくせにおかしなところが交じるのには理由がある。薩摩の英学生に自力で辞書を編纂する能力はなかったと見え、これは実は開成所の『英和對訳袖珍辞書』に、申しわけ程度の増補を加えたものにすぎないのである。(……) 従って、内容的には全く新しいものはない。わずかに見出し語の英語に片仮名で発音を注し、訳語にもほとんど振りが仮名をするのが、開成所辞書にはない新工夫だと言えば言える。開成所官版の通俗化と言うべきか。」

　つまり、『薩摩辞書』は幕府『英和對訳袖珍辞書』(文久2年、1862、『開成所辞書』ともいう) の海賊版・剽窃であって、辞書として存在価値がないというのである。この記述に象徴的に現れているように、『薩摩辞書』は海賊版・剽窃であるという理由で評価が低い。

　『日本の英学100年 (明治編)』(研究社、1968、p. 290) は、『薩摩辞書』について「『袖珍辞書』(およびその海賊版「薩摩辞書」)」と言及しているだけでなんらの説明も紹介もしていない。しかし、海賊版・剽窃であるという理由で『薩摩辞書』は辞書として存在価値がないのだろうか。もし、海賊版・剽窃であるから辞書としての価値がないというのであれば、幕府の『英和對訳袖珍辞書』もピカードの『英語＝オランダ語辞書 (H. Picard, 1843)』の翻訳であることが証明されている (『日本の英学100年 (明治編)』、p. 288)。また、現在、書店にところせ

ましと並べられている現代の英和辞書と英米の辞書との関係についてはどうだろうか。日本の外国語辞書が海外の辞書に負うところが大きいことは否定できない。

翻訳や対訳形式ではなく、日本人が初めて「編集・編纂」の名に値する仕事をした本格的英和辞典とみなされている井上十吉の『英和大辞典』(大正4年、1915) も 100% *COD* (*Concise Oxford Dictionary*、明治44年、1911) の翻訳といっていい。Idiomology とこなれた訳文で名著の誉れ高く、現在も市販されている斎藤秀三郎著『熟語本位英和中辞典』(大正4年、1915。増補版、昭和11年、1936) にも *COD* の借用・翻案が多々ある。例えば、*COD* 初版 (5版くらいまではほとんど同じ) と井上、斎藤の英和辞書の nice の項の語義説明と例文をみれば納得できるだろう。

『薩摩辞書』再評価

江戸時代には、外国との接触がオランダ1国に限られていたので、当然オランダ語が唯一認められた西洋の外国語であった。従って、西洋からの知識を吸収すべくオランダ語が長崎を中心に学習されていた。しかし西洋諸国における英国の強さを認識した幕府は英語習得の必要性を痛感し、長崎のオランダ語通詞に英語の研究を命じる。そして文久2年 (1862) には日本で最初に活版本として公刊された『英和對訳袖珍辞書』(文久2年、1862。現存15部) が幕府の蕃書調所 (後に、開成所) から出版された。この辞書は、長く続いた蘭学研究の成果を英学に継承発展させたという意味で象徴的な存在である。

『薩摩辞書』(正式には、高橋新吉・前田献吉・前田正名編『改正増補和譯英辞書』明治2年、1869) は、定義については幕府開成所の『袖珍辞書』を大部分借用しているが、見出し語に片仮名のルビで発音をつけ (再版では、日本初の Webster 式標記)、訳語の漢字にもルビを付し、実用にたえる洋装本とした。オランダ語しか知らず、初めて英語に接した日本人にとってカタカナによる発音の表示は貴重な情報であった、ということは見逃してはならない。幕府の『英和對訳袖珍辞書』には改訂版も含めて発音が示されていない。『薩摩辞書』の15年前の嘉永7年 (1854) 出版の茂亭村上義茂著『三語便覧』に付してある英語の発音は、ice、 village、gate がオランダ語風に「イセ、ヒルラゲ、ガテ」であった（達理堂蔵、カルチャー出版社復刻版）ことを考えれば『薩摩辞書』の発音表記は当時の英学生にとっては大変有り難い情報であったに違いない（このことは、本書第 5 章で扱ったジョンソンと第 6 章で述べたリチャードソン、シェリダン、ウォーカーの辞書との関係に似ている。リチャードソン他の辞書は発音以外はジョンソンの剽窃ということで評価が低いということはない。むしろ、特にウォーカーは当時の発音を知るうえでの貴重な資料・証拠として尊重されている。安易に比較はできないが定説・通説だけで考えるべきではない、というひとつの教訓である）。開成所版は初版 200 部、再版 1,000 部と部数が限られ、入手が困難な上に再版以降は薄手の和紙を袋とじにした。そのために用紙が薄いわりに厚冊（枕辞書と呼ばれた）となり使いにくく実用的ではなかったのに反し、『薩摩辞書』は洋装、洋紙、活版本で扱いやすかった（初版 1,500 部、再版 5,000 部）。

　『薩摩辞書』がその書名に『改正増補』と断っていること、更には、"THIRD EDITION REVISED" と記しているのは、オリジナルではなく『袖珍辞書』の初版、再版に基づく第 3 版であることを断っているのである。しかも、初版では編者の名前を記さないで、ただ「日本　薩摩学生 (A Student of Satsuma)」とのみ記した。従って、『薩摩辞書』という通称が与えられている。この辞書は薩摩藩の 3 人の学生が留学資金を得るために編纂したのである。留学費用捻出のためとはいえ、私利私欲のためではないし、発音表記が有益であった上に、印刷・製本・装丁も優れていたので、幕府の『袖珍辞書』ではなく、『薩摩辞書』系の海賊版・復刻版が繰り返し翻刻されている。ざっと数えただけでも明治 20 年頃までに 25 種類が出版されている。明治 18 年、19 年、20 年に至っても、それぞれ 3、4、6 種類の翻刻版、海賊版が出版されている（早川勇編『日本英語辞書年表』、1998）。『薩摩辞書』が結果的に日本の英学発展に大きく貢献したことは評価されなければならない。

　辞書編纂者、執筆者の立場に立てば、およそ辞書としての正確さ、客観性を得るために現在でも必ず先行する辞書を参考にすることが前提とされていることを考えれば、『薩摩辞書』を単純に海賊版と決めつけるべきではない。

　多くの辞書編集を手がけた故佐々木達は「辞書の本質は実用にあるのであるから、これを学問的な著作だと誤解してはならない。（……）この二つをはっきり区別し、それぞれを正しく評価しないことから、辞書編纂に対するいろいろな誤

解や認識不足が生じるのである。」(『英学断想』昭和 54 年、p. 211) といっている。『薩摩辞書』再評価を主張する理由である。

　なお、鹿児島県内には『薩摩辞書』が 3 部存在する。県立図書館、鹿児島大学中央図書館、それに個人蔵が 1 冊である。そのうち、筆者旧蔵で現在鹿児島大学蔵書となっている 1 冊は、前付きにあるはずの「薩摩学生 (A Student of Satsuma)」という署名のある英文と和文の「序文」がない。この 1 冊は、蔵書印から東京医学校 (現在の東京大学医学部) が最初の所有者で、その廃棄本であることがわかる。従って、この辞書の「薩摩学生」と記されていた「序文」は、東京医学校の管理責任者が「薩摩学生」が編纂した辞書を所有し、使用していることを隠すために「薩摩学生」という署名のある前書きをだれにも気づかれないようにきれいに切り取った、と筆者は推測する。うかつにも筆者は、3 冊目をたまたま眼にするまで前書きが切り取られていることに気づかなかった。それほど丁寧に、完璧に切り取られていたのである。

第8章
近代英語辞書におけるギリシア借用語

1. 序

　ノルマン・コンクェスト (1066) により支配者の言語となったフランス語から無数の語が借用された。また、ルネッサンス期にギリシア語、ラテン語、フランス語の洗練され、かつ豊富な語彙が英語に取り入れられた。多数借用された難解な外来語を説明するという意図で近代英語辞書が次々に編纂され、出版された。一方、語彙の貧弱な英語に洗練された語彙を多数取り入れるという明確な意図のもとに辞書編纂がなされたことも事実である。初めての英語辞書として有名なコードリの辞書（Robert Cawdrey, *A Table Alphabeticall*, 1604, 以下、*Table*）も難解語辞書とみなされている。しかし、コードリの辞書を仔細に検討してみると、コードリより後のいわゆる難解語辞書とは違う性格をもっていることがわかる。
　そこで、本論では、外国語の中でも難解度の高いギリシア借用語を取り上げて、コードリの辞書に掲載されたギリシア語からの借用語が、コードリ以降ジョンソンまでの英語辞書でどのように扱われているかを検討し英語辞書編纂に対する個々の編者の姿勢を考察し、英語の語彙と辞書発達史との相関関係を検討する。

2. コードリの辞書に掲載されたギリシア語

　16世紀半ば過ぎると、ルネッサンスの運動の影響が行き渡り、ラテン語、フランス語はもとより、ギリシア語もそれ程違和感なく英語に導入されるようになってきた。そこで、17世紀初めに出版されたコードリの*Table*にどの程度のギリ

シア借用語が収録されているのか、収録されているギリシア借用語の特色はなにか、また、コードリに収録されているギリシア借用語がその後の英語辞書ではどのように扱われているのかを検討することにより、近代英語における難解語の特質を考察し、借用語研究の問題点を明らかにする。

　Table に収録されているギリシア借用語（g, gr で示されている）の総数は 214 語で、アルファベット順の収録語彙数は以下のようである。

A-32　　B-4　　C-25　　D-13　　E-24　　G-6　　H-13　　I-3　　L-2
M-23　　N-3　　O-7　　P-33　　R-3　　S-14　　T-8　　Z-1
総計　214 語

　これらのギリシア借用語は、17 世紀の当時は難解語であった。しかし、今日では日常用語となっている語が多い。I と L の項に収録してある 5 語全部を例に取ってみる。

Idiome, (g)　　　　a proper forme or speech:
idiot, (g)　　　　　vnlearned, a foole
ironie, (g)　　　　 a mocking speech
lethargie, (g) (k)　a drowsie and forgetfull disease.
logicall, (g)　　　 belonging to reason
【(k) は a kinf of を示す。idome は I の項目の最初の語であるから語頭が大文字になっている。句読点の不統一は原文通り】

これらの 5 語は、基本語彙 5 万 6 千語を収録し、学習辞書とみなされている。*LDCE* (*The Longman Dictionary of Contemporary English*, 1987) にも収録されていることからもわかるように、いずれも我々にとってなじみのある語である。しかし、当時は、ギリシア国語という印象を与えたことであろう。今日でも、事態は大差ない。なじみがあり、日常生活上、必要に応じて使用する単語であるが、英語らしくない難しい外国語であるという印象に変わりはない。

　214 語のうち、*LDCE* に収録されている語は 194 語ある。アルファベットの項目順に語数を挙げる。

A-32	B-3	C-21	D-11	E-21	G-4	H-13	I-3	L-2
M-22	N-1	O-7	P-31	R-3	S-12	T-7	Z-1	

総計　194 語

即ち、*Table* に収録された 214 語のうち約 91％の語が現在も日常的に用いられていることがわかる。しかも、5 万 6 千語収録の *LDCE* から 16 万語収録の *Merriam Webster's Collegiate Dictionary*[10]（1993, 以下 *WCD*[10]）にあたってみると、さらに 10 語が現代英語で用いられていることになり、残存率は約 95％まで上がる。コードリに収録されていて *LDCE* に収録されてないのは《表 1》(p. 167) にあげた 20 語である。Thomas はトーマスの『ラテン語＝英語辞書 (Thomas Thomas, *Dictionarium Linguae Latinae et Anglicanae*, 1587)』、Coote はクートの学習書 (E. Coote, *The English School-Maister*, 1596) 巻末の語彙集、*WCD* は *WCD*[10] の収録状況。

　LDCE に掲載されていないとはいえ、これらの 20 語は、コードリより後の辞書には掲載され、日常語になっている。コードリに掲載されたギリシア語は、そのほとんどが英語の語彙として定着することが約束された語であるといえる。コードリより後の辞書が全く収録しなかったのは decacordon 1 語にすぎない。

　次に、A の項に収録されている語を取り上げて、*LDCE* と比較してみると、コードリと *LDCE* とで両方に掲載されている語は 32 語中 30 語である。*WCD*[10] には 32 語全部が掲載されている。コードリに掲載してある外国語が、当時すでにかなり日常生活に浸透していた語であることを物語っている。

　このことは、コードリが、外来語、ひいては英語という言語の実情と将来を見通していた、従って、辞書編纂者として卓抜な識見を持っていたと評価できる。が、しかし事実は、すでに英語に定着していたギリシア借用語を収録したにすぎないのである。換言するならば、コードリの辞書は、1 冊の独立した辞書としては英語史上初めてであるが、先行する多数の語学学習書についていた英語の語彙集に収録してある語彙をそのまま踏襲したのである。例えば、クートの *The English School-Maister* (1596)。あるいは、先行する様々な外国語＝英語辞書の見出し語および定義をそっくりそのまま借用した。例えば、トーマスのラテン語＝英語辞書 (*Dictionarium Linguae Latinae et Anglicanae*, 1587)。クートに掲載のない語をトーマスの辞書で調べてみると、その定義が全く同じであることがわか

る。*Table* の A の項に収録された 32 語について調べてみると、32 語中、クートから見出し語と定義を借用した語が 22 語ある《表 2》(p. 168)。

残りの 10 語についてトーマスと照合してみると、定義がほとんど同じであることがわかる。また、クートに収録されてない語は全部トーマスに見出すことができる。

Thomas (1587)	**Cawdrey** (1604)
Analogia, ...Conuenience, proportion, likeness.	analogie, (gr) conuenience, proportion.
Analysis, ... Resolution	analysis, (gr) resolution, deviding into parts.
Anarchia, When the people is without a Prince; lacke of gouernment or rule.	anarchie, when the land is without a prince or gouernour.

同じようにして、コードリの P の項目にある語彙を調べてみる《表 3》(pp. 170–1)。

コードリの P の項目にある 33 語のうち 21 語がクートにある。コードリの 33 語のうち、LDCE は 29 語（約 88％）を収録。WCD[10] には 33 語全てが収録されており、コードリの P の項目にある語についても、収録されている語が実は難解語でなく、すでに十分に英語に組み込まれた語であることがわかる。P の項目にある語をクートにある定義と比べてみる。

Coote (1596)	**Cawdrey** (1604)
parable similitude	parable, (g) similitude, ...
paradise g. place of pleasure	paradise, (g) place of pleasure
paramour an amourous louer	§paramour, an amourous louer
paraphrase g. exposition.	paraphrase, (g) exposition of any thing by many words.
patheticall g. vehement.	patheticall, (g) vehement, full of passions, or mouing affections

第 8 章　近代英語辞書におけるギリシア借用語 | 165

コードリの辞書に収録された語彙がギリシア語からの難解な語彙にもかかわらず、現在までも日常的に用いられている理由は、外国語とはいえ当時すでに日常的に用いられていた語だからである。その証拠に、当時広く普及していたクートに代表される学習書の語彙集やトーマスを代表とするラテン語＝英語辞書に繰り返し掲載されている語がほとんどである。そして、表 2、3 に見られるように、コードリ以降の辞書にも引き続き掲載され続けるのである。コードリがその辞書編纂に際して収録しようと意図した語は、当時すでに日常的に用いられていた語である。そのことはコードリの辞書のタイトルページを見ればわかる。

> A Table Alphabeticall, conteyning and teaching the true vvriting, and vnderstanding of hard vsuall English wordes, borrowed from the Hebrew, Greeke, Latine, or French. &c.
> 　With the interpretation thereof by plaine English words, gathered for the benefit & helpe of Ladies, Gentlewomen, or any other vnskilfull persons.
> 　　　　　　　　　　　　　　　　　　　　（Cawdrey, 1604, タイトル頁）

この文句の中で、「日常生活に使われる難解な英語 (hard vsuall English wordes)」、つまり、「難解ではあるが英語になっている語」という表現には注意を要する。コードリの意図は、あくまでも日常生活に用いられ (vsuall)、英語に組み入れられている単語 (English wordes) を収録し、外国語を全く知らない人たち (vnskilfull persons)、上流階級といえども教育を受けられなかった婦人達の便宜を考えていたのである。コードリのタイトルページにあるこれらの文句は文字通りに受け取るべきであり、その意図と努力の成果は辞書本体に十分反映されていると評価することができる。また、コードリの「序文」も、彼の意図を反映して極めて易しい文章で書かれている。

> By this Table (right Honourable & Worshipfull) strangers that blame our tongue of difficultie, and vncertaintie may heereby plainly see, & better vnderstand those things, which they haue thought hard ...
> 　　　　　　　　　　　　　　　　　　（Cawdrey, 1604, タイトル頁から 3 頁目）

コードリ以降の難解語辞書は、コードリの意図とは逆に、争って難しい外来語を数多く収録するようになり辞書は肥大化の一途を辿り、一般の人々には縁遠くなっていった。掲載された語も、難解語が多くなっていった。「序文」も辞書の内容に比例して難解になっている。例えば、コケラム (H. Cockeram, 1626) の辞書のタイトル頁からは、usual という文字が消え (*The English Dictionarie or An Interpreterof Hard English Words*)、「序文」も難解になっている。

> Part of every desertful birth, (Right Honourable) in any man his Country may challenge, his Soueraigne a part, his Parents a part, and his freinds another. As I cannot be vsefull in euery respect to each of those, so I will strive to express at least a will, if not a perfection in ability to all.
>
> （H. Cockeram, 1626, 序文）

第 8 章　近代英語辞書におけるギリシア借用語 | 167

3. 近代英語辞書に掲載されたギリシア語の一覧表

《表 1》

	Thomas	Coote	WCD	Cawdrey (1604)	Bullokar (1616)	Cockaram (1623)	Blount (1656)	Phillips (1658)	Coles (1676)	Kersey (1702)	Bailey (1721)	Bailey (1730)	Johnson (1755)
1	×	×	△	brachygraphie	○	○	○	○	○	×	○	○	○
2	×	○	○	chirograph	×	○	○	○	○	○	○	○	○
3	○	○	○	chirurgion	×	×	×	×	×	○	○	○	○
4	○	○	○	cosmographie	○	○	○	○	○	○	○	○	×
5	○	×	△	decacordon	×	×	×	×	×	×	×	×	×
6	○	×	○	diapason	○	○	○	○	○	○	○	○	○
7	×	×	×	eglogue	○	○	○	○	○	○	○	×	×
8	○	×	○	elench	○	○	○	○	○	×	○	○	○
9	○	×	○	epilepsis	○	○	○	○	○	×	○	○	○
10	○	×	○	evangell	○	○	×	○	○	○	○	○	○
11	○	×	○	geomancie	○	○	○	○	○	×	○	○	○
12	○	×	○	gnomen	×	×	○	○	○	×	○	○	○
13	×	○	×	maranatha	○	○	○	×	○	×	○	○	○
14	○	×	○	neotericke	×	○	○	○	○	×	○	○	○
15	×	○	×	nicholaitan	×	×	○	○	○	×	○	○	×
16	○	×	○	palinodie	○	○	○	○	○	×	○	○	○
17	×	×	×	philacteries	○	○	×	×	×	○	○	×	×
18	○	○	○	sophister	○	○	○	○	○	○	○	○	○
19	○	×	○	stigmaticall	○	○	○	○	○	○	○	○	○
20	○	○	○	tetrarch	○	○	○	○	○	○	○	○	○

（注）△は、WCD で、接頭辞 brachi-, deca- の掲載がある。

《表2》

	Coote (1596)	LDCE	WCD	Cawdrey (1604)	Bullokar (1616)	Cockaram (1623)	Blount (1656)	Phillips (1658)	Coles (1676)	Kersey (1702)	Bailey (1721)	Bailey (1730)	Johnson (1755)
	○	○	○	1 agonie	○	○	○	○	○	○	○	○	○
	○	○	○	2 allegorie	○	○	○	○	○	○	○	○	○
	○	○	○	3 alpha	○	○	○	○	○	×	○	○	○
	○	○	○	4 alphabet	○	○	○	○	○	○	○	○	○
	×	○	○	5 analogie	○	○	○	○	○	○	○	○	○
	×	○	○	6 analisis	○	○	○	○	○	○	○	○	○
	×	○	○	7 anarchie	○	○	○	○	○	○	○	○	○
	○	○	○	8 anathema	○	○	○	○	○	○	○	○	×
	○	○	○	9 anatomie	○	○	○	○	○	○	○	○	○
	○	○	○	10 antichrist	○	○	○	○	○	○	○	○	○
	○	○	○	11 antidote	○	○	○	○	○	○	○	○	○
	×	○	○	12 antipathie	○	○	○	○	○	○	○	○	○
	×	○	○	13 antithesis	○	○	○	○	○	×	×	○	○
	○	○	○	14 aphorisme	○	○	○	○	○	○	○	○	○
	○	○	○	15 apocalips	○	×	○	○	○	○	○	○	○
	×	×	○	16 apocrypha	○	○	×	×	○	○	○	○	○
	○	○	○	17 apologie	○	○	○	○	○	○	○	○	○
	×	○	○	18 apostacie	○	○	×	×	○	×	○	○	○
	○	○	○	19 apostotste	○	○	○	○	○	○	○	○	○
	○	○	○	20 apostle	○	○	○	×	×	×	○	×	○
	×	×	○	21 apothegme	○	○	○	×	○	○	○	○	○
	○	○	○	22 arch	×	×	○	×	○	○	○	○	○

○	○	○	○	○	○	○	×	○	○	23 archangell
×	○	○	○	○	○	○	×	○	○	24 aristocraticall
○	○	○	○	○	○	○	○	○	○	25 arithmeticke
○	×	○	○	×	○	×	○	○	○	26 astrolabe
○	○	○	○	○	○	○	○	○	○	27 astrologie
○	○	○	○	○	○	○	○	○	○	28 astronomie
○	○	○	○	○	○	○	○	○	○	29 atheism
○	○	○	○	×	×	×	○	○	○	30 atheist
×	○	○	○	×	×	×	○	○	○	31 authenticall
×	○	○	○	○	○	○	○	○	○	32 axiome

(注1) arch は Bullokar 以降掲載されなくなるが、難解な外来語というより、英語の日常語彙として認識されるようになったからである。But many words which had a 'learned orign pass, in the course of time, into universal usage in the language of every day life; they are no longer felt as grand, important words, but express homely and familiar things or ideas. They ceased to be 'learned,' and become popular. (cf. H.C.Wyld, 1906, pp. 126–27)

(注2) Coote に掲載のない語は、Coote (1596) 以降に借用された語 (antipathi, 1601) であるか、Coote に近い年代に借用された語彙 (apothegme, 1587) である。

《表3》

	Coote (1596)	LDCE	WCD	Cawdrey (1604)	Bullokar (1616)	Cockaram (1623)	Blount (1656)	Phillips (1658)	Coles (1676)	Kersey (1702)	Bailey (1721)	Bailey (1730)	Johnson (1755)
	×	×	○	1 palinodie	○	○	○	○	○	×	○	○	○
	○	○	○	2 parable	○	○	○	○	○	○	○	○	○
	○	○	○	3 paradise	○	○	×	○	○	○	○	○	○
	×	○	○	4 paradoxe	○	○	○	○	○	○	○	○	○
	×	○	○	5 paraleles	○	○	○	○	○	○	○	○	○
	○	○	○	6 paraphrase	○	○	○	○	○	○	○	○	○
	×	○	○	7 parasite	○	○	○	○	○	○	○	○	○
	×	○	○	8 parenthesis	○	○	○	○	○	○	○	○	○
	○	○	○	9 patheticall	○	○	○	○	○	○	○	○	○
	○	○	○	10 patriarke	○	○	○	○	○	○	○	○	○
	○	○	○	11 pentecost	○	○	○	○	○	○	○	○	○
	○	○	○	12 period	○	○	○	○	○	○	○	○	○
	○	○	○	13 phantasie	○	○	○	○	○	○	○	○	○
	×	×	○	14 philacteries	○	○	○	×	○	○	○	○	○
	○	○	○	15 philosophie	○	○	○	○	○	○	○	○	○
	○	○	○	16 phisicke	×	○	○	○	○	○	○	○	○
	×	×	○	17 phlebotomie	○	○	○	○	○	○	○	○	○
	○	○	○	18 phrase	○	○	○	○	○	○	○	○	○
	○	○	○	19 phrensie	×	×	×	×	○	○	○	○	○
	○	○	○	20 physiognomie	○	○	○	○	○	○	○	○	○
	○	○	○	21 piramis,-mides	○	○	○	○	○	○	×	○	○
	○	○	○	22 planet	○	○	○	×	○	○	○	○	○

第8章　近代英語辞書におけるギリシア借用語 | 171

							word								
×	○	○	○	○	○	○	23 poem	○	×	×	○	○	○	○	○
○	○	○	○	○	○	○	24 poet	○	×	×	×	○	○	○	○
×	○	○	○	○	○	○	25 pole	○	○	×	×	○	○	○	○
×	○	○	○	○	○	○	26 poligamie	○	○	○	○	○	○	○	○
×	○	○	○	○	○	○	27 practicall	○	×	×	×	○	○	○	○
○	○	○	○	○	○	○	28 presbitarie	○	×	○	○	○	○	○	○
×	○	○	○	○	○	○	29 probleme	○	○	○	○	○	○	○	○
○	○	○	○	○	○	○	30 prognosticate	×	○	×	×	○	○	○	○
○	○	○	○	○	○	○	31 prophecie	○	○	×	×	○	○	○	○
○	○	○	○	○	○	○	32 prophet	○	×	×	×	○	○	○	○
○	○	○	○	○	○	○	33 proselite	○	○	○	○	○	○	○	○

(注) phrasse, poet, poem, 等については表2の注1と同じ。

第 2 部

英語の語彙史
シェイクスピアを中心に

第9章

シェイクスピアの hendiadys (「二詞一意」)

1. *Hamlet* における hendiadys

0. はじめに

まず、以下の2文を比べてみる。

(1) It is nice and warm today.
(2) Many boys and girls are playing in the park.

一見同じように見えるこの2文に見られる and 違いは何か。and の前後に注目すると、(1) では nice と warm というふたつの形容詞が、(2) では boys と girls というふたつの名詞が併置されている。しかしながら、(2) では boys と girls の論理的に性質の同じ名詞が並んでいるのに対して、(1) の場合、ふたつの形容詞 nice と warm が通常の等位接続詞の形「A + B」であるが、意味は「心地よく暖かい」となり、通常の等位接続詞の意味とは違う。これは修辞法 hendiadys の働きによるものであり、and によってふたつの名詞あるいは形容詞が併置されることにより、意味上では一方がもう一方を修飾する関係になるのである。

hendiadys を『新英語学辞典』は以下のように説明している。

Hendiadys (← Gk *hèn dià duoîn* one through two)《二詞一意》意味上主従の関係にある2語を、形式上 and で結んで対等の形を与えること。

(i) '名詞 + and + 名詞' = '形容詞 + 名詞' の場合. Need and oppression (= Oppressed need) starveth in thine eyes—Sh., *Romeo*, V. i. 70 (貴方の眼に

はさしせまった貧困と飢餓が浮んでいる）/The tediousness and process (= tedious process) of my travel—Sh., *Rich. II*, II. iii. 12（私のこの長い道中の退屈）.

　(ii) '形容詞 + and + 形容詞' = '副詞 + 形容詞' の場合.
Nice and warm (= quite warm); rare and hungry (= quite hungry); good and ready (= quite ready).　この種の表現は現在では口語的 (informal) である．

　なお，発生的には上記のものとは異なるが，並列法 (parallelism) も二詞一意としばしば混同され，エリザベス朝では修辞的な文に両者が同時に現れることが多い．

（大塚高信・中島文雄編，『新英語学辞典』）

hendiadys の場合、「名詞 + and + 名詞」は、意味上「形容詞 + 名詞」となる。例、death and honor = honorable death, dances and delight = delightful dances, the heaviness and the guilt = heavy guilt, tediousness and process = tedious process。

「形容詞 + and + 形容詞」は、「副詞 + 形容詞」となる。例。good and ready = quite ready, good and cool = very cool, fine and startled = extremely startled。

では、hendiadys が作用したとき、例文 (1) はどのようになるのだろうか。nice and が意味上 nicely となり、形容詞の warm を副詞的に修飾する。このように、表面上は単純であるが、読者に複雑な思考を求める hendiadys が、シェイクスピアの作品中に頻繁に使用されている。

> But hendiadys deserves more thoughtful attention than it has ever been given, for Shakespeare uses it far more freely and frequently than his scholarly commentators have led us to believe — over three hundred times in all, mainly in the great plays of his middle career and most in *Hamlet*. Furthermore, the peculiar structure of hendiadys is native enough to Shakespeare's style, and so apt to his purposes, that any scholar or teacher of the plays may find it helpful to recognize this figures as on characteristic of Shakespearean manner.
>
> (Wright, "Hendiadys and *Hamlet*", p. 168)

シェイクスピアは、学者たちが考えているよりもはるかに自由に、そして頻繁に hendiadys を使用しており、主に中期の作品で 313 回にわたって使用した。中で

も *Hamlet* で一番多く使用している（66回）とジョージ・ライト (George Wright) はいう。本稿は、ライトの "Hendiadys and *Hamlet*" を批判的に紹介しながらシェイクスピアの hendiadys の本質を明らかにする。⑴

§1 hendiadys とは

hendiadys は、ギリシア語やラテン語に多く見られ、ローマの文法家セルヴィウス (Servius) の造語になる用語である。

> The Latin grammarian Servius, writing about A.D. 400, coined the term to describe a common figurative device in Vergil's *Aeneid*: the use of two substantives, joined by a conjunction (*et, atque,* or *-que,* all signifying "and"), to express a single but complex idea.
>
> (Wright, "Hendiadys and *Hamlet*", p. 168)

セルヴィウスは、ヴァージル (Vergil) の『アエニーエス』(*Aeneid*) に頻繁に使用されている修辞的表現法、すなわち「複雑な一つの概念を表現するために、and を意味する接続詞 et, atque, -que によってふたつの名詞を結び、単一ではあるが複雑な意味を表す」表現法を hendiadys と命名した。

本来、等位接続詞としての and は前後に同じ性質の要素（形容詞と形容詞、名詞と名詞、句と句、文と文）を併置するが、hendiadys の場合、and の前後に論理的に性質の異なるものが併置される。この構造は読む側の理解を困難にする。ライトは、ヴァージルの作品中の "*pateris libamus et auro*" (*Geaorgics* II. 192) を挙げて、説明している。

> "*pateris libamus et auro*" 'we drink from *cups and gold*.' English translators normally suppress the oddity of this phrasing (the phrasing and oddity, we might say) by interpreting one of the nouns as dependent on the other: "we drink from golden cups."
>
> (Wright, "Hendiadys and *Hamlet*", p. 168)

cups と gold という論理的に性質の異なる語が併置されているこの構造では、gold + and で cups に従属する 1 語の形容詞となり、golden cups を意味する。

では、hendiadys に見られる and の特徴はどのようなものであるか。ライトは、hendiadys における and について次のように述べている．

> The central word in hendiadys is usually *and*, a word we take as signaling a coordinate structure, a parallelism of thought and meaning. Such coordinations are among our major instruments for ordering the world we live in; in turn, we rely on them for reassurance about the way the world is structured. Normally when we meet *and* in a sentence, we can count on finding something in what follows it that parallels what led up to it. But in hendiadys, as in some related figures, this normal expectation is not met, or is even deliberately thwarted.
> (Wright, "Hendiadys and *Hamlet*", p. 169)

and は、思考や意味の上で並立関係を示す等位接続詞である。and が等位接続詞として使用されている文では、どの語とどの語が並立の関係かを容易に判断できる。しかし hendiadys の場合、この一般的な見方は当てはまらない、もしくは意図的に妨げられる。

§2 シェイクスピアの hendiadys の先行研究

まず、*OED²*, Schmidt, *Shakespeare Lexicon*, Onions, *A Shakespeare Glossary* の and の項にある hendiadys に関する記述をみる。

OED² には以下の説明があるが十分とはいえない。

> B. *conj. co-ordinate*. (Introducing a word, clause, or sentence, which is to be taken *side by side with*, *along with*, or *in addition to*, that which precedes it.)
> I. Connecting words
> 4. Connecting two adjectives of which the former logically stands in (or approach to) an adverbial relation to the latter; esp. in familiar language, and dialectally, after *nice*, *fine*.

1575 R. LANRHAM *Let. in Leisure Hour* (1884) 63I/I, I am .. Jolly amd dri of a mornings. [1592 SHAKES. *Rom. & Jul.*, II. ii. 8. Her Vestal liuery is but sicke and green. 1604—*Oth.*, IV. ii. 56. His slow and mouning finger.] 1846 [see NICE a. 15 d]. a 1884 *Mod. fam.* That will make you nice and warm. Cut it nice and thin. The grass is fine and tall. 1887 T. DARLIGTON *Folk-Speech of S.Cheshire* 109 'Fine an' vexed' = exceedingly vexed.

II. Connecting co-ordinate clauses or sentences.

10. Connecting two verbs the latter of which would logically be in the infinitive, *esp.* after *go, come, send, try*; familiarly and dialectally after various others.

[1526 TINDALE *Acts* xi. 4. Peter began and exponde the thinge.] 1671 MILTON *P.R.*, I. 244. At least to try and teach the erring soul. 1780 MRS. THRALE *Let.* 10 June (1778) II.150 Do go to this house, and thank him. 1819 MOORE in *N.Q.* Ser. I. (1854) IX. 76/I Went to the theater to try and get a dress. 1878 JEVONS *Prim. Pol. Econ.* 42 If every trade were thus to try and keep all other people away. *Mod.* You will come and see us sometimes, won't you?

(*OED*^{2}, *and*)

I. では、形容詞が and で併置された場合、前の語が後の語に対して論理的に副詞の機能を果たす関係になるという説明に加え、使用域としては、親しい者同士の会話や方言特有の表現として、nice や fine の後ろで現れる。また II. では、動詞が併置された場合、and の前には go, come, send, try がよく用いられ、論理的に不定詞の機能を果たすとある (go and see = go to see)。しかし、シェイクスピアが多く使用した「名詞 + and + 名詞」についての説明がまったくなく不十分である。

シュミット (A. Schmidt) の *Shakespeare Lexicon* とアニアンズ (C. T. Onions) の *A Shakespeare Glossary* はどうか。シュミットは名詞の hendiadys を合計 43 例挙げ、形容詞の場合にも言及している。hendiadys の説明と *Hamlet* と *Othello* からの例のみを引用する。

Very frequently notions; of which one is subordinate to the other, are joined by *and*, a rhetorical figure called ἓν διὰ δυοῖν by grammarians: *shelves and sands* = sandy shelves, *Lucr*., 335. *give fear to use and liberty* (to the usual or customary liberty) (...) *your leave and favour*, *Hml*., I. ii. 51. *in his particular act and place*, I. iii. 26. *by law and heraldry*, I. i. 87. *reason and sanity*, II. ii. 214. *a combination and a form*, III. iv. 60. *not tomb enough and continent*, IV. iv. 64. *his sables and his weeds*, IV. vii. 81. (...) *on the court and guard of safety*, *Oth*., II. iii. 216. *out of her own loved and flattery*, IV. i. 133. (...).

It is the same with adjectives: (...) *his slow and moving finger* (slowly moving) *Oth*., IV. ii. 56 (Qq *slow unmoving*).

(Schmidt, *Shakespeare Lexicon*, *and*)

Hamlet から 7 例、*Othello* から 2 例の使用例が挙げられている。また、形容詞の場合も合計 9 例言及されており、そのうち *Othello* から 1 例が挙げられている。OED^2 のシェイクスピア関する部分のみを抜粋したアニアンズの *A Shakespeare Glossary* であるが、OED^2 にはない名詞の hendiadys を先にあげて OED^2 の不備を補っている。簡にして要を得た初版から引用する。

1 joins two nouns (forming the figure called hendiadys) one of which is logically in adjectival relation to the other; or two adjs. the first of which is adverbial to the second: *tediousness and process* = tedious process *R2*, II. iii. 12, *flint and hardness* = flinty hardness *Ant*., IV. ix. 16; *slow and moving* = slowly moving *Oth*., IV. ii. 54.

(Onions, *A Shakespeare Glossary*, *and*)

では、名詞の hendiadys を多く使用したシェイクスピアは、hendiadys をどのような意図で使用したのであろうか。

§3 シェイクスピアの **hendiadys** の特徴

シェイクスピアが hendiadys を使い始めた要因のひとつに、Vilgil を含めたラテン語の作家の影響を受けたことが挙げられる。Virgil は *Aeneid* を始めとして、

多くの作品で hendiadys を使用しており、シェイクスピアがそれらの作品をグラマースクール時代に読んで影響を受けたと考えられる。しかしながら、シェイクスピアと Virgil の hendiadys について以下のような見方がある。

> As we might expect so *arriviste* a figure, Shakespeare's hendiadys does not follow exactly Verigil's usual pattern, in which, as Charles Gordon Cooper tells us, the second substantive explains or unfolds or augments the first (pp. 128–32). In Shakespeare's practice, the second may unfold the first ("*ponderous and marble*") or the first the second ("*from cheer and from your former state*"); or one may logically modify the other ("*law and heraldry*," for "heraldic law"); or, as is most usual, the parallel structure may mask some more complex and less easily describable dependent relation ("*perfume and suppliance*"). Shakespeare's examples are dazzlingly various; the developing playwright appears to have taken this odd figure to his bosom and do have made it entirely his own.
>
> (Wright, "Hendiadys and *Hamlet*", p. 169)

Virgil によくある hendiadys は、二番目の名詞が一番目の語を展開、修飾する。ところが、シェイクスピアの hendiadys は、二番目が一番目を展開する (*ponderous and marble*) のに加えて、一番目が二番目を展開する (*from cheer and from your former state*) 例や、一方が論理的に他方を修飾する (*law and heraldry* = heraldic law) もの、そして、シェイクスピアにとってもっとも普通の用法は、一層複雑で、簡単には説明できない依存関係にある例 (*perfume and suppliance*) である。つまり、シェイクスピアの hendiadys は見事なまでに多種多様なのである。その使用効果についてライトは以下のように述べている。

> Hendiadys is a literary device, a rhetorical figure that a few writers adopt and use for their individual purposes. Through it Vergil can make penetratingly accurate observations about events that are charged with meaning. Shakespeare's practice is, as we shall see, both different and various; his hendiadys usually elevates the discourse and blurs its logical lines, and this combination of grandeur and confusion is in keeping with the tragic or weighty

action of the major plays.

(Wright, "Hendiadys and *Hamlet*", p. 171)

hendiadys を使用するのは少数の作家であり、しかもその使用目的は一定で限られているのに反し、シェイクスピアは多様な意図で、多様な hendiadys を駆使した。ヴァージルは、隠された意味のある事象を鋭く見通す手段として hendiadys を活用したのに反し、シェイクスピアは、登場人物同士の台詞のやりとりを盛り上げ、その論理的な経緯をたどりにくくするために hendiadys を使用していた。そこにみられる意図の深遠さと生じた曖昧さは主要作品の悲劇的展開や重大な意味を持つ場面に適切な効果を発揮している。それだけに意味するところも微妙かつ複雑になっているといえるだろう。

次節では、シェイクスピアの作品中に使われた hendiadys について、ライトの見解を言語学・英語学の視点から具体的に検討する。

§4 ライトによるシェイクスピアの hendiadys 研究

ライトは、3作品を除く[(2)] 全ての作品に hendiadys が用いられているという。各作品中の hendiadys の総数を以下のように述べている。

> He uses it most in *Hamlet*, sixty-six times, more than twice as often as in any other play. The other three great tragedies—*Macbeth* (18), *King Lear* (15), and especially *Othello* (28)—provide numerous examples of the figure. So do *Troilus and Cressida* (19), *Measure for Measure* (16), *Henry V* (15), and *Twelfth Night* (13); *As You Like It* (10) and *All's Well That Ends Well* (9) contain somewhat fewer instances, but each has more than any play earlier or later than this period.
>
> (Wright, "Hendiadys and *Hamlet*", p. 173)

全作品中 *Hamlet* がもっとも多い 66 回であり、四大悲劇とされる他の 3 作品においても、*Macbeth* で 18 回、*King Lear* で 15 回、*Othello* で 28 回使用している。また、ライトはこの時期の作品に使用されている hendiadys の回数が、この時期

以前、また以降の作品と比べて多いことにも注目している。使用回数を表にすると以下のようになる。

作品	年	数	作品	年	数
Henry V	1599	15	*Troilus and Cressida*	1603	19
As You Like It	1600	10	*All's Well That Ends Well*	1603–04	9
Hamlet	1600–02	66	*Measure for Measure*	1604	16
Twelfth Night	1600–02	13	*King Lear*	1604–06	15
Othello	1602	28	*Macbeth*	1606	18

Hamlet の 66 回が最多であり、*Othello* の 28 回が 2 番目に多い。ライトは、*Hamlet* の hendiadys について以下のように述べている。

> But it is in *Hamlet*, above all, that Shakespeare uses hendiadys both to explore his characters and to probe his themes. The figure occurs here, by my count, sixty-six times, and the examples I list seem to me only the fairly certain cases; there are many other phrases one might make a claim for, including one (Laertes' "*leave and favour* to return to France") that many editors routinely classify as hendiadys. The device is always somewhat mysterious and elusive, and its general appropriateness to the story and setting of *Hamlet* is obvious.
>
> (Wright, "Hendiadys and *Hamlet*", p. 176)

　シェイクスピアは主人公 *Hamlet* の性格を剔抉するために、そして何が問題なのかを明らかにするために多くの hendiadys を使用している。ライトは、確実に hendiadys と断定できる例のみを数え、使用回数を 66 とした。しかしながら、この数は他の作品に比べて、著しく多い。次節では、ライトの挙げた 66 例についてひとつずつ検討する。

§5 *Hamlet* の 66 例の検証

ライトによって hendiadys とされた 66 例を一つずつ検証して、ライトの見解を、*Glossary*、*Lexicon*、*OED*² を参照して検討する。

1. hendiadys と判定できる例　13 例

(1) But in the *gross and scope* of my opinion, (I. i. 68)

= full breadth （「=」記号に続く解釈は G. Wright が論文中で解釈を示している場合。以下同じ）

前にある gross and が形容詞的に後ろの scope を修飾する hendiadys である。

(2) Well ratified by *law and heraldry*, (I. i. 86–7)

Lexicon　**heraldry** 1)the art of herald, consisting in the scene treating of ensigns armorial (by law and heraldry = by the law of herald., cf. And)

後置された and heraldry が形容詞的に law を修飾する hendiadys であり、意味は heraldic law である。

(3) that *youth and observation* copied there; (I. v. 101)

youth and が形容詞的に observation を修飾し、youthful observation となる。以下同様。

(4) To *youth and liberty* (II. i. 24)

Lexicon　**liberty** 3) licentiousness

(5) I am sorry that with better *heed and judgment* (II. i. 111)

heedful judgment となる hendiadys である。

(6) And sith so neighbored to his *youth and havior* (II. ii. 12)

Lexicon　**havior** external carriage and deportment, as expressive of sentiments and disposition (Ff. humour)

(7) That blurs the *grace and blush* of modesty, (III. iv. 40–1)

= graceful blush

(8) *A combination and a form* indeed (III. iv. 60)

= a form made up by combining the qualities of various gods

combination and が形容詞的に form を修飾する。

(9) That I must be their *scourge and minister* (III. iv. 175)

= scourging minister

minister の性質を特定するために scourge and が形容詞的に minister を修飾する。

(10) Is this chief *good and market* of his time (IV. iv. 34)

  = "the best use he makes of his time" (Onions)
  Lexicon **good** subst. 3) goodness, righteousness, virtuous and charitable deeds
     market 3) purchase, bargain

(11) Which is not *tomb enough and continent* (IV. iv. 64)
  "continent is not enough as tomb"。

(12) Burn out the *sense and virtue* of mine eye (IV. v. 155)
  = sensory virtue, capacity to see

(13) That I, in forgery of *shapes and tricks* (IV. vii. 90)
  = imaginary tricks

以上、hendiadys の使用は 66 例中 13 例。全てが名詞の hendiadys である。

2．同義語反復構文　9 例

(14) *Angels and ministers* of grace defend us (I. iv. 39)
  = angels who minister grace

フランス語からの借用語の minister を説明するために、日常語化した易しい外来語の angel を並べた同義語反復構文 (repetitive word pairs) である。[3]

(15) When I to *sulphurous and tormenting* flames (I. v. 3)

OED^2 によると, *sulphurous* は地獄を連想させ、「地獄の業火」と関連する。フランス語経由のラテン語 *sulphurous* とフランス語 *tormenting* の併置であり、2 語共に *flame* を修飾する形容詞である。借用されて間もない難解な外来語 *sulphurous* を *tormenting* で解説する同義語反復構文である。

(16) Thy *knotted and combined* locks to part (I. v. 18)

同じ意味の形容詞 *knotted* 'tied in knots' と *combined* の同義語反復構文。

(17) Within the *book and volume* of my brain, (I. v. 103)

ライトは、同義語の併置と hendiadys の両方の可能性を挙げているが、同義語反復構文とする。以下同じ。

(18) As are companions *noted and most known* (II. i. 23)

(19) So, by my former *lecture and advice* (II. i. 67)

(20) To show us so much *gentry and goodwill* (II. ii. 22)

(21) And I do doubt *the hatch and the disclose* (III. i. 174)
(22) Upon the *heat and flame* of thy distemper (III. iv. 123)
　　= hot flame

以上、and の前後で同義語を併置した例は 9 例あり、そのうち、外来語同士の併置を除いた 6 例が、フランス語借用語と英語本来語との併置である。いずれも当時は借用されて間もない難しい外来語 (minister, volume, noted, advise) を英語本来語 (book, known, good will, hatch) で説明した同義語反復構文である。

3. 等位接続詞の例　38 例

(23) Without the *sensible and true* avouch (I. i. 57)
それぞれが avouch を修飾する一般的な等位接続詞の用法である。
(24) In the dead *vast and middle* of the night (I. ii. 198)
= desolation of midnight, or the dead and desolate midnight
in the dead vast and in the middle of the night と考える。
(25) For *Hamlet, and the trifling of his favor* (I. iii. 5)
ハムレット自身と彼の行動の併置であり、等位接続詞。以下同様。
(26) Hold it *a fashion and a toy* in blood (I. iii. 6)
(27) The *perfume and suppliance* of a minute (I. iii. 9)
名詞 2 語の併置であり、perfume of a minute and suppliance of a minute と解釈できる。
(28) In *thews and bulk* (I. iii. 12)
　　Lexicon　**thews** muscles and sinews, bodiely strength
　　　　　　bulk 2) Especially largeness of the body, great size
(29) And now no *soil nor cautel* doth besmirch (I. iii. 15)
　　Lexicon　**soil** stain, tarnish, blemish
　　　　　　cautel deceit, falseness
(30) Unto the *voice and yielding* of that body (I. iii. 23)
ともに「賛同」を意味する。
(31) Out of the *shot and danger* of desire (I. iii. 35)
「発砲」を意味する shot と「傷を負わせる能力」を意味する danger。

(32) And in the *morn and liquid dew* of youth (I. iii. 41)

    = the fresh morning, or morning freshness

(33) Hath oped his *ponderous and marble* jaws (I. iv. 50)

「重い」を意味する ponderous と「大理石のように硬い」を意味する marble。

(34) Are *burnt and purged* away (I. v. 13)

(35) The *thin and wholesome* blood (I. v. 70)

    = thin because wholesome

(36) But, sir, such *wanton, wild and usual* slips (II. i. 22)

slips を修飾する形容詞三語の併置である。

(37) For the *supply and profit* of our hope (II. ii. 24)

(38) On such regards of *safety and allowance* (II. ii. 79)

    = "on such conditions with regard to the public safety [on your own safe conduct] as are (in this document) submitted for your approval" (Kittredge)

(39) In *form and moving* (II. ii. 316–7)

    OED² **moving** vbl. sb. 1.†c.Bodily movement or gesture. *Obs.*

(40) how *express and admirable* (II. ii. 317)

    Lexicon **express** adj. 2) expressive, significative

(41) The appurtenance of welcome is *fashion and ceremony*. (II. ii. 388–9)

    = "formal ceremony" (Harrison), conventional formal greeting

the appurtenance の列示。fashion「上級社会の流儀」と ceremony「儀式的な習慣」。

(42) That lend a *tyrannous and damned* light (II. ii. 482)

    = damnably pitiless, or the kind of pitiless light that shines on the damned

(43) they are the *abstracts and brief chronicles* of the time (II. ii. 549–50)

(44) the *expectancy and rose* of the fair state (III. i. 60)

    Lexicon **expectancy** hope

            rose Denoting a florid complexion, red cheeks

(45) and the very *age and body of the time* (III. ii. 26)

(46) his *form and pressure* (III. ii. 26–27)

form「外見」と pressure「印象」。

(47) So far *from sheer and from your former state* (III. ii. 174)

= from your former cheerfulness

from your sheer state and from your former state

(48) That *live and feed* upon your majesty (III. iii. 10)

= live by feeding

(49) But in our *circumstance and course of thought* (III. iii. 83)

= as far as we mere mortals can judge

(50) Yea, this *solidity and compound mass* (III. iv. 49)

= solid compound mass (the earth)

(51) No, in despite of *sense and secrecy* (III. iv. 192)

= good sense, which calls for secrecy

sense「良識」と secrecy「口の堅さ」を併置。

(52) The *capability and godlike reason* (IV. iv. 38)

= godlike capacity of reason

capability「才能」と godlike reason「神のような判断力」を併置。

(53) That for a *fantasy and trick* of fame (IV. iv. 61)

Lexicon **trick** 9) a toy, a trifle, a plaything

(54) Divided from *herself and her fair judgment* (IV. v. 85)

(55) *So crimeful and so capital* in nature (IV. vii. 7)

= So capitally criminal, so criminal as to deserve to be punished by death

(56) For *art and exersise* in your defense (IV. vii. 98)

Lexicon **exersise** subst. 2) skill acquired

(57) Or like a creature *native and indued* (IV. vii. 180)

(58) Of *bell and burial.* (V. i. 256–7)

(59) That might your *nature, honor, and exception* (V. ii. 242)

nature「自然に感じるもの」、honor「名誉」、exception「不満」を併置。

(60) I have a *voice and precedent* of peace (V. ii. 260)

= an opinion that will serve as a precedent

Lexicon **voice** 5) opinion expressed, judgment

precedent 3) example

4. その他の修辞法　5例

(61) These are but *wild and whirling* words, my lord (I. v. 133)

　　= wildly whirling

wild が「困惑した」、whirling が「衝動的な」を意味する等位。(63) と同じく頭韻を意図した。同じ性質・意味の形容詞の併置であり、あえて hendiadys とする必要はないと考える。

(62) According to the *phrase* or the *addition* Of man and country (II. i. 47–8)

　　= form of address

Arden addition] form of address (i.e. whatever is *added* to one's name "phrase" は "country" に、"addition" は "man" に続くべきであり、修辞学上、いわゆる chiasmus（交差配列）の一例と考えられる。ライトは the *phrase* or the *addition* と Of man and country をべつべつの hendiadys とみなしているが全体として交差配列をなしているので hendiadys の例がひとつ減る。

(63) But with the *whiff and wind* of his fell sword (II. ii. 495)

　　= whiffing wind, whiff as of wind, the whiff *of* wind that his sword makes in striking through the air

whiff も wind も「風の流れ」を意味する。頭韻を目的とした。

(64) We must, with all our *majesty and skill* (IV. i. 31)

　　We must, with all our majesty and skill

　　Both countenance and excuse. Ho, Guildenstern!

　　　市河・嶺　"countenance"（取りつくろう）は "majesty" に、"excuse" は "skill" に照応する。

これは並列法 (parallelism) という修辞法とみなされる。

(65) Between the *pass and fell incensed points* (V. ii. 61)

　　= between the thrusting points

　　　'Tis dangerous when the baser nature comes Between the pass and fell increased points Of mighty opposites

　　　市河・嶺　when ... opposites = when men of lower rank come between the thrusts and sword-points of great men engaged in fierce and mortal duel (Hudson) "fell increased" は "opposites" (opponents) を形容すべきであるが、このように所をかえて用いることは

Shakespeare その他一般に詩に普通。
交差配列とみなされる。

　　　Lexicon　**pass** subst. 7) As a term of fencing
　　　　　　　　　a) a push, a thrust at the adversary
　　　　　　fell-incensed writing of some M.Edd, O.Edd without the hyphen
　　　　　　incense vb. 1) to kindle, to set on fire
　　　　　　point subst. 1) the sharp end of an instrument

ライトの 66 例（1 例減じて 65 例）のうち、hendiadys と確認できたのは 13 例のみであった。そのほかの例で、特に多かったのは等位接続詞 38 例、そして同義語反復構文 9 例、それ以外の修辞法 5 例であった。次節では、その他の修辞法を検討する。

§6　hendiadys 以外の and を使用した修辞法

66 例のうち、同義語反復構文が 9 例、その他の修辞法が 5 例。

1. 同義語反復構文 (repetitive word pair)

　hendiadys と同様に and を使用した特殊な構文に同義語反復構文がある。同義語反復構文とは、and や or で同義語である外来語と英語本来語を並べることによって、難解な語彙の理解を助ける効果を期待するものである。イェスペルセン (Jespersen) はこれを二重表現法 (double expression) として以下のように説明している。

> A greater assistance may perhaps have been derived from a habit which may have been common in conversational speech, and which was at any rate not uncommon in writing, that of using a French word side by side with its native synonym, the latter serving more or less openly as an interpretation of the former for the benefit of those who were not yet familiar with the more refined expression.
>
> 　　　　　　　　　　　(Jespersen, *Growth and Structure of the English Language*,
> 　　　　　　　　　　　　　　　　　原書、南雲堂版ともに §98)

第 9 章 (1) *Hamlet* における hendiadys | 191

口語的な表現で一般的、文語でも珍しくない。洗練されたフランス語とそれをわかりやすくするための英語本来語の同義語と並べる。この表現は、古英語に発生し、Chaucer により発展させられ、Caxton が得意とした。

　厨川文夫は、Robynson が英訳した More の *Utopia* からの例を挙げた上で、*Hamlet* の例文を挙げて、シェイクスピアの使用した同義語反復構文について言及している。

　　　More の *Utopia* を Ralph Robynson が英訳したもの (1st ed., 1551) を見ると、Alfred や Wærferð や Chaucer がしたように、ラテン語の一語を、殆ど意味の等しい二語の英語を "and" や "or" で結んで訳している例が多い。これは Robynson が自分で書いた英語の書簡にも多いので、Robynson の文体であったと見ねばならない。例えば、To the *accomplishment* therefore *and fulfilling* of this my *mind and purpose*, (中略) イタリックの部分が例の伝統的な二語の組合せで、これが多いために重苦しく格式ばった感じがする。Shakespeare の *Hamlet* から、二、三例を拾ってみる。Polonius の Ophelia に対するせりふの中に、and you yourself / Have of you audience been most *free and bounteous* (I. iii. 92-3) や As to *give words or talk with* the Lord Hamlet (I. iii. 134) の例がある。Ghost のせりふに it doth *posset / And curd*, like eager droppings into milk (I. v. 68-9); Hamlet のせりふに、Within the *book and volume* of my brain (I. v. 103); though I most *powerfully and potently* believe (II, ii. 204-5)、この種の表現は、Shakespeare 時代には既に背後に長い伝統をもっていたので、時と場合と使う人により、重々しく聞こえたり、陳腐に感じられたり、大袈裟に滑稽に響いたりしたものであろう。

　　　　　　　　　　　　　　　　　　　(『厨川文夫著作集 (下)』、pp. 776-7)

厨川が挙げた *Hamlet* 中からの同義語反復構文の例 (*free and bounteous, give word or talk with, posset and curd, book and volume, powerfully and potently*) からもわかるように、シェイクスピアも同義語反復構文を使用したことがわかる。同義語反復構文とされた (13) から (21) までの計 9 例は、and の前後で結ばれた語のどちらかは必ず借用語であり、and をはさんで借用語と英語本来語、または借用語と借用語の意味が同じであることから、同義語反復構文とする。このことから、ラ

イトが、hendiadys と同義語反復構文を混同して解釈したと考えられる。もしくは、同義語反復構文を hendiadys の一部として解釈した結果、これらの9例をhendiadys としている。

2. そのほかの特殊な修辞法

ライトが hendiadys とした例のうち、and を使用した他の修辞法の使用と解釈されたものが (61) から (65) の5例あった。そのうち、頭韻としたものが2例。それ以外の修辞法についてライトは以下のように述べている。

> Zeuguma and syllepsis frequently use *and* to join phrases that are not exactly balanced: in zeuguma one verb, for example, may serve a whole list of nouns; in syllepsis the same arrangement may involve some trivial grammatical incongruity, as in 'My Ladie laughs for joy, and I for wo" (Puttenham, p.138), where, if the verb were repeated in the second clause, it would have to appear without the s.
>
>   All these figures derive their effect from their slight or ample deviation from normal patterns of coordination, patterns that exert great force on our linguistic lives. We expect small grammatical units joined by and to be parallel not only in grammar but also in bearing.
>
> (Wright, "Hendiadys and *Hamlet*", p. 170)

and を使用して句を併置する zeuguma と syllepsis は、併置された語が and の前後で等位関係にない修辞法。Zeuguma では、一つの動詞が、文中にある全ての名詞に対応するのである。『現代言語学辞典』（成美堂）による zeuguma と syllepsis の説明を以下にまとめる。

i. zeugma《くびき語法》
①文中でひとつの動詞または形容詞が二つ以上の名詞と関連して用いられること。
  例：He *bought* a book, she a notebook and her brother a pencil.
  bought は a book、a notebook、a pencil に文法的にも意味的にも正しく関連

している。

② 中には、一つの動詞または形容詞が、意味的に二つ以上の名詞と関連していながら、文法的には一つの名詞にしか関連しない場合がある。

　例：The apple *was* eaten and bananas neglected.

　was は意味的に apple と bananas に関連しているが、文法的には *was* は apple にしか関連しておらず、bananas のあとに were が入るのが正しい。

③ 文法的に二つ以上の名詞と関連していながら、意味的には一つの名詞としか関連していない場合もある。

　例：He *killed* the man and the luggage.

　文法的には *killed* が the man と the luggage の両方に関連しているが、意味的には *killed* は the man にしか関連し得ないので、and の後に destroyed などが入るのが正しい。

ii. syllepsis《兼用法》

一つの文の中で、一つの語を二つまたはそれ以上の異なる意味（文字どおりの意味と比喩的な意味）で用いること。表現を引き締めるのに役立つ。

　例：He *took* a towel and bath.

　took が「タオルを取る」、「風呂に入る」の二つの意味で使用されている。

（『現代言語学辞典』、成美堂、s.v. Zeuguma）

しかし、これらの修辞法は時として用法が一定せず、用語の区別も明確ではないようである。まとめて並列法（parallelism）といわれることもある。

§7　補説：hendiadys の日常語化

では、ライトが hendiadys とした例のうち、42 例が等位接続詞である理由は何か。それは、単なるライトの誤解によるものであるかもしれない。しかしながら、時代によって hendiadys に対する認識の違いが変化したことも挙げられる。このことについて、ライトは、言語と文学の接点に関わる諸問題にすぐれた業績をあげているスミス (L. P. Smith) に言及して以下のように述べている。

> To what extent such phrases become idiomatic in other languages I do not know, but in English at least they owe something to the gusto with which we collectively form what Logan Pearsall Smith calls "phrasal collocation or doublets, in which two words are habitually used together for the sake of emphasis." He gives dozens of examples, including *fits and stars, high and mighty, rack and ruin*. Most of these are either parallel terms or synonyms, but in some pairs one term seems to modify, or lead to, the other: for example, *rough and tumble, fear and trembling, wear and tear*.
>
> (Wright, "Hendiadys and *Hamlet*", p. 171)

スミスは、ある2語が強調作用を目的として常用的に使用される用法を phrasal collocation or doublets と呼び、*fits and stars, high and mighty, rack and ruin* を例として挙げている。これらの用法のほとんどが並立語か同義語であるが、*rough and tumble, fear and trembling, wear and tear* といったいくつかの例は、語の併置、同義語反復の関係とは違い、一方の語がもう一方の語を修飾する関係であることを主張している。

> We also use "idiom" for the meaning expressed by the French word *idiotisme*, that is to say, those forms of expression, of grammatical construction, or of phrasing, which are peculiar to a language, and approved by its usage, although the meaning they convey are often different from their grammatical or logical signification.
>
> (Smith, *Word and Idioms*, p.167)

スミスは idiom を、ある用法が特殊であるが、広く認められている表現や文法的構造を句 (idiom, Fr, *idiotisme*) と定義している。注目すべきことは、それらの意味が文法的そして論理的な意味から逸脱していることである。この点では、hendiadys はスミスのいう idiom の一つと考えられる。また、スミスは、英語の特殊な慣用句の多くは連語をなし、強調のために、2語が重ねて使用される習慣があることも指摘している。

> Among the idiomatic idiosyncrasies of English are a very large number of phrasal collocations, in which two words are habitually used together for the sake of emphasis.
>
> (Smith, p. 173)[4]

idiom に関するスミスの研究は英語における idiom 一般について、さらにはシェイクスピアの英語において idiom の果たす役割の大きさを示唆している。スミスの研究はほとんど知られていないようであるが注目に値する見解を含んでいる。

Wright はシェイクスピアの hendiadys の慣用語化について、以下のように述べている。

> Indeed, some Shakespearean expressions that are hendiadys (or almost hendiadys) have become more familiar and even idiomatic staples of our speech: *sound and fury, slings and arrows, lean and hungry.*
>
> (Wright, "Hendiadys and *Hamlet*", p. 171)

シェイクスピアの *sound and fury, slings and arrows, lean and hungry* といった hendiadys の例が日常英語に浸透してきており、慣用句的な表現になっていることが指摘されている。このような特殊な表現や用法が日常語に浸透する現象は、同義語反復構文や借用語、文法など、多岐にわたる分野で起こっていることであり、言語が使用される過程でごく自然なことである。

結　論

本論では、ジョージ・ライトの "Hendiadys and *Hamlet*" を基に、シェイクスピアの使用した hendiadys について理解を深めると同時に、ライトが主張したシェイクスピアの作品中の hendiadys について、*Hamlet* を中心に批判的に検討した。

hendiadys はラテン語に由来し、論理的に異なった性質の２語を併置してひとつの概念を形成し、英語において通常は等位接続詞として使用される and が用いられる。ふつう使用される and は、大部分が等位接続詞であり、外見上もなんら

違いがないため、読者にとってはhendiadysの見きわめや理解が困難であるが、シェイクスピアは表現効果を高めるために頻繁に使用した。シェイクスピアは名詞2語を併置したhendiadysを多く使用し、前の語が後ろの語を、あるいは後ろの語が前の語を形容詞的に修飾する効果を意図した。これは、Virgilが使用していた二番目の名詞が一番目の語を修飾するhendiadysと比べて多様であり、より発展させたものである。

　第2節では、*Hamlet*にはhendiadysが66例あるというライトの主張を具体的に検討した。ライトの研究によると、シェイクスピアはhendiadysを、四大悲劇の*Hamlet*で66回、*Macbeth*で18回、*King Lear*で15回、*Othello*で28回使用している。しかしながら、実際に検証してみると、*Hamlet*の66例中hendiadysと断定できるものは13例のみであり、その他、接続詞39例、同義語反復構文9例、他の修辞法5例であった。hendiadysの数が、ライトの主張する66例から13例に減少した理由として、主に次の3つが考えられる。一番目は、同義語反復構文との混同である。andの前後で借用語と英語本来語を並べるこの構文は、外見上hendiadysとまったく同じであり、ライトはhendiadysと混同した。二番目は、他の修辞法との混同である。zeugumaやchiasmusといった修辞法も、andを使用して強調効果を意図しているので、hendiadysとの識別が困難であったと考えられる。[5] そして、hendiadysには日常化という現象があるということは広くは知られていないようであるが重要な指摘である。

　本稿は、hendiadysといういささか難解な問題を取り上げた。単純に言語学の視点からのみ考察した試論であっていくつかの残された問題がある。Hendiadysであるのか否かという基本的なことも含めて今後の研究のための布石である。

　（この論文は白石香織 (2009) の協力を得た）

注

(1) もちろん、ライトの見解であって文学的な解釈を目的とはしない。本稿は英語学の視点からの解明を意図している。ただし、hendiadys の一義的解釈は難しいので、本論中に思わぬ誤りがないとはいえない。
(2) Wright によると、*3 Henry VI*, *Taming of the Shrew*, *Merry Wives of Windsor* にはない。
(3) 三輪『シェイクスピアの文法と語彙』第15章「キャクストンの同義語反復構文」参照。
(4) 以下は、Smith が挙げた idiom の例の一部である。

  1) Common phrases
     dust and ashes, free and easy, hard and fast, heart and soul, high and mighty, over and above, ways and means, well and good
  2) Repetitions of the same word; merely emphatic
     again and again, by and by, more and more, neck and neck, on and on, over and over, through and through, to turn and turn again
  3) Alliterations
     bag and baggage, part and parcel, rack and ruin, rough and ready, safe and sound, slow and sure, then and there
  4) Rhyme
     art and part, by hook and by crook, out and about, scot and lot, wear and tear
  5) Contrasts of two alternatives
     heads or tails, more or less, neither here nor there, now or never, sooner or later
  6) Combinations of two alternatives for inclusive phrases
     give and take, here and there, hide and seek, now and then, off and on, ups and downs, between wind and water (pp. 173–7.)

(5) p. 176 の『新英語学辞典』からの末尾の一文はこのことを指す。

本章(1)の主要参考文献

Blake, N. F. *A Grammar of Shakespeare's Language*, Palgrave, 2002.
C. T., Onions, *A Shakespeare Glossary*, rev. Eagleton R .D., Oxford University Press, 1986.
Jenkins, H. (ed.), *Hamlet*, The Arden Shakespeare, Methuen, 1982.
Jespersen, O. *Growth and Structure of the English Language*, Blackwell, 1938, 1967^9, rpt., 南雲堂、1988^2.
Ridley, M. R. .(ed.), *Othello*, The Arden Shakespeare, Methuen, 1958.
Schmidt, A, *Shakespeare Lexicon*, Walter de Gruyter & Co., 1962.
Simpson, J. A. and E. S. C. Weiner, *The Oxford English Dictionary*, Oxford: Claredon Press,

1989² (*OED²* と略記).

Smith, L. P. *Words and Idioms*, Constable, 1925.
Wright, G. "Hendiadys and Hamlet" *PMLA*, 96 (1981), pp.168–93, rpt., *A Reader in the Language of Shakespearean Drama*, pp. 407–32, John Benjamins, 1987.
荒木一雄・安井稔（編）『現代英文法辞典』三省堂　1992.
『厨川文夫著作集（下）』安東伸介（編）、金星堂 1983.
市河三喜・嶺卓二　編注『ハムレット』、研究社、1966.
大塚高信・中島文雄（編）『新英語学辞典』、研究社、1982.
大場建治編注『ハムレット』、研究社、2004.
SHIRAISHI, K.（白石香織）"A Study on Shakespeare's Hendiadys," unpublished, 2009.
高橋康也、河合祥一郎編注『ハムレット』、大修館書店、2001.
田中春美ほか編『現代言語学辞典』、成美堂、1988.
三輪伸春『英語の語彙史——借用語を中心に』、南雲堂、1995.
三輪伸春『シェイクスピアの文法と語彙——英語史で読むシェイクスピア』、松柏社、2005.

2. *Othello* における hendiadys

0. はじめに

　ジョージ・ライト (Wright, G. T. "Hendiadys and Hamlet", 1981) は *Othello* に使われている hendiadys の数は 28 例としている。しかし、ライトは *Hamlet* にはもっとも多い 66 例あるとしているが実は 13 例のみであったので、2 番目に多い 28 例という *Othello* の数も見直しが必要であると考えられる。本稿では、ライトが 28 例としている、*Othello* に用いられている and をひとつずつ検証しシェイクスピアの hendiadys の実態を明らかにする。hendiadys によく似た表現法に同義語反復構文 (repetitive word pairs) があり、[(1)] 従来、hendiadys は同義語反復構文、あるいは他の修辞法と混同される傾向があるのでその点も明らかにする。ただし、hendiadys に関しては辞書、注釈書により解釈が異なることが多いので思わぬ読み違いがあるかもしれない。ご教示をいただければ幸いである。

§1 *Othello* における hendiadys

　ライトは、*Othello* 中の hendiadys を 28 例として、名詞 25 例、形容詞 3 例としている。*Othello* 中で使用された and の数は 753 例である。そのうち明らかな等位接続詞以外の問題のある 16 例について検証する。

> (80) As when, *by night and negligence*, the fire
>   Is spied in populous cities. (I. i. 76–7)
>   市河・嶺　**by night and negligence** = (the fire) caused by negligence at night.
>   　　　　　hendiadys の例。
>   笹山　**by night and negligence** = (caused) by negligence at night
>   Honigmann　**As when, by night and negligence, the fire**
>   　　　　　elliptical: as when a fire which gained hold by negligence at night
>   大場　**night and negligence** = negligence at night.

修辞法でいう hendiadys（二詞一意）の例。
night and negligence を全ての注釈書が **night and negligence** = negligence at night という同じ解釈をしている。

  Lexicon **negligence** 1) want of care and attention
  Glossary **negligence** disregard, contempt

「夜」を意味する night と「怠慢、不注意」を意味する negligence は明らかに意味の異なる性質の名詞の併置であり、night and が at night となることで形容詞的に negligence を修飾した hendiadys である。

(81) Is there not charms
  By which the property of *youth and maidhood*
  May be abused? (I. i. 172–4)
  市河・嶺 **poperty** = nature. **youth and maidhood** = young maidens. "maid-
    hood" = maidenhood.
  笹山 **property**「本性」
  Honigmann **property** nature
  大場 **youth and maidhood** = young maidens（hendiadys の表現）.
  Lexicon **maidhood** girlhood
  Glossary **maidhood** maidenhood
名詞 youth and が形容詞的に maidhood を修飾する hendiadys。

(82) O most *lame and impotent* conclusion! (II. i. 162)
  Lexicon **lame** adj. 2) disabled in any manner, impaired in strength
    impotent 1) weak, feeble
  OED **lame** a. 2. *fig.* a. Maimed, halting; imperfect or defective, unsatisfactory
    as wanting a part or parts. Sais esp. of an argument, excuse,
    account, narrative, or the like.
    c.1374 (...) 1604 SHAKES. *Oth.*, II. i. 162. Oh most lame and
    impotent conclusion.
  impotent a. 2. Physically weak; without bodily strength; unable to use

one's limbs; helpless, decrepit.

lame と impotent の形容詞二語が併置されて conclusion を修飾するので and は等位接続詞。

(83) as it is a most *pregnant and unforced* position (II. i. 239–40)
  Lexicon **pregnant** 3) probable in the highest degree, clear, evident
    unfoeced not constrained
  Glossary **pregnant** clear, obvious
  OED **pregnant** a.[1] Of an argument, proof, evidence, reason etc.: Pressing, urgent, weighty; compelling, cogent, forcible, convincing; hence, clear, obvious. 1604 SHAKES. *Oth.*, II. i. 239.
    unforced Not pushed beyond the natural limits; not produced by exertion or effort; easy, natural. 1604 SHAKES. *Oth.*, II. i. 23–40. (...) (as it is a most *pregnant and unforced* position) (...)

pregnant と unforced の等位接続詞の用法。

(84) That policy may either last so long,
  Or feed upon such *nice and waterish* diet, (III. iii. 14–5)
  Lexicon **nice** 8) petty, insignificant, trifling
    waterish 1) abounding with water
      2) thin, having no alimentary substance:: *such nice and w. diet, Oth.*, III. iii. 15.
  Glossary **nice** 7 slender
    waterish well-watered, abounding in rivers (with play on the sense 'poor, thin' exemplified in *Oth.*, III. iii. 15. w. diet).
  OED **nice** a. †10. a. Slender, thin. Obs. rare. 1590 (...) 1604 SHAKES. *Oth.*, III. iii. 14. That policy may either last so long, Or feed upon such nice and waterish diet, (...)
    waterish 5.a. Containing excess of water. Of liquids: Dilute, thin, poor. Of solids: Loose in texture, not firm or compact. 1542

(...) 1604 SHAKES. *Oth.*, III. iii. 14. Or feed upon such nice and waterish diet, (...) (1879)

「ささいな」を意味する nice と、「わずかな」を意味する形容詞 waterish の併置。

(85) It shall be full of *poise and difficult weight*
　　And fearful to be granted. (III. iii. 82-3)
　　　Lexicon **poise** subst. weight
　　　　　　difficult hard, not easy: *it shall be full of poise and d.weight*, *Oth.*,
　　　　　　　　III. iii. 82 (i.e. a weight not easy to handle, or a heavy
　　　　　　　　difficulty. Q1 *of poise and difficulty*).
　　　　　　weight 5) importance, consecuence
　　　Glossary **poise** sb. (1 the literal sense does not occur) 1 weight (fig.)
　　　　　　difficult (once in S.): *Oth.*, III. iii. 82. *full of poise and difficult weight*
　　　　　　　　(= weighty and difficult to be estimated).

poise は *OED* の 1.b に fig. の用法が載せてあり、アニアンズもシェイクスピアには「比喩的用法のみ」と断っている。また、Q1 には *of poise and difficulty* という表現もあることから poise and difficult weight は poise, difficult weight ともに抽象的に「(精神的な) 難題、苦悶、重圧」を意味する。従って、and は等位接続詞。

(86) But some uncleanly apprehensions
　　Keep *leets and law-days* and in session sit
　　With meditation lawful? (III. iii. 139-41)
　　　市河・嶺　**leets and law-days** 共に領主裁判所の開廷日。
　　　Honigmann　**leets** special courts, held by some lords of the manor once or
　　　　　　　　twice a year
　　　　　　law-days days for the meeting of a court of law; the session of
　　　　　　　　such a court
　　　大場　**leets and law-days** i.e. local courts. leet (領主刑事裁判所) は manor
　　　　　の lord が年 2 回 (のちには年 1 回) 開いたが Justice of the Peace

による裁判の普及とともに廃止された. law-daysは地方法廷の開廷時. 3種の注釈書で、leets and law-daysがひとまとまりとして考えられ、「裁判の開廷日」と記されている。

Lexicon **leet** 2) a day on which such court is held

law-day a court-day, a sitting of judges to administer justice

Glossary **leet** special court of record which the lords of certain manors were empowered to hold yearly or half-yearly

law-day day for the sitting of a court of law, session of such a court

OED **law-day** *Obs. exc.Hist.* [f. law *sb.*¹]

1. The day for the meeting of a court of law, esp. of the sheriff's court, once in six months, or of the court leet, once a year; hence used for the session of such a court, and the court itself.

leetとlaw-dayの名詞2語の併置であるが、どちらも「裁判の開廷日」という意味を持つ。leetは*Glossary*により、領主によって執り行われる裁判という意味であり、law-dayは*OED*では州知事裁判と限定されている。したがって、これらの名詞2語は同義語反復構文。

(87) When I shall turn the business of my soul
To such *exsufflicate and blown* surmises, (III. iii. 181-2)

市河・嶺 = puffed up, windy. この語が難しいから "blown" で説明したような形になっている。'-ate' で終わる動詞の p. と p.p. がそのまま '-ate' であることは Shakespeare に普通。

Lexicon **exsufflicate** (O.Edd. *exuffkicate*): *When I shall turn the business of my soul to such e. and blown surmises*, *Oth.*, III. iii. 182. Dyce: "swollen, puffed out." Nares: "contemptible, adominable. From exsufflare, low Lat. which Du Cange explains 'contemnere, despuere, rejicere." Probably = empty, unsubstantial, frivolous[(2)]

Glossary **exsufflicate** (S.; old.edd. *exufflicate*): (?)puffed up, inflated, 'wimdy' *Oth.*, III. iii. 182.

　　　　　*Glossary*² **exsufflicate** *ppl. adj.* Inflated *Oth.*, III. iii. 182. *exsufflicate and blown*
　　　　　　　　　surmises (F1, Q1 *exufflicate*). *Oth.*, III. iii. 182.
　　　OED † **exsufflicate** a. *Obs. rare*-1. In 7 exufflicate. [app. an arbitrary
　　　　　　　　　formation on EXSUFFLATE. Hanmer 1744 proposed to
　　　　　　　　　read *exsuffolate*, from It. *suffolare* 'to whistle, to bizze, to
　　　　　　　　　whizze' (Florio); this was adopted by some later
　　　　　　　　　editors.] ?Puffed up, inflated, 'windy'.
　　　　　　　　　1604 SHAKS. *Oth.*, III. iii. 182. Such exsufflicate, and
　　　　　　　　　blow'd Surmises.⁽³⁾

OED の引用文中、"Hanmer 1744 proposed to read *exsuffolate*, from It. *suffolare* 'to whistle, to bizze, to whizze' (Florio)" とあるのは、Hanmer がフロリオの *A Worlde of Wordes* (1598) の "suffolare 'to whistle, to bizze, to whizze'" にもとづいた解釈を提唱していることを示している。フロリオの辞書には正確には "*Suffolare, to whistle*" (J. Florio, *A Worlde of Wordes*, 1598, rpt., Olms, 1972) となっている。唯一例 (*OED*)。

　exsufflicate はラテン語の過去分詞形にもとづく exsufflate からシェイクスピアが臨時語として造語した語であり、唯一例でもあり、当然難解語なので同義語である blown を併置して説明しているので同義語反復構文。

(88) I would not have your *free and noble* nature, (III. iii. 199)
　　　市河・嶺　**free** = noble, generous
　　　Honigmann　**free** generous
　　　大場　**free** = open and generous
free について言及している注釈書はすべて generous としている。
　　　Lexicon **free** 11) of a pure and generous mind, and hence of a noble and
　　　　　　　　blameless conduct; gentle, gracious
　　　Glossary **free** adj. (the foll. are the chief obs. senses)
　　　　　　　　1 of noble or honourable character, generous, magnanimous
　　　　　　　　(...) Oth., III. iii. 199. *your free and noble nature*.
　　　　　　　　2. Guiltless, innocent (...)
　　　OED **free** A. *adj.* I. Not in bandage to another.

†3.Noble, honourable, of gentle birth and breeding. In ME. a stock epithet of compliment. Often in alliterative phr. *fair and free. Obs.*

†4.a.Hence in regard to character and conduct: Noble, honourable, generous, magnanimous. *Obs.*

a.1300 (...) Shaks. III. iii. 199. I would not have your *free and noble* nature, (...)

noble A. *adj.* I.1.a. illustrious or distinguished by position, character, or exploits.

Glossary, OED で free が noble と全く同じ意味で使用されていることがわかる。「行動を拘束されない (free) 地位にある (noble) 人は他人に寛容 (generous) である」ということ。noble はフランス語起源であり、それと同義語である英語本来語の free を並べたことから同義語反復構文。

(89) If *imputation and strong circumstances,*
　　Which lead directly to the door of truth,
　　Will give you satisfaction, you may have't. (III. iii. 406–8)

市河・嶺　**imputation and strong circumstances** = opinion founded on strong circumstantial evidence (Schmidt).

笹山　**imputation ... circumstances** いくらかまとまりを欠く表現だが、全体の意味は「強力な状況証拠に基づいて彼らに罪ありとすること」くらいであろう。

Honigmann　**imputation** attribution (Lat. *imputare*, to bring into reckoning) **circumstances** circumstantial evidence

大場　**imputation and circumstances** i.e. opinion founded on strong circumstancial evidence. (Schmidt)　hendiadys の例.

大場建治による研究社版では、hendiadys と明示している。意味は *Arden* 版での circumstances の解釈を含め、市河・嶺による研究社版と大場建治による研究社版は、シュミットの見解による。

Lexicon **imputation** that which is thought or said of one;
　　　　1) opinion, reputation in general: *Oth.*, III. iii. 406 (i.e.

>　　　　　an opinion founded on strong circumstantial evidence.
>　　　　　Cf. And)
>　　　**circumstance** 2) something attending and affecting a fact or case
>　　　　　(indiscriminately used in the singular and plur.):
>　　　　　Especially, facts from which a certain presumption
>　　　　　arises, which give evidence of some truth
>
> *Glossary* **imputation** opinion *Oth.*, III. iii. 407* *i. and circumstances* (=
>　　　　　'opinion founded on strong circumstantial evidence,'
>　　　　　Schmidt).

シュミットの 'opinion founded on strong circumstantial evidence' が *Glossary* にも採用されている。「世評」を意味する imputation と「状況」を意味する circumstance は意味の異なる名詞であり、and strong circumstances が形容詞的に imputation を修飾する hendiadys である。

(90) this hand of yours requires
　　　A sequester from liberty, *fasting and prayer*,
　　　Much castigation, exercise devout; (III. iv. 39–41)

Lexicon **fast** vb. to abstain from food used of abstinence from food for the
　　　　　mortification of the flesh

fasting は「断食」の意味で使用され、a sequester, fasting, prayer, much castigation, exercise devout などの語と、求められる行為として列挙されている。したがって、名詞を並べた等位接続詞の用法である。

(91) Let *the devil and his dam* hunt you! (IV. i. 153)
　　　市河・嶺　"the devil and his dam" は当時普通に使われた expression で
　　　　　"dam" は獣の母親を言う。
　　　笹山　**the devil and his dam** 当時の諺的な言い方。dam は獣の母親。
　　　Honigmann　cf. Dent, D225, 'The devil and his dam'; *dam* = mother (dame).
　　　大場　**the devil and his dam** proverbial. (Tilley D 225)

大場は M. S. Tilly, *A Dictionary of the Proverbs in England in the Sixteenth and Seventeenth Centuries*, 1950（D 225, p.150。例文総数 10、そのうちシェイクス

ピアから3例)、Honigmann は Dent, R. W. *Shakespeare's Proverbial Language* (1981, D225, 筆者未見。Tilly と同じ番号の理由は不明) にもとづき the devil and his dam を諺的表現として解釈している。

  Lexicon **devil** in O.Edd. dvel (ordinarily monosyll., but sometimes dissyll.)
    fiend

    dam subst. female parent, used of birds

  OED **dam** *sb.*². 2. A female parent (of animals, now usually of quadrupeds).
    †b. Phr. *the devil and his dam; the devil's dam*, applied
     opprobriously to a woman. *Obs.* 【*Sh.Com.Err.* から引用あり】

OED に、the devil and his dam が廃用で、女性に侮辱的に使用されていた成句表現という説明がある。意味は the devil's dam。従って、hendiadys。

(92) I'll not expostulate with her, lest her *body and beauty* unprovide my mind again: this night, Iago. (IV. i. 217–9)

  市河・嶺 **expostulate** = argue. **unprovide** = weaken the resolution of.
    again = back.

  笹山 **expostulate**「言い争う」**unprovide**「心準備をなくさせる；決心を鈍らせる」

  Honigmann **expostulate** set forth my grievance, argue **unprovide** i.e.
    disarm

  大場 **expostulate** = argue **body and beauty** = bodily beauty. hendiadys

大場だけが hendiadys と解釈している。hendiadys と解釈すると肉欲的愛のみが強調されてデスデモーナとの精神的な愛を無視することになるので and は等位接続詞と考えたい。

  Lexicon **body** 1) the frame of an animal

Lexicon にも特に説明はなく、body と beauty の名詞2語を結んだ等位接続詞。

(93) Well, what is it? is it within *reason and compass*? (IV. ii. 223–4)

  市河・嶺 **within reason and compass** reasonably acchieved
    "compass" = reach.

  笹山 **compass** possible reach

Honigmann **compass** the bounds of possibility

　　大場 **reason and compass** i.e. reasonably possible range. Hendiadys.

reason and が *compass* を修飾する hendiadys。

(94) That even his stubbornness, his checks, his frowns,—

　　　Prithee, unpine me,— have *grace and favour* in them. (IV. iii. 20–1)

　　市河・嶺　**grace** = gracefulness. **favour** = attraction, charm.

　　笹山　**grace and favour** ともに「魅力」の意。

　　Honigmann　**favour** = charm, attractiveness.

　　大場　**grace and favour** ともに attractiveness の意味。

全ての注釈書が、grace と favour の2語とも attractiveness「魅力」を意味することを示している。

　　Glossary **grace** 5 the source of grace

　　　　　　　favour 3 attraction, charm

grace、favour ともに、*Othello* の全ての素質が「魅力」につながるという意味で使用された名詞2語の併置。

(95) If you bethink yourself of any crime

　　　Unreconciled as yet to *heaven and grace*

　　　Solicit for it straight. (V. ii. 26–8)

　　市河・嶺　**unreconciled ... to** = not brought back to.

　　　　　　　heaven and grace = heaven's grace.

　　Honigmann　**grace** (the source of grace, i.e.) God.

　　大場　**unreconciled as yet** i.e. not yet absolved.

　　　　　　heaven and grace = heavenly grace. hendiadys,.

市河・嶺と大場は hendiadys とする。Honigmann は grace の根源すなわち 'God' とする。heaven and が grace を形容詞的に修飾する hendiadys (heavenly grace)。

以上のことから、*Othello* における hendiadys の例は全部で6例。すべて名詞であった。

結 論

　本稿では、ライトがシェイクスピアの作品の中でhendiadysの使用が2番目に多い28例と主張するOthelloにおける使用例を調査した。ところが、作品中でhendiadysと断定できたのは6例（すべてが名詞）であった。Othelloのhendiadysの使用例が28例であり、名詞が25例、形容詞が3例としたライトの主張とはまったく違う結果である。これは「Hamletにおけるhendiadys」でもあげた3つの原因によると考えられる。すなわち、一番目は、同義語反復構文との混同である。andの前後で借用語と英語本来語を並べるこの構文は、外見上hendiadysとまったく同じであり、ライトはhendiadysと混同した。一般的に同義語反復構文とhendiadysとの区別は明確に認識されていないように思われる。二番目は、他の修辞法との混同である。zeugumaやchiasmusといった修辞法も、andを使用して強調効果を意図しているので、hendiadysとの識別が困難であったと考えられる。そして、三番目は、hendiadysの表現の日常化である。hendiadysと思われるいくつかの表現には、日常生活で頻繁に使用されることにより、hendiadysと意識されることなく使用される場合がある。

　シェイクスピアはzeugumaやchiasmusといった非常に複雑な修辞法をも使用していることは、偶然でなければ、シェイクスピアの古典、あるいは修辞法への理解の深さ、広さを示している。さらには、シェイクスピアはmarvelousを強意語として20回使用しているが1回だけ本来の意味で用いている。そのただ1回の例は、マラプロピズムに使われたinfectionとの混同を避けるためである。[4] 他の作家については調べていないので比較はできないがシェイクスピアの博識さ、言語能力、言語運用能力は卓抜であることが想像できる。

　表現効果を意図して使用されるhendiadysは、使用者の期待する効果が様々であり、完全に理解することは簡単ではない。Othelloにおけるhendiadysの検証をする際、4冊の注釈書を使用したが、そのどれもがほとんどの箇所について異なる見解を示していることから、研究者にとっても、hendiadysそのものの理解が一定していない。ライトの主張するHamletにおける66例という数字はかなり多い数であり、ライトがhendiadysを拡大解釈したことは否めない。本稿の結果から、シェイクスピアが表現効果を意図してhendiadysを含めて多彩な表現方法を使用したこと、また、それらの修辞法をシェイクスピアに特有の方法で用い

たことを認めることができる。

　また、ライトは、シェイクスピアが数多くの hendiadys を使用していることを主張しているが同義語反復構文には言及していない。そこで筆者は、シェイクスピアは混同を避けるために近代英語の一特徴である同義語反復構文を避けていると考えていたが、実は、ライトの主張する hendiadys の中には多くの同義語反復構文が含まれており、結局、シェイクスピアも他の同時代の作家と同様に同義語反復構文もかなり使用していることが判明した。

注

(1) 同義語反復構文については三輪『シェイクスピアの文法と語彙―英語史で読むシェイクスピア』、松柏社、2005、第 15 章「キャクストンの同義語反復構文」を参照。

(2) *Lexicon* の文中で興味深いのは、シュミットは自らの *Lexicon* を編纂するに際して先行文献を明らかにしていないし、*Lexicon* の本文中でも先行辞書に言及している箇所を見つけるのは難しいがここでは珍しく先行の Dyce, Nares, De Cange に言及している。

　　前の 2 冊の原文を引用。

　　Dyce "**exsufflicate** ,swollen, puffed out, [or perhaps contemptible (Craig)] *Oth*., III. iii. 182 (For my own part, I can see no reason to doubt that such was Shakespeare's word, and such the meaning he intended it to convey)."

(Dyce, A. *A Glossary to the Works of W. Shakespeare*, 1886, rpt., 1902.)

　　Nares "EXSUFFLICATE, *adj*. Contemptible, abominable. From *exsufflare*, low Lat., which Du Cange explains "contemnere, despuere, rejicere." It is derived, he says, from the old ecclesiastical form of renouncing the devil, in the ancient baptism of catechumens, when the candidate was commanded by the priest to turn to the west, and thrice *exsufflate* Satan (*exsufflare*, or *insufflare*). He refers to Cyril, and others of the fathers, for authority. The English word is found only in this passage of Shakespeare:

　　　　When I shall turn the business of my soul

　　　　To such *exsufflicate* and blown abuses. Othello, iii, 3.【sic】

This not being understood, *exsufflolate* was proposed by Hanmer, and adopted by Johnson and others; but the other (or rather *exufflicate*) is the reading of the old copies, and is probably right. (...) "

(R. Nares, *A Glossary; (...) in the Works of English Authors, Particularly Shakespeare and his Contemporaries*, 1822, Robert Triphook.)

シュミットは参考文献をあげていないのであれだけの *Lxicon* をまったく独力で完成したのだろうかとだれもが疑問に思うところであるがこの引用からシュミットは先行辞書を参照していることがわかる。シュミットが先行辞書をどの程度利用しているのか、あるいはどの程度修正しているのかは今後の興味深いテーマである。

(3) blow'd については *OED* の exsufflicate の項に、

 4. Breathed out, whispered, hinted.
  1604 SHAKS. *Oth*., III. iii. 182. When I shall turne (...) To such exsufflicates, and blown [Fol. blow'd] surmises.

 とあるようにフォリオ版はすべて blow'd。クォート版は blown。

(4) その箇所は『ウィンザーの陽気な女房たち』にある。

 Her husband has a
 Marvelous infection to the little page; and
 Truly Master Page is an honest man. (*WIV*., II. ii. 114–6)

 三輪『シェイクスピアの文法と語彙』pp. 332f. 参照。

本章 (2) の主要参考文献

市河三喜・嶺卓二編注『オセロ』研究社、1964.
高橋康也・河合祥一郎編注『オセロ』、「大修館シェイクスピア双書」大修館書店、2001.
大場建治注『オセロー』研究社、2008.
Ridley, M. R. (ed.) , *Othello*, The Arden Shakespeare 2, Methuen, 1958.
Ridley, M. R. (ed.) , *Othello*, The Arden Shakespeare, Methuen, 1958.
SHIRAISHI, Kaori（白石香織）, "A Study on Hendiadys in Shakespeare's English," 2009 (unpublished).

第10章

シェイクスピアにみる外来語定着の1類型*

abhominable から abominable へ

0. はじめに

シェイクスピアの *Love's Labor's Lost*（以下、*LLL*）にアーマードー (Armardo) の発音と語形を非難する衒学者ホロファニーズ (Holofernes) の次のような台詞がある。

> *Hol.* He draweth out the thread of his verbosity finer than the staple of his argument. I abhor such fanatical phantasimes, such insociable and point-device companions; such rackers of orthography, as to speak dout, fine, when he should doubt; det, when he should pronounce debt,—d, e, b, t not d, e, t; (...). This is 'abhominable', which he would call abominable, it insinuateth me of insanie: (...)
>
> (*LLL*, V. i. 16–25, The Arden Shakespeare, Third Series, ed. by H. R. Woudhuysen, 1998)

> ホロファニーズ：議論の繊維より、もっと細い言葉の糸を、どんどん繰り出しだしますからなあ。私は、あんな気違いじみた変物は嫌いだ。あんな, つき合いにくい、うるさ型は、あんな、字の綴り方をひん曲げる男はね。あの男は doubt と言うべきなのに、b を落して、dout と言う。debt と言うべきを det と言う。— d, e, b, t なので、d, e, t ではないですよ。こういうのは、実にぞっとする、つまり、abhominable なことですが、それを、あの男は abominable と言おうとする。これでは、こっちが錯乱気味になりますよ。

第10章　シェイクスピアにみる外来語定着の1類型　213

　ホロファニーズはアーマードーの英語を非難して綴りどおりに発音すべきであると主張し、単語を綴り字どおりではなく口語の流行に沿った発音をするアーマードーに嫌悪感を抱いている。しかし、現代英語ではアーマードーの方が正しい。アーマードーの発音とそれに対するホロファニーズの非難は何を意味するのか。ホロファニーズの台詞の末尾にある 'This is abhominable, which he would call abominable,' を取り上げてふたりの英語の違いが何を意味するのかを具体的に考察する。

　クォート版（南雲堂版、1975、以下Q版）、フォリオ版（以下、F版。F1はNorton版、1968、F2-4はBrewer版、1985）ではabhominable, abominable (abbominable)という2種類の綴りが交錯して現れる。[1] そこで、Q版、F版、語源、使用例、注釈書、古辞書、OED^2を点検して、abhominableからabominableへの変遷をたどり外来語彙定着の1例を考察する。

1. シェイクスピアにおけるabhominableとabominable (abbominable)

　F1ではこの語は計18回用いられ、すべてabhominableとして現れる。LLLのこの場面でも前の語形も後の語形もともにabhominableとつづられている。しかし、それでは、アーマードーの語形abominableを非難しabhominableという語形が正しいとするホロファニーズの台詞が意味をなさない。そこで、Q版、F1～F4にみられるホロファニーズの台詞を点検する。

　　Q; This is abhominable, which he would call abbominable,
　　F1, F2; This is abhominable, which he would call abbominable:
　　F3, F4; This is abhominable, which he would call abominable:

（下線筆者）

前の語形はどの版もabhominableで統一されている。一方、後ろの語形は、Q版ではhがなく、bを重ねる語形を用いている。そしてF3, F4では後ろの語形はともにhのないabominableで前の語形とは違う。ホロファニーズの非難が成立するためには、前の語形はabhominableであり後ろの語形はabominableのはず

である。F1、F2 はなぜ同じ語形を用いているのか。英語史上、abhominable と abominable とはどのような関係にあるのか、シェイクスピアの時代における両語の関係はどうなっていたのか、現代英語の標準的語形 abominable はどのようにして定着したのかを考えてみる。

2. 英語史における abhominable と abominable

まず、OED^2 の abominable の語源欄に、*LLL* のこの箇所に関する言及がある。

> **abominable** (...) Also 4–7 abhominable. [a. Fr. *abominable, abhominable* ad. L. *abōminābil-is* deserving imprecation or abhorrence; f. *abōminā-ri* to deprecate as an ill omen; f. *ab* off, away + *ōmen*; cf. the exclamation '*ab-sīt ōmen!*' In med. L. and OFr., and in Eng. from Wyclif to 17th c., regularly spelt *abhominable*, and explained as *ab homine*, quasi 'away from man, inhuman、beastly,' a derivation which influenced the use and has permanently affected the meaning of the word. No other spelling occurs in the first folio of Shaks., which has the word 18 times; and in *LLL*, V. i. 27, Holophernes abhors the 'rackers of orthogriphie' who were beginning to write *abominable* for the time-honoured *abhominable*.]
>
> (OED^2, abominable)

第 1 に、abominable はフランス語からの借用語で、語源は、ab 'off' + omine 'omen' + -able である。ところが、すでに中世ラテン語の時代に、語源が ab + homine 'human' (+ -able) と誤解されていた。[(2)] この誤った語源解釈に基づく語形 (abhominable) が 14 世紀に英語にもたらされ 17 世紀まで一般的に用いられた。第 2 に、この誤った語源解釈が英語史におけるその後の abominable の意味変化に影響を与えた【つまり、「嫌悪すべき」に「非人間的な」という意味合いが加えられた】。第 3 に、シェイクスピアの F1 ではすべて abhominable という語形で用いられている。第 4 に、*LLL* で、ホロファニーズは伝統的に認められていた abhominable ではなく、abominable という「正書法を捻じ曲げた語形」を使うア

ーマードーを非難している。

　doubt、debt についても、伝統的つづり字を優先し現実に用いられている発音・綴りを認めようとしないホロファニーズの見解に基づく台詞からすると、シェイクスピアは abhominable とは別に abominable という語形があることを知っていたことになる。そのように解釈するとホロファニーズの台詞が意味を持つように思われる。F1 と F2 の編者は abhominable と abominable との違いが意味することに気づいていなかった。

　h の有無は微妙な問題なので、以下にあげる信頼できるテキストとコンコーダンスに基づき英語史における abominable と abhominable の使用状況を調べた。[3]

> Chaucer (A), *A Glossarial Concordance to the Riverside Chaucer* (ed. L. D. Benson, 1993, Garland)
> Chaucer (B), *A New Concordance to The Canterbury Tales based on Blake's Text* ed. from the Hengwrt Manuscript (ed. N. F. Blake, et al., 1994, Univ. Education Press)
> Caxton, *A Concordance to Caxton's Own Prose* (ed. K. Mizobata, 1990, Shouhakusha)
> Lyly, *A Complete Concordance to the Novels of John Lyly* (ed. H. Mittermann & H. Schendl, 1986, Olms)
> Spenser, *A Comprehensive Concordance to the Faerie Qveene*, ed. H. Yamashita, 1990, Kenyusha)
> A. V., *The Exhaustive Concordance of the Bible*, by J. Strong, 1890, 1976, Abingdon
> Milton, *A Concordance of Paradise Lost* (ed. C. Florén, 1992, G. Olms)
> Congreve, *A Concordance to the Plays of W. Congreve* (ed. D. Mann, 1973, Cornell Univ.)

結果は下の表のようになった（-ly は副詞形 ab(h)ominably として現れることを示す）。

	Chaucer (A)	Chaucer (B)	Caxton	Lyly (1578)	Spenser (1590)	A.V. (1611)	Milton (1667)	Congreve (1694–1700)
abhominable	9	10	1	1	1(-ly)	0	0	0
abominable	0	0	0	0	0	23	2	1 (-ly)

16 世紀まではもっぱら abhominable が用いられているのに反し、17 世紀以降は abominable のみが用いられていることがわかる。

　これらのコンコーダンスでは例が少ないので、OED^2 の CD-ROM (version 3.0, 2002) を用いて OED^2 のすべての引用例で確認した。

	14 C	15 C	16 C	17 C 前半	17 C 後半	18 C	19 C	20 C
abhominable	4	7	66	17	3	0	0	0
abominable	2	0	12	15	20	25	73	41

この表からも明らかなように 17 世紀中に逆転している。なお、OED^2 の CD-ROM では 14 世紀には abhominable と abominable それぞれ 5 例、3 例であるが、Wyclif からの同じ文を別の見出し語中に引用しているので差し引き 4 例、2 例である。

OED^2 の Wyclif からの引用文は興味深い。

> 1382 WYCLIF *I* 57 Kyng Antiochus beeldide the abominable [1388 abhominable] ydol of desolacioun.

古典ラテン語に極めて忠実な訳である初期訳版（1382 年）と、英語らしい訳文を意図している改訳版 (1388) の英語の違いが abominable と abhominable という語形の違いに反映されていることを OED^2 の引用文は示唆している。つまり、初期訳では古典ラテン語の正しい語形で借用されながら改訳版ではわざわざ通俗語源に基づく誤った語形に書き換えられている。

3. 注釈にみる abhominable と abominable

　ファーネス (H. H. Furness) は以下のような注釈を与えている。

> 26. **abhominable**] ELLIS (p. 220): *Abhominable* was a common orthography in the XVIth century, and the *h* seems to have been occasionally pronounced

or not pronounced, as the Pedant in *Love's Lab. L.* says. It is usual to print the second 'abhominable' without the *h* and the first with it, but it seems more proper to reverse this, and write 'this is is abominable, which he would call abhominable,' for the Pedant ought certainly to have known that there was no *h* in the Latin, although in the Latin of that time *h* was used, as we see from the *Promptorium*, 1450, '*Abhominable* abhominabilis, *abhominacyon* abhominacio,' and Levins, 1570, *abhominate*, abhominari,' as if the words referred to *ab-homine* instead of *ab-omine*.

(H. H. Furness, *A New Variorum Edition of Sh., LLL*, p. 211, 1904, rpt. 1964)

ファーネスは、エリス (A. J. Ellis, *On Early English Pronunciation*, 1869–89) を援用して16世紀には abbominable が一般的であったこと、またホロファニーズの台詞の場合「前の語形は h をつけ、後の語形では h をつけないで印刷するのが普通である。しかし、むしろ、前後の語形を逆にして、'this is abominable, which he would call abhominable,' とした方がいい。というのは、学識のあるホロファニーズは古典ラテン語では h のない語形しかないことを知っていたに違いないから。」という。しかし、逆に、前の語形を abhominable、後ろの語形を abominable として初めて衒学者ホロファニーズの台詞が意味をなす。

この箇所に関する Arden 版の注釈は、H. R. Woudhuysen 編集の Third Series (1998) より R. David 編集の旧版 (1968) の方が語彙研究には有用である。David 編のアーデン版の注釈は以下のようになっている。

23. *abhominable*] a common spelling of the time and, earlier, arising from a mistaken etymology, *ab homine* instead of *ab omine*. It is found in early dictionaries; *Promptorium*, 1450, and Levin's *Manipulus*, 1570. Minshew (ed. 1627) had it 'Abhominable, *vide abhominable*", Cotgrave has it right in 1611, but Sherwood (1672) sets Cotgrave straight with the insertion of the h he omitted. Nashe, Harvey, Greene, and all writers of the time, as well as every use in the Shakespeare Folio (1st and 2nd) have the *h*, I believe. Indeed, if we accept the Q_1's 'abbominable' it is apparently the earliest example of the omission of the aspirate intentionally. The two *b*s in the Q conform with the Italian of John

Florio's dictionary, *New*【sic】*World of Words*.

(R. David, ed., The Arden Shakespeare, *LLL*, p. 114)

　15 世紀から 17 世紀の辞書、それに当時の作家たちには abhominable が一般的であった。Q 版の b を重ねた綴りはフロリオの『イタリア語＝英語辞書』にもみられる語形であり【J. Florio, *World of Words*［原題に New はない］, 1598, abbominare, rpt. Olms, 1972, p. 1】、当時実際に用いられていた。シェイクスピアの時代を境として、語源的に正しい語形である abominable が広く行われるようになった。Q 版の abominable は一般大衆の口語ではすでに用いられていたことが記されている。

　が、この注釈でもっとも重要なことは、シェイクスピアが h のない語形を初めて「意図的に (intentionally)」用いたという指摘である。シェイクスピアは従前の語形 abhominable が新しい語形 abominable に取って代わられつつあることを感じ取っていたのである。シェイクスピアが、abominable の方が語源的に正しいということを知っていた可能性もなくはないが、いかに博識のシェイクスピアでも、語源としては abhominable は間違いで、abominable の方が正しいと認識した上で abominable を普及させようとしていたと考えることには無理がある。それよりも確実で重要なことは、保守的な学者達が伝統的な語形にこだわり abhominable を正しいとする時代にあって、一般民衆の口語では abominable の方が好まれるようになっていたこと、そして結局次の時代には abominable の方が優勢になることをシェイクスピアは感じ取っていたということである。ホロファニーズの台詞からすると、シェイクスピアは特定の人物、特定の単語を揶揄していたというより、ホロファニーズのように伝統的な語形にこだわる衒学者たちとともに巷間はやりの新語 (neologism) を得意げに使うアーマードーのような軽はずみな人々の両方を揶揄していると考えられる。[(4)] いずれにしても、次の時代の英語のあるべき姿を敏感に把握していた。ふたつの表が Arden 版の注釈の妥当性を証明している。

4. 古辞書にみる abhominable と abominable

　Arden 版ほかの注釈には、各種の古辞書が言及されているので、辞書における abhominable, abominable の記述をたどることにより、abominable 確立の様子を点検する。Variorum 版 (H. H. Furness, *A New Variorum Edition of Sh., LLL*, p. 211, 1904, rpt. 1964) で言及されているのは、*Promptorium Parvulorum* (1440), Levins (*Manipulus Vovabulorum: A Rhyming Dictionary of the English Language*, 1570) であり、いずれも abhomin- 形である (*Prompt. Parv.*, EETS. Extra Series, 102, abhominable, abhominacion, p. 3; *Mani.Vov.*, EETS, O.S. 27 to Abhominate, p. 42)。Arden 版では、Cotgrave の初版 (*A Dictionarie of the Fr. & Eng. Tongves, abominable*, 1611, rpt. Univ. of South C., 1950) では古典ラテン語形 abomin- であるが再版 (Sherwood, ed., 1672) では当時の英語の慣例に従って中世ラテン語形 abhomin- に変更されていることが記されている。*The Dictionary of syr Thomas Eliot knyght*（1538, rpt. Scolar マイクロフィッシュ版）では、Abominor (p. I) がある。これらの辞書にみられるふたつの語形は明確に区別することができる。すなわち、古典ラテン語を扱った辞書では abomin- 形 であり、中世ラテン語を扱った辞書では、通俗語源による abhomin- 形 である。英語には当初中世ラテン語の語形が借用され 16 世紀まで広く用いられたが、17 世紀以降、最初は口語に用いられ、後に *LLL*, V. i. 25（Q 版）そのほかの作品に見られるようになる古典ラテン語の正しい語源に基づく語形が復活する。それ以降 17 世紀の英語辞書はすべて古典ラテン語形 abomin- 形 を採用している。例えば、J. Kersey, *A New Eng. Dictionary*, 1702, rpt. Olms, S. Johnson, *A Dictionary of the Eng. Lang.*, 1755, rpt. Longman Fac. ed., 1990。

結　び

　abhominable から abominable への転換（再借用）は多数の外来語借用の歴史の中に生じた現象のひとつといえよう。中世ラテン語期に通俗語源により abhomin- という語形が生じ、英語でも 16 世紀までは広く用いられた。16 世紀頃までは、正しい語形 abominable を用いることは衒学的と思われて避けられた。[5] が、16 世

紀末に古典ラテン語に基づく正しい語形が再借用され *LLL* の Q 版が abominable の定着に貢献している。

　シェイクスピアは、発音、文法の面でも、語彙・意味の面でも英語の変化を敏感に感じ取り、当時、英語が伝統的な英語から新しい英語として大きく変容しつつあることに大きな注意を払い新しい英語の発展と確立に大きな貢献をしている。[6]　シェイクスピアは、このことを明確に認識していたと考えられる。ホロファニーズの主張する古い英語と対比させながら「意図的に」新しい時代の英語を取り入れているのはその 1 例といえよう。英語における abominable という語形の確立・定着という現象にその具体的な例を見ることができる。このような意味でホロファニーズの台詞の解釈が重要な意味を持つのである。

注

* 本論は『英語青年』(2007 年 11 月号) にリレー連載「英語史の中の語彙拡散と収束 (8)」として掲載されたが活字になったのは元の原稿とはかなり違っているのでここに元の原稿に加筆して公刊する。本稿は溝口菜津子 (2006) を参考にした。
(1) abominable と abbominable との書記法上の違いに関する問題は本稿では扱わないが、Q における abbominable というつづり字は abhominable の h を b と読み違えたものであるとクリスタル はいう (Crystal, D., '*Think on my Words*' 2008, p. 59)。Cf. 本書 p. 218。
(2) 通俗語源 (folk etymology) の例。中世ラテン語以降に生じた語形なので古典ラテン語の辞書、Lewis & Short, *A Latin-English Dictionary* (1879) には abominor があるが、abhomin- 系の見出しがない。

　なお、通俗語源について付言しておく。

　古くは「Folk-etymology (通俗語源 (説))　科学的な根拠によるのではなく、大衆の単なる当て推量による語源説。Popular etymology ともいう。たとえば、devil を do-evil; needle を ne-idle (= not or never idle) とするようなもの。これが元となってしばしば新語が形成されることがある。(…)」(『新英文法辞典』三省堂、1966[2]、下線筆者) という説明がなされ、新しい辞典でも「folk-etymology (通俗語源 (説))　未知の語源のわかり難い語を別のよく知られた、音のよく似ている語に置き換えて意味づけること。例えば、asparagus の a を不定冠詞と思い違いして生じた sparrow-grass など (…)。通俗語源は言語的には正しくないが、その成立の過程・背後に生活習慣や社会慣習など

が窺われて興味深いことがある」(『英語学用語辞典』研究社、2002、下線筆者) と定義されて学問的には正しくないという評価である。

　しかし、言語の変化は正しい現象だけが研究の対象になるのであろうか。「正しくない」あるいは「科学的な根拠によるのではない」という判断が言語の歴史的研究に有効であろうか。言語の歴史にみられる他の現象、例えば、「牽引 (attraction)」、「類推 (analogy)」、「異分析 (matanalysis)」といった現象は「正しい」のであろうか。「正しい言語変化」と「正しくない言語変化」とはどのように区別があるのか。思うに、「正しくない」という判断は、古い規範文法 (prescriptive grammar) 以来の考え方ではないのか。例えば、規範文法では、It's me. の me は主格であるべきである。従って、It's I. が正しいという主張がなされるが、現実に It's me. という表現がなされるのであるからそれはそれとして事実として認めたうえで、なぜ It's me. という表現が生まれたのかを解明するのが科学文法であり言語学であるはずである。

　イギリスではヘンリー・スウィート (Henry Sweet) が規範文法を脱して初めて近代科学文法の確立を宣言したことは『英語学人名辞典』に「*New Eng. Gr.* はイギリス人の手になる最初の科学的英文典。」とあることからも周知の事実であるが、日本で一番最初に規範文法を脱して科学的文法観に基づく成果として記念碑的研究と称されているのが市河三喜著『英文法研究』(語学研究社、大正元年、1912) であることは日本英語学史上の常識である。その「序」に次の一文があり、市河三喜の影響を受けた研究者たちは肝に銘じていたはずである。手元の市河三喜著『英文法研究』の初版初刷りから引用する。

　　　要は唯文法を以て単に英語を正しく話したり書いたりする術であるとか、或は文法の教ふる規則は絶対なもので、之に違反する言ひ方は不正であるとかいふ様な見方を避けて、英語に於ける様々な現象を総て其儘言語上の事實して受け容れ、之を公平に観察し、如何にして斯ういふ言ひ方が生じたかを、或は歴史的に上代に遡って、或いは他の國語との比較研究により、或は心理学的の立場からして、不完全ながらも説明を試みて見度いと云うのが本書の趣旨である。一言にして云えば英語の言語学的研究である。
　　　　　(市河三喜著『英文法研究』語学研究社、大正元年、1912、「序」、pp. v-vi)

この主張を英語学研究の根本的な視点として認めるならば、通俗語源が「科学的な根拠によるのではないので正しくない」という理由で研究の対象としないのは不当である。通俗語源もれっきとした言語現象のひとつとして研究対象にすべきである。

(3) abominable か abhominable かはテキストの編者、コンコーダンスの編者によって恣意的に変更されているおそれがあるのでここには信頼できる文献のみを取り上げる。現に、*Fairie Qveene* では見出しは abominable であるが引用文中では abhominable であり区別がなされている。Chaucer (B) に 1 例多いのは Person's Tale Fragment X の 910 行。

ちなみに Chaucer (A) では、abhominable が 1 例 (Pardoner's T. Frag. VI)、9 例が abhomynable である。Chaucer (B) ではすべて abhomynable。

(4) Mugglestone, L. (ed.) *The Oxford History of English* (2006), Oxford, p. 226.
(5) Bradley, H., *The Making of English*, 寺澤芳雄訳『英語発達小史』、p. 217。
(6) 三輪伸春『シェイクスピアの文法と語彙』松柏社、pp. 1–2, 57, 150, 他。

　（引用文献は本文中に明記）

第11章
形容詞の多義性と文法化

1. 著しく意味変化して多義になった形容詞

1.1. 英語本来語 (sad, silly)
1.1.1. 英語本来語；sad

英語本来語の基本語彙の形容詞には著しく意味変化した語があり、中には反対の意味にまで変化した語もある (sad, silly, fair)。例として、sad の意味変化を取り上げてみる。OED による sad の意味変化をメナーは下図のように示している。

第1図　sad の意味変化 (R. J. Menner, 1945) [1]

```
                              700–1000 1100 1200 1300 1400 1500 1600 1700 1800 1900
I. Of persons and immaterial things.
  1. satisfied, sated, weary of        _____1450
  2. settled, steadfast, firm                      1315_____1667
  3. valiant, strong                                 1382__1475
  4. orderly, regular, grave, serious                1375_____1665
  5. sorrowful, mournful                             1375?..._____
  6. deplorably bad                                              1694_____
II. In various physical senses
  7. solid, dense, massive, heavy             13..._____1641.............
                                                             (dialect, EDD)
  8. of color, dark, deep;                              1412_____
```

形容詞 sad は古英語では 1. satisfied, sated, weary of（飽き飽きした、満足した）という意味で用いられ、この意味は 15 世紀半ばまで続く。OED には a1310 年の例として、For selden y am sad that semly forte se.（うるわしきかの人を眺め飽

くことは今はまれ）を載せている。しかし、欲望を満たした人はほかの人より安定した精神状態になることから、落ち着いた、真面目な態度で前よりも自分の仕事に励むようになるものである。14 世紀の初めに 2. settled, steadfast, firm（落ち着いた、しっかりした、固い）という意味が生じ、ラテン語の solidus, firmus を英語に翻訳する際に用いられていた。チョーサーからの *OED* の引用、*c.*1374 Ther may no man dowte that ther nis som blysfulnesse þat is sad [L. solidam] stydefast and parfyt (Boeth. III. Pr. X. 70 (Camb. MS.) はボエティウスの solidam を翻訳した例である。ただし、*OED* はすでにチョーサーの時代に 5. sorrowful, mournful（悲しい、悲しみに沈んだ）という意味が生じたとしているが、確かな例は 15 世紀に入ってからである。[(2)] シェイクスピアでは、軽薄さ、陽気さの反語としてしばしば「真面目な」という意味で用いられている。有名な例として、a jest with a sad brow（真面目くさった顔で言う冗談、*2H4.*, V. i. 92)、in good sadness（生真面目に、本気で、*Wiv.*, III. 5. 125）がある。しかし、シェイクスピアではすでに Your sad(heart) tires in a mile-a.（悲しき胸は 1 マイルに倦む、*WT*, IV. iii. 126）のように「2. 真面目な」からさらに一歩を進めた「5. 悲しい」という意味で多く用いられている。そして 17 世紀以降は現今の「5. 悲しい、悲しみに沈んだ」に限定された。*OED* の 7 の意味は人の性格を表す「真面目な、落ち着いた」からの類推で物体について用いられるようになった方言で、sad bread は「ふくれそこねて生焼けのパン」を意味し、口語では sad dog「ならず者」にみられるように「真面目な」とは反対の 6. deplorably bad「ひどい、始末におえぬ」という意味にまで変化している。[(3)]

多義語 sad の意味変化から観察されることは、第一に、いくつかの古い意味は後に生じた意味と重なり合うことがある。第二に、ふたつ以上の意味が長い間共存することがあるが、最初の意味「あきあきした」からかけ離れた現今もっとも普通の意味「悲しい」という意味とは時期が重複していない。また、「ひどく悪い」はよい意味 2, 3, 4 が消滅した後である。

1. 1. 2. 英語本来語 silly

　sad と同じような意味変化をした語に silly がある。silly の意味変化の概要を *OED* によって検証する。

第 11 章　形容詞の多義性と文法化

第 2 図　silly の意味変化 (Menner, p. 66)

```
                              700–1000 1100 1200 1300 1400 1500 1600 1700 1800 1900
2. happy, blissful                    (gesælig-iseli)-_____seely_____1482
3. spiritually blessed                           1225_____1400
4. pious, holy, good                             1225_____1450
5. innocent, harmless                                 1290_____1604
6. deserving pity, helpless                           1297_____1609
   (1) silly-forms                                         1425_____1680................
                                                                     1680 Northern & Scottish

                                                  silly sheep 1500 _____

7. insignificant, trifling, mean, feeble              1297_____1642
   (2) silly-forms                                              1567_____1794........
                                                                              Scottish
   (3) silly: unlearned, simple, ignorant, homely              1547_____1798
8 foolish, simple                                     1529____1605
   (4) silly-forms                                                 1576_____
```

　ヒューズ (G. Hughes, *Words in Time*, 1988, p. 11) は、メナーの上図を簡潔に下図のように表している。

第 3 図　ヒューズによる silly の意味変化（番号は第 2 図に対応させた）

```
                          Old English     Middle English    Modern English   PE
                          700      900    1100    1300    1500    1700    1900
2. happy, blessed         OE sælig_____
5. innocent, harmless              ME seely_____
6. deserving of compassion                    Mn. silly_____
7. weak, feeble                                              _____
7. simple, ignorant                                          _____
8. feeble minded                                             _____
8. foolish, empty-minded                                     _____
```

silly の場合、*OED* が seely, silly というふたつの別個の見出しで掲載しているためにわかりにくくなっているが同一の語である。OE 期の記録には残されていない形容詞 gesælig（副詞 gesælige は記録にある）、中英語 iseli であり、seely は中英語に普通の形態、silly は 15 世紀に現れた形態である。

　ヒューズはこの図に "*Summary*: *Silly* has undergone **deterioration**, particularly since c.1600" とのみ注して silly が「意味の下落 (deterioration)」の典型的な例として言及しているだけだが、OE 以来の良い意味 (blessed, innocent) とそれとは相反する 1600 年以降の新しい悪い意味 (simple, foolish) は用いられた時期が重なっていないことに注意すべきである。(4)

1. 2. 外来語 (nice, fine)
1. 2. 1. 外来語 nice

　英語に借用された外来語には著しく意味変化した単語がいくつかある。例。nice, fine, large, person, danger, cheer, device。ここでは nice, fine を取り上げる。

第 4 図　nice (Menner, p. 68)

	700–1000	1100	1200	1300	1400	1500	1600	1700	1800	1900
1. foolish, stupid				1290	_____	1557				
2. wanton, loose-mannered				1325	_____	1558				
3. strange, rare					1413___1555					
4. tender, effeminate							1562___1710			
5. coy, shy					1400	_____	1634			
6. fastidious, dainty, refined, particular							1551	_____	_____	_____
15. agreeable									1769___	

　nice はラテン語を語源とする (Lat. nescium < ne "not" + scīre "to know")「無知な、無邪気な」を意味するフランス語 nice から借用され、英語に入ってからさまざまな意味変化を経た。特に、16,17 世紀における nice のひとつひとつの意味の特定は難しいと *OED* も記している (*OED*, nice)。現在では、6. fastidious, dainty, refined, particular（気難しい、繊細な、微妙な）と 15. agreeable（快い）のふたつの意味だけが残されている。nice の場合も、古い、悪い意味 1, 2, 3 は現代の

新しい、いい意味 6, 15 とは重複していない。また、現在使われている 6 は用いられる文脈が限定されており、15 と混同されることはない。[5] 例えば、nice ear,「鋭敏な耳」、nice distinction of meaning「意味の微妙な相違」は「6. 繊細な、微妙な」であって「15. 好ましい」とは区別される。

1. 2. 2. 外来語 fine

第5図　fine

```
                                    700–1000  1100 1200 1300 1400 1500 1600 1700 1800 1900
I. Finished, consummate in quality
  1.  Of superior quality,                    1250_____
  2.  (a. of metal; b. of gold or silver; pure, refined, of liquids)
                                              1300_____
  5.  (Of persons) skillful                   1320_____
II. Delicate, subtle
  6a. Of immaterial things: delicately, beautiful.   13.._____
  7.  Delicate in structure or structure            1386_____
  8.  Of a tool: sharp                              1400_____1622
  10a. (Of distinctions) delicate, refined                1567_____
III. Senses developed in English(chiefly =Fr. beau)
  12. admirable in quality                          1440_____
  13. (Of persons & things) handsome           1340_____
  14. Of handsome size                                   1590_____
  14b. (Colloquially) very large; also followed by large, big, etc.    1833____
  15. Of weather: Free from rain                               1704_____
  16. Of dress: Highly showy                         1526_____
```
（OED から抜粋）

fine は借用されて以来、フランス語の時代にすでにあった古い意味を廃用にすることなく維持した上に、さまざまな意味を発達させたために非常に多義な語となった。fine の意味変化にみられる第一の特徴は、OED が詳細に注記していることからもうかがわれるように多義でありながら、使われる文脈が明確に区別されていて意味が曖昧になることはまずないと思われることである。第二に、OED

も明記しているように、借用もとのフランス語 fin のみならず、意義 III 12–16 はフランス語 beau の意味まで借用している（p. 232 以下参照）。第三に、sad, silly, nice, と同様に反対の意味まで生じている。

　多義語は具体的に使用される場合には個々の話者ばかりでなく、言語集団全体に明確な使用上の制約が共有されており曖昧さを生じない傾向にあるようである。

2. 多義語の共時的実態 : stout, clever

　多義語は発話された場合も聴取された場合も一回一回の意味の特定が難しいのではないかと思われるが、*OED* に記載されている多義語の意味をすべて記憶していて日常生活で満遍なく使い分ける人はいないであろう。さらには、方言により、あるいは使用域 (register) により実際に使われる意味はかなり限定されている。言語地理学という手法を用いて、多義語が実際に使用される具体的な場面ではそれほど曖昧ではないことをメナーは stout, clever を例に挙げて通時的・共時的に証明している。

第 6 図　stout の意味変化 (Menner, p. 71)

	1300	1400	1500	1600	1700	1800	1900
1. proud, haughty, arrogant	1315_____1669...............................						
							dialect
2. fierce, furious, menacing	1300_____1601						
3. valiant, brave	13.._____1727.....................						
						arch. in *stout soldier*	
(d)　in resistance				1582_____...............			
						stout heart, stout resistance	
4. firm in resolve, unyielding, determined	1390_____.....................						
						stout enemy	
5. strong of body		1386_____1842					
12. thick, corpulent						1806 ____	

1. proud は古フランス語時代にすでにあった意味である。中英語では、3. brave, etc. であり、5. strong まで拡大された。3, 4 は慣用表現 (stout soldier, stout heart, stout enemy, stout resistance) としてのみ残っている。現代の標準英語で唯一普通に使われる意味は 18 世紀までは記録のない 12. thick, corpulent である。この意味は古い意味が実質的にはすべて廃用になってから生じており 1–5 とは重複していない。

　メナーは stout の伝統的な意味 5. strong と新しい意味 12. thick, corpulent に関するインフォーマントのさまざまな回答を詳細に検討して次のように結論している。都市部では 12. thick, corpulent が用いられる一方、地方では 5. strong が用いられる傾向があるが、新しい thick, corpulent が 古い strong を侵食しつつある。教養のない、あるいは年配のインフォーマントは strong、比較的教養のある、あるいは比較的若いインフォーマントは thick, corpulent を用いる傾向がある。インフォーマントの一人一人も言語共同体全体としても stout 一語にふたつの意味を持たせることにより生じる曖昧さを避けようとする傾向がある。つまり、多義性は具体的に使用される場合には個々の話者ばかりでなく、言語集団全体に明確な使用上の制約が共有されており曖昧さを生じない傾向にあるようである。そして、「実際に使う意味」と「知ってはいるが使わない意味」とを区別する。このことから、多義によって生じる可能性のある曖昧さはさまざまな形で回避されていることがわかる。変化過程の渦中にある stout のふたつの意味のせめぎあいの実態調査は、共時的研究である言語地理学と OED にもとづく歴史言語学とが同じ結論に至っていることを示している。

第 7 図　clever の意味変化

```
                           1300   1400   1500   1600   1700   1800   1900
  I. nimble-handed[doubtful quot. of 1200], dexterous, skillful
                                              1580_____
 II. nimble, active, neat, handsome                   1674__1735..............
                                                                      dialect
III. Handy, neat, agreeable, 'nice'                         1715_____1883...
                                                                      dialect
    (c) good-natured                                             1773_____
```

多義語が意味変化する場合、元の意味とかけ離れた意味は同時期に重複して用いられることはない。clever のいい意味である I. skillful と皮肉的用法から生じたどちらかというと良くない意味 III. (c) good-natured の関係にも認められるとおりである。重複している場合は、古い意味が特定の文脈に限られて用いられるか、特定の成句に限られて用いられているために現実の言語生活においては曖昧さを生じる可能性は少ない。

3. 意味の多義化から文法化へ：fair

第8図　fair の意味変化（Menner, p. 68。語義の右のカッコ内には *OED* の語義番号を付した）

	700–1000	1100	1200	1300	1400	1500	1600	1700	1800	1900
1. beautiful (I.1)	————————————————————————————————
2. light as opposed to dark (II.6)						1551				
3. free from blemish, pure (III.7,8,9)			1175							
									(1858-in phrases)	
4. favorable, benign (IV)			1205							
5. free from bias, equitable (III.10)				1340						
6. pretty good, passable (III.11)									1860	

　fair にはそれぞれ異なった時期に生じ、現在も用いられている6種類の意義がある。しかし、複数の意味が平行して用いられていても不都合は生じていないことがわかる。古くからある意味にはかなりの使用上の条件があるからである。例えば、I「美しい」は現在では詩ときわめて華美な文体にのみ用いられる。II の light-haired（金髪の）は blond に置き換えられつつある。III は、fair copy, fair fame という成句に限られ、果物、白紙、水については用いられない。IV は天候についてのみ用いられる。現代では、中英語に始まる III. 10 equitable, just（公平な、正当な）と 19 世紀半ばに始まる III. 11 の passable（まずまずの, 並の）が一般的といえる。いずれにしても使われる文脈を厳密に点検すれば fair の用法はかなり明確に分類されていて、実際に使われた場面で曖昧さを生じる可能性は少ないといえよう。多義語の古い意味とそれとはかけ離れた新しい意味とは時期を

ずらせる傾向があるが、fair にみられるように古い意味と新しい意味とが平行して用いられても具体的な使用にはそれぞれ制限・区別があって曖昧さを生じることはないといえよう。fair の意味変化から、一見多義の語もうまく使い分けられ、曖昧さが生じないようになっていることがわかる。

4. 文法化の歴史的原因：英語、フランス語、ドイツ語の比較言語史的考察

　形容詞の意味の多義化は意味の分析的傾向と考えることができる。というのは、fair にみるように、単語が特定の意味から抽象度を高めて、具体的に使用される場面での文脈（どのような名詞を修飾するか）、用法（どのような語と成句をなすか）によって意味が決定されるからである。この傾向はフランス語に特有の傾向である。例えば、現代フランス語の beau は英語の fair と同じく多彩な意味を持つ。

第 9 図　現代フランス語 beau の意味

1. （男女について）美男子の、美女の
2. （知的、芸術的に）優れた
3. （精神的に）高貴な
4. （卑近な意味で）見事な、belle salade 立派なサラダ菜
5. （社会的に）優れた
6. （天気・気候が）よい
7. （過去の事柄について）幸福な
8. （礼儀が）正しい
9. （数・量が）多い、（恰幅のいい）男女［皮肉］

（『仏和大辞典』白水社、1981）

　beau の持つそれぞれの意味は『仏和大辞典』が訳語の左側のカッコで詳細に指示しているように使われる場面・文脈によって決定されている。また、9 の意味は 1 からの比喩・皮肉から生じた意味で、fine とよく似た発展である（「美しい」→「大きい」）。

意味の多義化はフランス語の影響と考えられる。フランス語はノルマン征服以降300年間イギリスの支配階級の言語として君臨し、その影響はただ単に語彙を多数借用したという表層面にとどまらず、英語の語彙構造の中核にまでその影響は及んでいる。[6] すなわち、英語の文法組織の単純化、屈折活用の水平化に広く深い影響を与えたことは周知に事実である。従って、フランス語の語彙の分析的特性が英語の語彙変化にも影響を与えたとしても不思議ではない。フランス語は各単語の抽象度が高く、表現は分析的に行われる。例えば、動詞 mettre, faire, prendre, tenir は特定の具体的な意味を持たずほかの単語とともに、あるいは特定の文脈で用いられることによって初めて具体的な意味を持つ。特に、mettre ほど抽象化した動詞はほかの言語にはない。また、faire は他のすべての動詞の代用をつとめることができる。英語の do, have; put, set, make, take はそれぞれ「する、行う」、「持っている」、「押す、突き刺す」、「置く、据え付ける」、「行動する、作る」、「触れる、捕まえる」という具体的な意味で用いられていたが、抽象化（文法化）傾向にある。この点でドイツ語とは異なる性格を持つ。英語はドイツ語と同じゲルマン語であり、古英語の時代にはまだ総合的であったが、度重なる異民族との接触により英語は中間言語 (interlanguage) 化して分析化が進んだ。この点は、先住民族、ケルト民族、ラテン民族、ゲルマン民族が融合して、中間言語化し、分析化が進み、さらには抽象化へと推移したフランス語とよく似ている。フランス語は英語と並んでほかのヨーロッパ諸言語の中ではぬきんでて分析的言語なのである。分析的傾向はやがて抽象化に向かう（ドーザ、1982、pp. 420–23）。

　mettre, faire といった抽象的な動詞、動詞的意味を失った動詞が発達したフランス語では、かえっていろいろな具体的な意味を表すことができるようになった。le livre est sur la table（本は机の上にある）というのと同じように l'homme est dans la rue（その人は通りにいる）ということができる。ところが、ドイツ語では、le livre est couché（本が横たえられている。G. liegt）と l'homme se tient debout（人が立っている。G. steht）では liegt, steht という別々の動詞を使い分ける。

　名詞を例に挙げると、英語の the big stone はそのままドイツ語には翻訳できない。the big stone は抽象的で何格であるのか明示されていない。主語、目的語、補語のいずれにもなれる。ところが、ドイツ語では、主語であれば der gross-e

Stein という形態しかありえない。den grosse-en Stein であれば対格でしかありえない。dem grosse-en Stein(e) は与格である。Des grosse-en Stein-s は属格である。いずれの格も特定の形態を持ち一般的抽象的に表現する手段がない（ドーザ、『特質』、p. 423、泉井、pp. 10–11)。英語はノルマン征服以後著しく分析的傾向を強めてきたが、フランス語には及ばす、まだ具体的なところがあって、to put と to place とを区別する。また、ドイツ語と同じ区別もある (to set, to lay; G. setzen, legen)。フランス語では、動きを表すものはもうこれ以上なくなっては理解に支障をきたすところまで来ている。ドイツ語は、setzen「立たせておく」と legen「寝かせておく」を別々の語で表すがフランス語では同じ語を用いる (F. placer, placer couché)。

　一般的に、英語の文法にみられる分析的傾向はフランス語の影響と考えることができるのであれば意味変化における分析的傾向・抽象化もフランス語の影響と考えることができるのではないか。英語が度重なる異民族との接触で中間言語的性格を帯びるようになり文法組織が単純化され分析化がすすんだことが共通の素地としてあり、このことが英語の文法面と同じく語彙・意味の分野にも分析的・抽象化傾向を助長させたと考えることができる。

　これに反して、ドイツ語は古期高地ドイツ語の時代から複雑な屈折を保存した結果総合的な性格を堅持している。例えば、主格、対格、与格がまったく同じ形態をとる無格的、抽象的な英語の the big stone はドイツ語に翻訳することができない。ドイツ語の der gross-e Stein は排他的に主格であり、通格的な the big stone とは違う。gross-e という形容詞と定冠詞 der によって主格であることが明瞭に示されている。対格の den gross-en Stein、与格の dem grosse-en Stein(e)、属格の des grosse-en Stein-s も同じことがいえる。英語の場合、互いに異なった言語を持つ異民族との接触により中間言語化して、語尾屈折の代わりに前置詞と語順にたよるようになった。フランス語 d'un chapeau gris とドイツ語の eines grauen Huts を比べると、ドイツ語では、個々の単語がそれぞれ独立して存在し全体としてはフランス語ほど緊密ではない。ところが、フランス語の場合、個々の語は独立していなくて互いに依存しあって全体で始めてまとまった意味をなしている。その意味では全体に抽象度が高い。フランス語は分析的傾向からさらには抽象的傾向へと推移してきた。英語はノルマン征服以降そのようなフランス語の分析的・抽象的傾向への影響を受けてきたために語彙の意味も抽象度を高め、

特定の文脈、特定の修飾語との関係におかれて始めて具体的な意味を持つという傾向を強めてきた。そのもっとも典型的な形容詞の例が fair である。fair は抽象化して、fair 自体はこれという意味を持たず、具体的な文脈を与えられて始めて意味をなす。

　もうひとつ、フランス語の farouche を例に取る。『仏和大辞典』（白水社）には「◆野生の、人になれない　◆交際嫌いの、内気な　◆獰猛な、残忍な」といった意味が並んでいる。特に「内気な」と「獰猛な」とは反対の意味である。ところがフランス人が bête farouche という語から連想するのは「野うさぎ、鹿」の類であって、「野生の獣」という訳語から日本人が連想するライオンやトラとは違う。つまり、「野生の」という意味は「自然のままの状態、飼いならされていない」であり「飼いならされていないので人を恐れすぐ逃げる」この意味から「内気な」という意味が生じるのである。一方では、「野生の→粗野な、荒々しい」から un air forouche「荒々しい様子」, un regard farouche「残忍な目つき」が生じる。farouche は「自然のままの状態」という抽象的な意味が核となり、その時その場面における具体的文脈の中で修飾する名詞によって具体的な意味が決められる。

5. 結　論

　英語の語彙の中でも著しく意味変化した基本語彙の形容詞を取り上げて意味の多義化の経過と結果を検討してみると、第一に、もともとの意味から大きくかけ離れた意味、反対の意味は元の意味が廃用になった（収束した）後に生じており混同されることはない。第二に、意味が多義となった場合も、それぞれの意味の間には用いられる文脈、用法に制限があり曖昧さを生じることはない。第三に、個人としても共同体としても、「実際に使う意味」と「知っているが使わない意味」とがあって使い分けられている。第四に、英語の形容詞の意味の多義化・分析化は、言語として分析的傾向をもつフランス語の影響と考えられる。意味の多義化は、分析化・抽象化へと進み文法化へと推移する。形容詞の意味の文法化は英語という言語に観察される一般的な分析化傾向・文法化現象と軌を一にするものと考えられる。

第 11 章　形容詞の多義性と文法化　| **235**

【参考：go の意味変化】

　辞書に記載してある、かけ離れた意味の共存、併用は言語の運用に不都合をきたすように思われる。しかし、辞書に記載してある複数の意味の重複が言語の実体を反映しているとは必ずしもいえない。

　ひとつの単語に複数の意味が平行して用いられ、曖昧さがあるのではないかと思われる場合が OED に記載してある。go である。OED によると、go には古英語時代から「歩く」という意味があり引用例は 1000–1836 年となっている。c1000, c1200, a1300, c1386, 1387, 1412–20, c1450, 1523 の引用例は 50 年から 100 年に 1 例という OED の原則どおりである。が、16, 17 世紀には特に多数の例が掲載してある。181 年間に 10 例という引用例数は異例である。1587, a1592, 1605, 1611, 1628, 1633, 1661, 1684, 1751, 1768 そして最終例が 1836 年である。この引用例の集中ぶりを見るとあたかも go の「歩く」という意味が 16, 17 世紀に非常に頻繁に使用されたかのような印象を持つ。しかし、事実は逆である。単独で用いられた「歩く」は早くから walk に取って代わられており、チョーサーの時代には go が「歩く」を意味する場合は必ず移動を表すほかの動詞と対比してのみ用いられている。

　従って、確かに go は「歩く」という意味でチョーサーの時代にもバニヤンの時代にも用いられているが必ず移動を表すほかの動詞と対比してのみ、化石化して用いられている。例えば、ride, run, creep。バニヤンの I am resolved to *run* when I can, to *go* when I can not *run*, and *creep* when I cannot *go*.（走れるときは走り、走れないときには歩み、歩めない時には這っていく覚悟だ）(J. Bunyan, *The Pilgrim's Progress*, 2. 313, 1684) はその掉尾を飾る典型的な文である。OED はこの時期における go の「歩く」の意味に限り収集し得たすべての例を記載したのではないか。

注

(1) Menner からの引用と図は原文のまま。
(2) *OED* は 5. Of persons ... : Sorrowful, mournful. の初例として、?a 1366 CHAUCER, *ROM. ROSE* ... Ful sad and caytif [orig. *megre et chetive*] was she. を引用し、さらに、5c. でもチョーサー『カンタベリ物語』の「騎士の物語」の a sad visage (A2985) を 'Expressive of sorrow' の初例としてあげているがかなり疑わしい。諸版、注釈は 'steadfast' あるいは 'serious' と解釈している。メナー (1945) も *OED* の 1366 年の初例を確実ではないとみて点線にしている。C. S. ルーイスも 'serious' と解釈している（『語の研究』1974, p. 89）。
(3) sad と語源を同じくするドイツ語の satt は古期高地ドイツ語以来「飽き飽きした、満足した」という意味を変えていない。英語とドイツ語ともにもともとの意味を残している場合でも英語の単語はドイツ語にない新しい意味をいろいろと併ぜ持つようになるのが通例である。例。Knight (< "servant")、town, tide (="time")、to write, to read, to kill, glad; G. Knecht (="servant")、Zaun (="fence")、Zeit (="time")、reissen (="to tear")、raten (="to guess")、quëlen (="to kill")、glatt (="smooth")。ただし、clean—G. klein (="small"< "clean") のようにドイツ語の方が意味変化した例外もある。
(4) silly と語源を同じくするドイツ語の selig は古期高地ドイツ語以来変わらず現在も「祝福を受けた、幸福な」を意味する。英語の単語の中には著しく意味変化する傾向があるのに反しドイツ語の場合あまり意味変化しない場合が多いというもうひとつの例である。
(5) 多義語が曖昧さを生じて、意味変化を余儀なくされるのは、その多義語が持つ複数の意味が同じ時期に、同じ文脈、同じ意味の場で用いられてしかも違う意味で用いられる場合である。17 世紀の色彩語に多義語が生じる場合がよくあった。purple は 17 世紀には「紫色」と「赤い（血の）色」の両方を意味していたために曖昧さが生じて不都合を生じて、「赤い（血の）色」は廃用になった。wan も、17 世紀には「（病的で）青白い色」と「鉛色」のふたつの意味で用いられていたが現代では「青白い」のみが用いられている。Rent「貸す、借りる」は「貸借関係」という同じ意味の場で用いられ、しかも反対の意味で用いられるがあいまいさはない。「貸す」場合には rent something *to* somebody、「借りる」場合には rent something *from* somebody という違う文構造で用いられるからである。
(6) M. Townend は中英語期のイングランドにおける、ラテン語、ノルド語、フランス語の混在とこれらの言語の英語への影響の大きさを従来以上に強調してはいるが本稿ほどに具体的には述べていない。(Townend, M. Chapter 3. *Contacts and Conflicts: Latin, Norse, and French, The Oxford History of English*, ed. by L. Mugglestone, 2006.)

本章の参考文献

Bally, C. *Linguistique générale et liguistique française*, 1932, 1965[4]　シャルル・バイイ『一般言語学とフランス言語学』小林英夫訳、岩波書店、1970。
Bradley, H. *The Making of English*, 1904, 1968；ブラッドリ『英語発達小史』寺澤芳雄訳 1982、岩波文庫。
Dauzat, A. *Le genie de la langue française*, 1942, 1949；ドーザ『フランス語の特質』杉冨士雄ほか訳、大修館書店、1982。
Lewis, C. S. *Studies in Words*, 1960, 1967；ルーイス『語の研究：ヨーロッパにおける観念の歴史』本田錦一郎ほか訳、文理、1974。
Meillet, A. *Liguuistique historique et linguistique générale*, 2 tomes, 1921, 1936.
Menner, R. J. "Multiple Meaning and Change of Meaning in English", *Language*, 21, 1945.
Mugglestone, L. ed., *The Oxford History of English*, 2006, OUP.
池上嘉彦『意味論』大修館書店、1975。
泉井久之助『ヨーロッパの言語』岩波新書、1968。
泉　邦寿『フランス語、意味の散策』大修館、1989。
伊吹武彦ほか編『仏和大辞典』白水社、1981。
国広哲也『意味論の方法』大修館書店、1982。

あとがき

　校正を終えて一言書き加えておく必要を感じている。

　まず第一に、本書の第一部は長い時間をかけて書き継がれてきたために異なる時期に書かれた章のあいだに重複がまま見られることである。そのときそのときの原稿の文脈の都合で書いたことが結果的に重複している場合がある。ひとつひとつの原稿がそれぞれ完結した構成をなしているので重複しているからといってその部分に手を入れると個々の章にしても本書全体としても、緊密な構成をなしている城の石垣からいくつかの石を抜き去った場合と同じように全体のバランスが崩れることをおそれて、特に不都合がないかぎり原文を尊重した。

　第二に、*OED* の表記が一貫していない。第8章など第一部の原稿を最初に書き始めた頃には *OED* の元版を用いて書いている。その後出版された第二版 (1989) は、実質的には、元版以降、20世紀に現れた新語と新規の意味を掲載した新補遺4巻 (1986) を元版に組み込んだだけであって1800年以前の英語史を扱っている本書の内容にはほとんど影響がない。特に違っていると気づいた点は、動詞 take の意味区分に、元版ではローマ数字 (I, II, III ...) による大区分、アステリスク（＊＊…）による中区分、アラビア数字による小区分 (1, 2, 3 ...) があったが、アステリスク（＊＊…）による中区分が削除されているので take の意味区分が曖昧になってしまっていることがあった。本書は、最初の頃の原稿は元版に基づき、第二版出版後は第二版を用いている。さらに、最新の原稿である第7章と第9章以降では検索機能を有効に利用するために CD-ROM (2002, Version3) を用いている。いわば三代にわたる *OED* を用いたことになる。本書は、古英語期のラテン語辞書、16–17世紀の外国語辞書、1604年に始まるごく初期の英語辞書から1755年のジョンソンの辞書を経て1836–7年のリチャードソンの辞書までを扱っているので *OED* のどの版を用いても研究の結果に大きな影響を与えることはないであろう。そして、本文中の特に、「第7章　コードリの辞書再考」では *OED*

元版成立の際の問題点を扱っているので、必要な場合には、元版、再版の区別を明記した。

　第三に、証拠となる引用は原典を重視してできるだけ忠実に引用した。しかし、印刷の都合上、long s (ʃ) は s とし、エフ (f) とまぎらわしい旧字体のエスは s にした。ただし、w の旧書体である vv (v + v) は w と区別して残し、u と v の区別も残した。ところが、コードリのタイトル頁を見ると同じ頁にもかかわらず、with, whereby, words, elsewhere, borrowed, Hebrew と印刷されている一方で別の行では vvriting, vvhich とも印刷されている。しかも、タイトル頁には conteyning, wordes (×2), word と印刷してあるのにタイトル頁から 5 頁あとに始まる本文の前にタイトル頁と同じ文句の前半が繰り返して記してある箇所では、containing, words (×2) と印刷してある。同じ著者の同じ本のタイトル頁の中でさえこれほど首尾一貫しないのであるから原典、あるいはファクシミリによる復刻版を用いたが原典どおりの完全な復元はできていない箇所があると思われる。

　第四に、再校の段階になって入手した N. F. Blake, *A History of the English Language*, (1996) の Palsgrave に関する一節で (p. 198) コードリの辞書がクートの語学学習書 (1596)、トーマスの (c.1588) ラテン語辞書から多くを借用していることなどが簡潔に述べられていることを記しておく。

　第五に、シェイクスピアは文学面からも、観衆に上層の知識階級・貴族階級と立見席にいた下層階級の無学・無知蒙昧な観衆という、観客の二重性を意識して作品を書き、相反する性格の観客を同時に満足させようとした。これがシェイクスピアにおける文学上の曖昧さをもたらしている（川崎寿彦『新版分析批評入門』1989、p. 79）とすれば、シェイクスピアの言語そのものについても当然この曖昧さは存在する。例えば、シェイクスピアに頻出するマラプロピズム（いい間違い、「いいそこ間違い」, malapropism）という言葉遊びは、「この場合、語源からして agitation は間違いで正しくは、cogitation であるべきだ」ということがわかる上層階級には知的優越感をくすぐる一方、正確な語源はわからなくても当時ちまたに共通認識としてあった一定の間違え方に基づきワンパターン化した間違いに気づいた下層の観衆には「この台詞はいまはやりのいい間違いだ。また間違えている、ドジなやつだ。」ということだけで笑わせるという二重性が仕掛けられている。さらには、パートリッジ (E. Partridge, *Shakespeare's Bawdy*, 1947) が明らかにしているように、シェイクスピアに見え隠れするとめどもない隠語、俗

語、それにわいせつな意味を暗示する単語の数々はこのような事情によると考えられる。第10章で論じた abominable 確立の背景には、衒学者ホロファニーズとアーマードーとのやりとりに、古典語の由来、英語の正書法、正しい発音を論じさせて上層階級の知的優越感を満足させる一方で下層階級に広くゆきわたり始めていた新時代の到来を予感させる新語、新語義をしきりに用いて下層階級をも喜ばせるという仕掛けがしてある。*OED* に新語、新語義がシェイクスピアから多数引用されているのはこのためである。シェイクスピアが使っただけで後世のだれも使うことがなかった単語、意味、言いまわしがかなり目につくのもそのせいであろう。

　第六に、参考文献に (unpublished) とあるのは筆者の意図を汲んで指示に従い協力してくれた学生たちの論文である。

　最後に、かつて経験のない活字受難の時代に本書の出版を引き受けてくださった松柏社の森信久社長のご厚意に感謝します。

　　2011年3月7日

著　者

参考文献

Primary Sources
Bailey, N. (1721, 1735^7), *An Universal Etymological English Dictionary*, Knapton.
Baily, N. (1730, rpt. 1969), *Dictionarium Britannicum*, Olms.
Blount, J. (1656, rpt. 1972), *Glossographia*, Olms.
Boswell, J. (1791, 1953), *Life of Johnson*, Oxford U.P.
Bullokar, J. (1616, rpt. 1971), *An English Expositor*, Olms.
Cawdrey, R. (1604, rpt. 1976), *Table Alphabeticall of Hard Usual English Words*, rpt. Scholar.
Cockeram, H. (1626^2, rpt. 1970), *The English Dictionarie*, Olms.
Cockeram, H. (1623, rpt. 1930), *The English Dictionaries (Part 1)*, Huntington.
Coles, E. (1676, rpt. 1973). *An English Dictionary*, Olms.
Coote, E.（1596, rpt. マイクロフィッシュ版）, *The English School-Maister*, Scholar.
Cotgrave, R. A (1611, 1950), *Dictionarie of the French and English Tongvues*, Univ. of South Carolina.
Dyche, T. & Pardon, W (1735, rpt. 1972), *A New General English Dictionary*, Olms.
Dyce, A. (1886, rpt. 1962), *Glossary to the Works of William Shakespeare*, Swan Sonnenschein.
Halliwell, J. O. (1850, rpt. 1989), *Dictionary of Archaic Words*, Bracken.
Johnson, S. (1755, rpt. 1968), *A Dictionary of the English Language*, Olms.
Johnson, S. (1755, rpt. 1990), *A Dictionary of the English Language*, Longman.
Johnson, S. (1756), *A Dictionary of the English Language*, abstracted from the Folio Ed., two volumes in one, J. Knapton; C. Hitch and L. Hawes; A. Millars; R. and J. Dodsley; and M. and T. Longmans.
Johnson, S. (1756, rpt.1985), *A Dictionary of the English Language*, abstracted from the Folio Ed., two volumes, 研究社.
Kersey, J. (1702, rpt. 1974), *A New English Dictionary*, Olms.
Levins (1570), *Manipulus Vocabulorum*, EETS, O.S.27.
Nares, R. (1822), *A Glossary; (...) in the Works of English Authors, Particulary Shakespeare and his Contemporaries*, Robert Triphook.
Nares, R. (1882), *A Glossary; (...) in the Works of English Authors, Particulary Shakespeare and his Contemporaries*, John Russel Smith, A New Edition in two

vols. by J. O. Halliwell & T. Wright.
Palsgrave. J. (1530, rpt. マイクロフィッシュ版), *Lesclarcissement de la langue françoyse*, Scholar.
Phillips, E. (1658, 1706⁶, rev. by J. Kersey), *The New World of English Words*, J. Phillips et al.
Phillips, E. (1658, rpt. 1969), *The New World of English Words*, Olms.
Promptorium Parvulorum (1440), EETS, Extra Series 102.
Richardson, C. (1836–7, 1844²), *A New Dictionary of The English Language*, W. Pickering.
Shakespeare, W. *The First Folio of Shakespeare* (Hinman, C. (ed.), 1968, The Norton Facsimile), Norton.
Shakespeare, W. *A Facsimile Series of Shakespeare Quortos* (大塚高信編, 1975, 南雲堂).
Sheridan, T. (1780, 1784), *A General Dictionary of the English Language*, P. Wogan.
Sheridan, T. (1789²), *A Complete Dictionary of the English Language*, Charles Dilly.
Skinner, S. (1671), *Etymologicon Linguae Anglicanae*, H. Brome, et al.
Skinner, S. (1671, rpt. 1969), *Etymologicon Linguae Anglicanae*, Olms.
Thomas, T. (1587, rpt. マイクロフィッシュ版), *Dictionarium Linguae et Anglicanae*, Scholar.
Thomson, J. (1826), *Etymons of English Words*, Oliver & Boyd.
Walker, J. (1791, 1853), *A Critical Pronouncing Dictionary*, Thomas Kelly.
Walker, J. (1791, rpt. 2000), *A Critical Pronouncing Dictionary*, ゆまに書房.

Secondry Sources
荒木一雄・中尾祐治 (1980)『シェイクスピアの発音と文法』荒竹出版.
荒木一雄・安井稔編 (1992)『現代英文法辞典』三省堂.
Bailey, R. (ed.) (1987), *Dictionaries of English: Prospects for the Record of our Language*, Univ. of Michigan Press.
Bally, C. *Linguistique générale et liguistique française*, 1932, 1965⁴.
　シャルル・バイイ、小林英夫訳 (1970)『一般言語学とフランス言語学』岩波書店.
Béjoint, H. (1994), *Tradition and Innovation in Modern English Dictionaries*, Clarendon Press: Oxford.
Benson, M. et al. (1986), *Lexicographic Description of English*, John Benjamins.
Berg, D. L. (1993), *A Guide to the Oxford English Dictionary*, Oxford Univ. Press.

Blake, N. F. (1983, rpt. 1988), *The Language of Shakespeare*, Palgrave.
Blake, N. F. (1996), *A History of the English Language*, Palgrave.
Blake, N. F. (2002), *A Grammar of Shakespeare's Language*, Palgrave.
Bradley, H. (1904, 1968²) *The Making of English*, Macmillan.
　　ブラッドリ『英語発達小史』寺澤芳雄訳 1982, 岩波文庫.
Brook, G. L. (196), *The Language of Shakespeare*, Andre Deutsch.
　　ブルック、G. L., 三輪伸春他訳 (1998)『シェイクスピアの英語』松柏社.
Burchifield, R. (ed.) (1987), *Studies in Lexicography*, Clarendon Press, Oxford.
Collison, R. L. (1982), *A History of Foreign-Language Dictionaries*, Andre Deutsch.
Cowie, A. P. (2009), *The Oxford History of English Lexicography*, 2 vols., Oxford Clarendon Press.
Crystal, D. (2008), *'Think on my Words'*, Cambridge U.P.
Dauzat, A. *Le genie de la langue française*, 1942, 1949.
　　ドーザ『フランス語の特質』杉冨士雄ほか訳, 大修館書店, 1982.
郡司利男 (1978)『英語学ノート』こびあん書房.
Franz, W. (1939), *Die Sprache Shakespeares in Vers und Prosa*.
　　フランツ、斎藤静・山口秀夫・太田朗訳 (1958)『シェークスピアの英語——詩と散文』篠崎書林.

Hamlet
　　Furness, H. H. (ed.) (1964), *Hamlet, A New Variorum Edition*, rpt. Dover.
　　David, R. (1956), *Hamlet, The Arden Shakespeare*, Methuen.
　　市河三喜・嶺卓二注釈 (1965), *Hamlet*, 研究社.
　　大場建治注釈 (2004), *Hamlet*, 研究社.
Hartmann, R. R. K. (ed.) (1983), *Lexicography: Principles and Practice*, Academic Press.
　　ハートマン、木原研三・加藤知己監訳 (1984)『辞書学』三省堂.
林哲郎 (1968, 1985²)『英語辞書発達史』開文社.
Hayashi, T. (1978), *The Theory of English Lexicography 1530~1791*, John Benjamins.
Hornby, A. S. et al. (1942), *Idiomatic and Syntactic English Dictionary*, 開拓社 (*ISED*).
Hornby, A. S. (1948, 1974³, 1989⁴), *Oxford Advanced Learner's Dictionary of Current English*, Oxford Univ. Press, 開拓社 (*OALD*).
Hughes, G. (1988), *Words in Time*, Basil Blackwell.
Hughes, G. (2000), *A History of English Words*, Blackwell.
Hulbert, J. R. (1955), *Dictionaries British and American*, Andre Deutsch.

市河三喜 (1912)『英文法研究』語学研究社.
岩崎研究会 (1981~)『英語辞書の比較と分析』第1集〜第4集, 研究社.
泉井久之助 (1968)『ヨーロッパの言語』岩波新書.
泉　邦寿 (1989)『フランス語、意味の散策』大修館.
伊吹武彦ほか編 (1981)『仏和大辞典』白水社.
Jespersen, O. (1905, 1948⁹), *Growth and Structure of the English Language*, Blackwell.
小島義郎 (1984)『英語辞書学入門』三省堂.
小島義郎 (1999)『英語辞書の変遷―英・米・日本を併せ見て』研究社.
国広哲也 (1967)『構造的意味論』三省堂.
国広哲也 (1970)『意味の諸相』三省堂.
国広哲也 (1982)『意味論の方法』大修館.
Kurath, H. et al. (1952~), *Middle English Dictionary*, Univ. of Michigan.
厨川文夫 (1981)『厨川文夫著作集（下）』金星堂.
Landau, S. I. (1984), *Dictionaries: The Art & Craft of Lexicography*, Charles Scribner's Sons.
Lewis, C. S. (1960, 1967), *Studies in Words*.
　ルーイス、本田錦一郎ほか訳 (1974)『語の研究：ヨーロッパにおける観念の歴史』文理

Love's Labour's Lost
　Furness, H. H. (ed.) (1964), *Love's Labour's Lost, A New Variorum Edition*, rpt. Dover.
　David, R. (1956), *Love's Labour's Lost, The Arden Shakespeare*, Methuen.
　市河三喜・嶺卓二注釈 (1965), *Love's Labour's Lost*, 研究社.
　大場建治注釈 (2004), *Love's Labour's Lost*, 研究社.

松元浩一 (1987), "A Study of the Development of English Dictionaries in the Early Modern English Period", (unpublised).
Meillet, A. (1921, 1936), *Liguistique historique et linguistique générale*, 2 tomes, Champion.
Menner, R. J. (1945), "Multiple Meaning and Change of Meaning in English", *Language*, 21.
三輪伸春 (1988)『英語史への試み』こびあん書房.
三輪伸春 (1992) "Drift", 荒木一雄・安井稔編『現代英文法辞典』三省堂.
三輪伸春 (1995)「サピアの言語観の意味するもの」,『パラダイム論の諸相』, pp. 115–32,（非売）鹿児島大学.

三輪伸春 (1995)『英語の語彙史—借用語を中心に—』南雲堂.
三輪伸春 (1998)「ソシュール—自覚せざる構造主義の創始者—」,『テキストによる人文科学入門』, pp. 37–56,（非売）鹿児島大学.
三輪伸春 (2003)「構造言語学」,『現代言語学の潮流』, pp. 24–40, 勁草書房.
三輪伸春 (2005)『シェイクスピアの文法と語彙』松柏社.
三輪伸春監訳・松元浩一・福元広二訳 (2005)『英語史でわかるイギリスの地名』英光社.
三輪伸春 (2008)「近代における英語辞書（18 世紀まで）」寺澤芳雄編『辞書・世界英語・方言』『英語学文献解題』第 8 巻 (pp. 6–21), 研究社.
溝口菜津子 (2006) *A Study of Vocabulary in Shakespearean English* (unpublished).
Mossé, F. (1947) *Equisse d'une historique de la langue anglaise*, I.A.C.
  モセ、郡司利男・岡田尚訳 (1965)『英語史概説』開文社.
Murray, J. A. H. et al. (1884~1928, 1982², CD-Rom Version 3.0, 2002), *The Oxford English Dictionary*, Oxford.
Murray, J. A. H. (1900), *The Evolution of English Lexicography*, Oxford Clarendon Press.
永嶋大典 (1974)『英米の辞書—歴史と現状—』研究社.
  (1983)『ジョンソンの「英語辞典」』大修館.
  (1983)『OED を読む』大修館.
長嶋善郎 (1968)「Hit, break, cut とその類義語の意義素の構造について」,『言語研究』第 52 号.
Onions, C. T. (1966, 2nd ed. R. D. Eagleson), *A Shakespeare Glossary*, O.U.P.
Onions, C. T. (1966), *The Oxford Dictionary of English Etymology*, Clarendon Press.
Osselton, N. E. (1995), *Chosen Words*, Univ of Exeter Press.

Othello
  Furness, H. H. (ed.) (1964), *Othello, A New Variorum Edition*, rpt. Dover.
  Ridley, M. R. (1956), *Othello, The Arden Shakespeare*, Methuen.
  市河三喜・嶺卓二注釈 (1964), *Othello*, 研究社.
  大場建治注釈 (2004), *Othello*, 研究社.
大塚高信 (1976)『シェイクスピアの文法』研究社.
Partridge, E. (1958¹, 1966⁴), *Origins: An Etymological Dictionary of Modern English*, Routledge.
ロリンズ (1983)『ウェブスター辞書の思想』瀧田・本間訳, 東海大学.
Salmon, V. and Burness, E. (1987), *A Reader in the Language of Shakespearean Drama*, Benjamins.

Schmidt, A. (1962⁵), *Shakespeare Lexicon*, rpt., 1971, Dover.

白石香織 (2009), *A Study on Hendiadys in Shakespeare—With Special Reference to Hamlet and Othello—* (unpublished).

新谷美紀 (2009), *A Study of R. Cawdrey's Contribution to the English Vocabulary* (unpublished).

Skeat, W. W. (1879~82, rev. 1909), *An Etymological Dictionary of the English Language*, Clarendon Press: Oxford.

Smith, L. P. (1912), *The English Language*, Thornton Butterworth.

Smith, L. P. (1925), *Words and Idioms*, Constable.

Stern, G. (1931, rpt. 1975), *Meaning and Change of Meaning*, Greenwood.

Starnes, De W. T. (1954), *Renaissance Dictionaries—English-Latin and Latin-English*, Univ. of Texas Press.

Starnes, De W. T. & G. E. Noyes (1946, rpt. 1991), *The English Dictionary from Cawdrey to Johnson 1604~1755*, John Benjamins.

寺尾康平, (2010), *A Study on R. Cawdrey's A Table Alphabeticall (1604)* (unpublished).

寺澤芳雄編 (1996)『英語語源辞典』研究社.

寺澤芳雄編 (2008)『辞書・世界英語・方言』「英語学文献解題」第8巻, 研究社.

津田香織 (1604), *A Study on R. Cawdrey's A Table Alphabeticall* (Unpublished).

Weibrat, H. D. (ed.) (1972), *A New Aspect of Lexicography*, Southern Illinois U.P.

Wells, R. A. (1973), *Dictionaries and the Authoritarian Tradition*, Mouton.

初出一覧

第1部　近代英語辞書の発達

第1章　英語辞書の誕生まで
1. 外国語と辞書
   鹿児島大学法文学部『人文学科論集』第55号, 2002.
2. 古英語期のラテン語辞書
   鹿児島大学法文学部『人文学科論集』第55号, 2002.
3. 外国語辞書
   鹿児島大学法文学部『人文学科論集』第55号, 2002.
4. ルネッサンスと英語辞書
   鹿児島大学法文学部『人文学科論集』第55号, 2002.

第2章　語学学習書のグロッサリーから辞書へ
5. パルズグレイブ (John Palsgrave),
   Lesclarcissement de la langue frnaçoys (1530)
   『英語学文献解題』第8巻, 研究社, 2008.
6. コードリ (Robert Cawdrey),
   A Tabe Alphabeticall (1604)
   『英語学文献解題』第8巻, 研究社, 2008.

第3章　難解語辞書の発達
7. ブロカー (John Bullokar),
   An English Expositor (1616)
   鹿児島大学法文学部『人文学科論集』第55号, 2002.
8. コケラム (Henry Cockeram),
   The English Dictionarie (1623)
   鹿児島大学法文学部『人文学科論集』第55号, 2002.
9. ブラント (Thomas Blount),
   Glossographia (1656)
   鹿児島大学法文学部『人文学科論集』第55号, 2002.

10. フィリップス (Edward Phillips),
    The New World of English Words (1658)
    鹿児島大学法文学部『人文学科論集』第 55 号, 2002.

第 4 章　語源中心辞書の発達

11. スキナー (S. Skinner),
    Etymologicon Linguae Anglicanae (1671)
    『英語学文献解題』第 8 巻, 研究社, 2008.
12. コールズ (Elisha Coles),
    An English Dictionary (1676)
    鹿児島大学法文学部『人文学科論集』第 55 号, 2002.
13. カージー (John Kersey),
    A New English Dictionary (1702)
    鹿児島大学法文学部『人文学科論集』第 55 号, 2002.
14. ベイリー (Nathan Bailey),
    An Universal Etymological English Dictionary (1721)
    『英語学文献解題』第 8 巻, 研究社, 2008.
15. ベイリー (Nathan Bailey),
    Dictionarium Britannicum (1730)
    『英語学文献解題』第 8 巻, 研究社, 2008.
16. ダイチ＝パードン (T. Dyche & W. Pardon),
    A New General English Dictionary (1735)
    鹿児島大学法文学部『人文学科論集』第 55 号, 2002.

第 5 章　ジョンソン　近代英語辞書の頂点

17. ジョンソン (Samuel Johnson),
    A Dictionary of the English Language (1755)
    『英語学文献解題』第 8 巻, 研究社, 2008 に鹿児島大学法文学部『人文学科論集』(第 55 号, 2002) から補足.

第 6 章　発音中心の辞典

18. リチャードソン (Charles Richardson),
    A New English Dictionary of the English Language (1836–37)
    鹿児島大学法文学部『人文学科論集』第 55 号, 2002.

19. シェリダン (Sheridan),
    A General Dictionary of The English Language
    『英語学文献解題』第 8 巻, 研究社, 2008.
20. ウォーカー (J. Walker),
    A Critical Pronouncing Dictionary (1791)
    『英語学文献解題』第 8 巻, 研究社, 2008.

第 7 章　コードリの *A Tabe Alphabeticall* (1604) 再考
鹿児島大学法文学部『人文学科論集』第 70 号（上), 72 号（下), 2009, 2010.

第 8 章　近代英語辞書におけるギリシア借用語
『言語の深層を訪ねて』英潮社, 1996.
【附】『薩摩辞書』未発表

第 2 部　英語の語彙史

第 9 章　シェイクスピアの hendiadys (「二詞一意」)
1. *Hamlet* における hendiadys
   鹿児島大学大学院博士後期課程紀要『地域政策科学研究』第 7 号, 2010.
2. *Othello* における hendiadys
   鹿児島大学法文学部『人文学科論集』第 71 号, 2010.

第 10 章　シェイクスピアの abominable
『英語青年』, 2007. 11.

第 11 章　形容詞の多義性と文法化
鹿児島大学法文学部『人文学科論集』第 67 号, 2008.

著者紹介

三輪伸春（みわ のぶはる）

1946年、岐阜県瑞浪市の生まれ。南山大学外国語学部卒業、同大学院言語学修士課程修了、名古屋大学大学院英語学博士課程中退。鳥取大学講師、助教授を経て、1980年鹿児島大学法文学部助教授、1990年教授、現在に至る。

おもな業績：
（著書）『英語史への試み：附―言語過程説論争―』（こびあん書房、1987年）、『英語の語彙史―借用語を中心に―』（南雲堂、1995年）、『シェイクスピアの文法と語彙―英語史で読むシェイクスピア―』（松柏社、2005年）。
（訳書）A. O. サンヴェッド『チョーサーの英語』（共訳、松柏社、1994年）、G. L. ブルック『シェイクスピアの英語』（共訳、松柏社、1998年）、C. S. デイヴィス＆J. レヴィット『英語史でわかるイギリスの地名』（監訳、英光社、2005年）。
（共同執筆）『現代英文法辞典』（三省堂、1991年）、『新英和大辞典（第6版）』（語源欄）（研究社、2002年）、『現代言語学の潮流』（第3章「構造言語学」）（勁草書房、2003年）、『知のポリフォニー』（第Ⅵ部「構造としての言語：ソシュール」）（松柏社、2003年）、『辞書・世界英語・方言』（「英語学文献解題」第8巻、「近代における英語辞書（18世紀まで）」）（研究社、2008年）。

英語の辞書史と語彙史
方法論的考察

2011年3月7日　初版発行

著　者　三輪伸春
発行者　森　信久
発行所　株式会社　松柏社
〒102-0072　東京都千代田区飯田橋1-6-1
電話　03 (3230) 4813　（代表）
ファックス　03 (3230) 4857
URL　http://www.shohakusha.com
Eメール　info@shohakusha.com

装丁　マルプデザイン（黒瀬章夫）
編集・組版　ほんのしろ
製版・印刷・製本　倉敷印刷株式会社
Copyright ©2011 by Nobuharu Miwa
ISBN978-4-7754-0172-9
定価はカバーに表示してあります。
本書を無断で複写・複製することを固く禁じます。

JPCA　本書は日本出版著作権協会（JPCA）が委託管理する著作物です。
日本出版著作権協会　複写（コピー）・複製、その他著作物の利用については、事前に日本出版著作権協会（電話03-3812-9424、e-mail:info@e-jpca.com）
http://www.e-jpca.jp/　の許諾を得てください。